心一堂易學術數古籍整理叢刊
京氏易六親占法古籍校注系列

易林補遺校注

【明】張世寶 原著
虎易 校注

Śūnyatā

書名：《易林補遺》校注
系列：心一堂易學術數古籍整理叢刊　京氏易六親占法古籍校注系列
原著：【明】張世寶
校注：虎易
編輯：陳劍聰、丁鑫華

出版：心一堂有限公司
通訊地址：香港九龍旺角彌敦道610號荷李活商業中心十八樓05-06室
深港讀者服務中心：中國深圳市羅湖區立新路六號羅湖商業大厦負一層008室
電話號碼：(852)90277110
網址：publish.sunyata.cc
電郵：sunyatabook@gmail.com
網店：http://book.sunyata.cc
淘宝店地址：https://sunyata.taobao.com
微店地址：https://weidian.com/s/1212826297
臉書：https://www.facebook.com/sunyatabook
讀者論壇：http://bbs.sunyata.cc

版次：二零二二年六月初版

平裝

定價：港幣　二百八十八元正
　　　新台幣　一千一百八十元正

國際書號　978-988-8582-78-5

香港發行：香港聯合書刊物流有限公司
地址：香港新界荃灣德士古道220-248號荃灣工業中心16樓
電話：(852) 2150 2100　傳真：(852) 2407 3062
電郵：info@suplogistics.com.hk
網址：http://www.suplogistics.com.hk

台灣發行：秀威資訊科技股份有限公司
地址：台灣台北市內湖區瑞光路七十六巷六十五號一樓
電話號碼：+886-2-2796-3638　傳真號碼：+886-2-2796-1377
網絡書店：www.bodbooks.com.tw
台灣秀威書店讀者服務中心：
地址：台灣台北市中山區松江路二〇九號1樓
電話號碼：+886-2-2518-0207
傳真號碼：+886-2-2518-0778
網址：www.govbooks.com.tw

中國大陸發行 零售：深圳心一堂文化傳播有限公司
地址：深圳市羅湖區立新路六號羅湖商業大厦負一層008室
電話號碼：(86)0755-82224934

心一堂微店二維碼

心一堂淘寶店二維碼

《京氏易六親占法古籍校注》總序（代自序）

中國古代的占卜預測，源遠流長，林林總總，類型繁多。例如：龜卜占、象占、星占、夢占、風角鳥占、拆字占、手面相占、奇門、六壬、太乙、四柱八字、六爻占、六親占、梅花易占、紫微占、雜占等各種術數占卜預測方法。《左傳》、《國語》、《史記》以及二十五史和各種古代筆記等著作，就記錄有很多預測的占例。清代《欽定四庫全書》，將各種預測類的書籍，統歸於《子部•術數類》，因此，各種預測的方法和門類，又可統稱為「術數」。「京氏易六親占法」，就是這些術數中的一個獨立的預測種類。

（一）

「京氏易六親占法」，是西漢•京房創立的以易經為基礎，採用納甲、五行、六親等各種體例，納入卦中的一種預測方法，也是各種術數中比較系統和成熟的方法。據《漢書•眭兩夏侯京翼李傳》記載：「京房字君明，東郡頓丘人也。治《易》，事梁人焦延壽」。又曰：「房本姓李，推律自定為京氏」。又曰：「其說長於災變，分六十四卦，更直日用事，以風雨寒溫為候，各有占驗。房用之尤精。好鐘律，知音聲」。《漢書•儒林傳》曰：「京房受《易》梁人焦延壽。延壽云：『嘗從孟喜問《易》』。會喜死，房以為延壽《易》即孟氏學，翟牧、白生不肯，皆曰非也。至成帝時，劉向校書，考《易》說，以為諸《易》家說皆祖田何、楊叔元、丁將軍，大誼略同，唯京氏為異，倘焦延壽獨得隱士之說，托之孟氏，不相與同。房以明災異得幸，為石顯所譖誅，自有傳。房授東海殷嘉、河東姚平、河南乘弘，皆為郎、博士。由是《易》有京氏之學」。「自武帝立《五經》博士，開弟子員，設科射策，勸以官祿」。「至元帝世，復立《京氏易》」。「京氏易」在漢代元帝時被立為博士，足以證明其學說，是當時具有很高學術地位和學術價值的。

《欽定四庫全書》提要記載：「《京氏易傳》三卷，漢•京房撰、吳•陸績注」。「績有易注，已著錄房所著有《易傳》三卷，《周易章句》十卷，《周易錯卦》十卷，《周易妖占》十二卷，《周易占事》十二卷，《周易守株》三卷，《周易飛候》九卷，又六卷《周易飛候》，《六日七分》八卷，《周易四時候》四卷，《周易混沌》四卷，《周易委化》四卷，《周易逆刺占災異》十二卷，《易傳積算法、集占條例》一卷。今惟《易傳》存」。從以上記錄可以知道，京房的著作，唯有《京氏易傳》得以保存下來，絕大多數都已經亡佚。

南宋•晁公武（約1104—約1183年）《郡齋讀書志》曰：「景迂嘗曰：余自元豐壬戌偶脫去舉子事業，便有志學易，而輒好王氏。本妄以謂弼之外，當自有名象者，果得京氏傳。而文字顛倒舛訛，不可訓知。迨其服習甚久，漸有所窺，今三十有四年矣，乃能以其象數，辨正文字之舛謬。於邊郡山房寂寞之中，而私識之曰：是書兆《乾》《坤》之二象以成八卦，凡八變而六十有四。於其往來升降之際，以觀消息盈虛於天地之元，而酬酢乎萬物之表者，炳然在目也」。從以上記錄可知，目前傳世的《京氏易傳》，是北宋・晁景迂經歷三十四年的研究後，重新編排整理成書的。

唐宋以前記錄有「京氏易六親占法」相關資料，惟有元代胡一桂收錄的晉代郭璞的《郭氏洞林》了。

《火珠林》是目前存世的「京氏易六親占法」的第一本系統性著作，作者題為「麻衣道者」，後人據此認為，大約是唐末宋初的作品。宋人項世安（1129－1208）謂：「以京房考之，世所傳《火珠林》即其遺法，《火珠林》即交單重拆也」。張行成亦謂：「《火珠林》之用，祖於京房」。《朱子語類》曰：「卜卦之錢，用甲子起卦，始於京房」。又云：「今人以三錢當揲蓍，乃漢・焦贛、京房之學」。

自《京氏易傳》、《火珠林》重新問世，其後宋、元、明、清時期，又有《卜筮元龜》、《海底眼》、《天玄賦》、《黃金策》、《易林補遺》、《易隱》、《易冒》、《增刪卜易》、《卜筮正宗》等著作，以及《卜筮全書》、《斷易天機》、《易隱》等輯錄本著作面世，經歷代作者不斷實踐，修改、注釋、補遺，使「京氏易六親占法」這種優秀的文化遺產，得以不斷傳承和完善。

（二）

為了讓讀者對「京氏易六親占法」系列古籍著作，有個初步的瞭解，下面對選擇、注釋和整理的「京氏易六親占法」系列古籍著作，選擇的校錄版本及內容，做一個簡單的介紹，供讀者參考。

京氏易六親占法古籍著作叢書之一《京氏易傳》：

作者：漢・京房：（公元前77年—前37年。）據【明・兵部侍郎范欽訂】「天一閣」本，作為校錄底本，參考《漢魏叢書・明・新安程榮校》本，及《欽定四庫全書》，校注整理。字數大約4.1萬。

《京氏易傳》，是漢代・京房的著作，據《郡齋讀書志》晁公武曰：「漢《藝文志》易京氏凡三種，八十九篇。隋《經籍志》有《京氏章句》十卷，又有《占候》十種，七十三卷。唐《藝文志》有《京氏章句》十卷，而《易占候》存者五種，二十三卷。今其章句亡矣。乃略見於僧一行及李鼎祚之書。今傳者曰《京氏積算易傳》三卷，《雜占條例法》一卷，或共題《易傳》四卷，而名皆與古不同。今所謂《京氏易傳》者，或題曰《京氏積算易傳》者，疑隋、唐《志》之《錯卦》是也。《雜占條例法》者，疑唐《志》之《逆刺占災異》是也。《錯卦》在隋七卷，唐八卷，所謂《積算》《雜》《逆刺占災異》十二卷是也。至唐，《逆刺》三卷，而亡其八卷。元佑八年，高麗進書，有《京氏周易占》十卷，疑隋《周易占》十二卷是也。是古易家有書，而無傳者多矣。京氏之書，幸而與存者才十之一，尚何離夫師說邪」？目前京房的著作，繼續傳世的僅《京氏易傳》，其他著作均已亡佚。《京氏易傳》構建了「京氏易六親占法」的的理論基礎，以及六親體系架構，為該占法提供了理論和體系上的重要框架。

京氏易六親占法古籍著作叢書之二（一）《郭氏洞林》

作者：晉•郭璞：（公元276年—324年）。元•胡一桂抄錄。據《欽定四庫全書•周易啟蒙翼傳•外篇》本，作為校錄底本，參考《欽定古今圖書集成》理學彙編經籍典•易經部•易學別傳十一•晉《郭璞洞林》，校注整理。字數大約0.8萬。

《郭氏洞林》是最早集錄郭璞卦例的著作，其收錄的十三個卦例，對於後來的學者，研究郭璞的占法及其思路，是很好的原始資料，對於研究郭璞的易學思想和占法，具有一定的參考價值。

京氏易六親占法古籍著作叢書之二（二）《周易洞林》：

作者：晉•郭璞：（公元276年—324年）。清•王謨輯。據清嘉慶3年王謨刻本，作為校錄底本，校注整理。字數大約1.4萬。

《周易洞林》在《郭氏洞林》的基礎上，又從其他古籍中，收錄了一些關於郭璞的卦例和事例，對於研究郭璞的思想和占法，具有一定的參考價值。

京氏易六親占法古籍著作叢書之三《易洞林》：

作者：晉•郭璞：（公元276年—324年）。清•馬國翰輯。據虛白廬藏鄉嬛館補校本，即《玉函山房輯佚書》本，作為校錄底本，校注整理。字數大約2.4萬。

《易洞林》也是在《郭氏洞林》和《周易洞林》的基礎上，又從其他古籍中，收錄了一些關於郭璞的卦例和事例，對於研究郭璞的思想和占法，具有一定的參考價值。

京氏易六親占法古籍著作叢書之四《火珠林》：

作者：麻衣道者。相傳為唐末宋初時期的著作。據虛白廬藏《漢鏡齋秘書四種•火珠林》本，作為校錄底本，校注整理。字數大約5.9萬。

《火珠林》這本著作的問世，為「京氏易六親占法」的應用，提供了第一本系統的著作。該著作對京氏易的體例進行了論述，也用一些占例，解說了「京氏易六親占法」的應用方法，本書對於研究「京氏易六親占法」，具有很高的學術價值，也具有很重要的研究和參考價值。

京氏易六親占法古籍著作叢書之五《增注周易神應六親百章海底眼》，簡稱《增注海底眼》：

作者：王鼒；重編：何侁、信亨。南宋・淳佑（甲辰年・公元1244年）。據《續修四庫全書》一〇五五冊・子部・術數類《增注周易神應六親百章海底眼》本，作為校錄底本，參考「國家圖書館・古籍館」清代抄本，校注整理。字數大約2萬。

《增注海底眼》這本著作，著重論述了一些基本概念和知識，以及五行的對應方法和應用，並編製大量歌訣，幫助讀者理解和記憶。特別是對六親的概念，進行了重點論述，本書是「京氏易六親占法」體系中的一本重要著作，對於研究「京氏易六親占法」传承，具有比較重要的研究和參考價值。

京氏易六親占法古籍著作叢書之六《大易斷例卜筮元龜》，簡稱《卜筮元龜》：

作者：元・蕭吉文。元・大德十一年（丁未年・公元1307年）。據日本京都大學附屬圖書館《大易斷例卜筮元龜》手抄本上卷本，作為校錄底本，參考《斷易天機》輯錄資料，校注整理。字數大約9.5萬。

《卜筮元龜》這本著作，在國內基本已經失傳了，這次是根據日本京都大學附屬圖書館

《大易斷例卜筮元龜》手抄本，校對注釋整理的。該著作首次附入大量配圖，補充了「京氏易六親占法」應用的很多基礎知識和概念，並首次提出了「以錢代蓍法」的成卦方法，將「京氏易六親占法」占卜預測分門別類，作了進一步的細化，本書也是「京氏易六親占法」體系中的一本重要著作，對於研究「京氏易六親占法」传承，具有很重要的研究和參考價值。

京氏易六親占法古籍著作叢書之七《周易尚占》：

作者：元•李清庵。元•大德十一年（丁未年•公元1307年）。據明刻本《亦政堂鐫陳眉公家藏彙祕笈》（輯入《心一堂術數珍本古籍叢刊•占筮類》），作為校錄底本，校注整理。字數大約4. 2萬。

《周易尚占》這本著作，是與《卜筮元龜》為同一時期的作品，首次附入十幅配圖，補充了「京氏易六親占法」應用的一些基礎知識和概念，下卷有六十四卦納甲、世應等內容，並有六十四卦的詩歌斷例，具有一定的參考價值。

京氏易六親占法古籍著作叢書之八《新鍥纂集諸家全書大成斷易天機》，又稱為《增補鬼谷源流斷易天機》（寶善堂梓行），簡稱《斷易天機》：

作者：明•劉世傑。明•嘉靖十七年（戊戌年•公元1538年）。豫錦誠•徐紹錦校正；閩書林•鄭雲齋梓行本，作為校錄底本，參考《卜筮元龜》、《卜筮全書》等著作，校注整理。字數大約39.6萬。

《斷易天機》這本著作的初版，在國內基本已經失傳了，這次是根據心一堂據日本傳本影印版校對注釋整理的。本書是「京氏易六親占法」的第二個匯輯本，收錄了此前「京氏易六親占法」各種著作，各種基礎知識理論和實踐方法內容，特別是首次出現了「鬼谷辨爻法」這種六親爻位的對應方法，為「京氏易六親占法」的應用，提供了預測分析的思路，擴展了預測分析的信息。這本著作，是「京氏易六親占法」系列古籍中的一本重要著作，對於研究「京氏易六親占法」傳承，具有很重要的研究和參考價值。

京氏易六親占法古籍著作叢書之九《易林補遺》：

作者：明•張世寶。萬曆三十四年（丙午年•公元1306年）。據《易林補遺》初版本，作為校錄底本，校注整理。字數大約14.5萬。

《易林補遺》這本著作，對「京氏易六親占法」以前各種著作的缺失，進行了一些分析和補充。作者雖然是一個盲人，但不迷信於鬼神，根據當時社會上普遍存在的有病則求神問卜的現象，他主張有病應該找醫生治療，避免殘害生命以及造成錢財的浪費。他提出了「爻有伏有飛，伏無不用」的論述，把「飛伏」的應用方法，更加彰顯出來。並成功的將「反吟」、「伏吟」的概念，納入「京氏易六親占法」體系，使這個體系的應用更加完備。

京氏易六親占法古籍著作叢書之十《卜筮全書》：

作者：明•姚際隆。崇禎三年（庚午年•公元1630年）。據《卜筮全書》初版本，作為校錄底本，校注整理。字數大約34.8萬。

《卜筮全書》這本著作，是「京氏易六親占法」的第一個匯輯本，首次正式納入了《天玄賦》這本著作。現存的書籍，是後來修訂的版本，首次正式納入了《黃金策》，對京氏易占法的理論和實踐體系，比較全面的進行了彙編，具有很重要的研究和參考價值。

京氏易六親占法古籍著作叢書之十一《易隱》：

作者：明•曹九錫（明•天啟五年前後•公元1625年前後）。據「國家圖書館•古籍館」最早版本，作為校錄底本，參考清代多個版本，校注整理。字數大約21.3萬。

《易隱》這本著作，應該是「京氏易六親占法」的第三個匯輯本，書中引錄了大量古籍資料。特別是其中「身命占」和「家宅占」的內容，將預測分類更細，也為後來的學者，提供了一個細化分析的基本框架，具有重要的研究價值。

京氏易六親占法古籍著作叢書之十二《易冒》：

作者：清•程良玉。清•康熙三年（甲辰年•公元1664年）。據江蘇巡撫採進本，作為校錄底本，校注整理。字數大約12.7萬。

《易冒》這本著作，作者雖然也是一位盲人，但他對於很多基礎知識，進行追本求源，並對其來源及推演方法，進行了論述。對於各種成卦方式，他提出了自己的看法，對幫助讀者打破迷信，樹立客觀的思想，起到重要作用。本書在學術研究上，具有一定的價值。

京氏易六親占法古籍著作叢書之十三《增刪卜易》：

作者：清•李文輝。清•康熙二十九年（庚午年•公元1690年）。據清•康熙年間古吳陳長卿刻本《增刪卜易》爲底本，作為校錄底本，校注整理。字數大約25.2萬。

《增刪卜易》這本著作，對「京氏易六親占法」的應用，化繁為簡，提出採用指占之法，讓信息直接切入預測的核心。又提出分占之法，便於釐清不易辨別的問題，避免信息產生混淆。同時，還提出了多占之法，用以追蹤求測人所疑，查找產生問題的原因，尋找出解決問題的方法。當設計出解決問題的方法後，還可以檢驗其是否具有解決問題的功能。本書在學術研究上，具有一定的價值。

京氏易六親占法古籍著作叢書之十四《卜筮正宗》：

作者：清•王洪緒。清•康熙四十八年（己丑年•公元1709年）。據清初刻本，作為校錄底本，校注整理。字數大約21.8萬。

《卜筮正宗》這本著作，對《黃金策》的注釋部分，有自己獨特的見解。對當時社會上存在的一些問題，也做出了自己的回答。對十八個類型的問題，也進行了論述。不足之處，在於作者為了強求對應，篡改了《增刪卜易》一些卦例的原始內容，這些需要讀者注意的。

京氏易六親占法古籍著作叢書之十五《御定卜筮精蘊》：

作者不詳，大約是清代的版本。據《故宮珍本叢刊》本，作為校錄底本，校注整理。字數大約7.5萬。

《御定卜筮精蘊》這本著作，是「京氏易六親占法」體例的一個精編本，大量內容都是從之前的古籍中來。作者去粗取精，去偽存真，也是具有一定研究價值的著作。

【編按：以上大部分版本，輯入《心一堂易學經典叢刊》或《心一堂術數古籍珍本叢刊》】

（三）

我為什麼要把這些古籍著作，定名為「京氏易六親占法」呢？我這樣做，既是為了統一學術稱謂，也是為了給「京氏易」正名，使「京氏易」占法不至於与其他占卜方式混淆。

《京氏易傳》是將六十四卦，分屬乾、震、坎、艮、坤、巽、離、兌八宮，一宮統八卦。八宮所屬五行，乾、兌宮屬金，震、巽宮屬木，坎宮屬水，離宮屬火，坤、艮宮屬土。每個卦所附「父母、官鬼、兄弟、子孫、妻財」等六親，是根據這個卦原來所屬之宮的五行，按「生我者為父母、我生者為子孫、尅我者為官鬼、我尅者為妻財、比和者為兄弟」的體例，推演得來的。預測時以六親類比事物的爻，也稱為「用神」，「用爻」，「用事爻」等等，用來分析事物的吉凶發展趨勢。

《火珠林•序》曰：「繼自四聖人後，易卜以錢代蓍，法後天八宮卦，變以致用，實補前人未備之一端，見《京房易傳》，未詳始自何人。先賢云：『後天八宮卦，變六十四卦，即《火珠林》法』，則是書當為錢卜所宗仰也，特派衍支分，人爭著述，炫奇標異，原旨反晦。今得痲衣道者鈔本，反覆詳究。其論六親，財官輔助，合世應、日月、飛伏、動靜，並尅害、刑合、墓旺、空沖以定斷。與時傳易卜，同中有異，古法可參。如所云『卦定根源，六親為主，爻究傍通，五行而取』，即《京君明海底眼》『不離元宮五向推』之旨也」。

《增注海底眼•六親》曰：「六親占法少人知，不離元宮五向推」。本書提出「六親占法」的概念，我認為「六親占法」是最能代表京氏易預測體系特徵的名稱，比之「納甲占法」和「六爻占法」的說法，更為名實相符，客觀合理一些。

基於京氏易預測體系的特徵，我認為，凡採用京氏易體系預測理論及方法，就應該稱為「京氏易六親占法」，或者稱為「京氏易六親預測法」，或簡稱為「六親占法」、「六親預測法」為宜。《論語‧子路》曰：「子曰：『必也正名乎』」，「名不正，則言不順；言不順，則事不成」。經歷了二十多年的混亂，現在是到了應該為「京氏易六親占法」正名的時候了。為什麼要為「京氏易六親占法」正名呢？只有名正，實符，稱謂統一，大家交流才會順暢，有共同語言，理解才不會產生歧義，進行學術的研究才能進入正軌。同時，也可以讓後來的學習者，不被社會上各種廣告性名詞所欺騙和誤導。

從古至今，都有學者提出以「納甲」命名的名稱，他們是根據「京氏易」體系，將每個卦納入天干的特徵而命名的。我們知道，京氏易體系，除了納入天干，還有納入地支，五星，二十八宿，六親等各種內容，而「納甲」并非是具有「京氏易」占法主要特徵的名稱。當然，也有占卜書籍，根據採用金錢搖卦的起卦方式，命名為「金錢占卦法」的。

上世紀九十年代後，社會上「大師輩出」，他們提出很多新奇的名詞，比如什麼「太極預測法」、「無極預測法」。我們看看《漢典》對「太極」和「無極」的解釋：古代哲學家稱最原始的混沌之氣為「太極」。天地混沌未分以前，稱為「太極」。「中國古代哲學中認為形成宇宙萬物的本原。以其無形無象，無聲無色，無始無終，無可指名，故曰無極」。從《漢典》的解釋看，很顯然，這兩種命名與「京氏易」預測方式是不吻合的，這樣的名詞，只是為了吸引讀者眼球，採用新奇的名詞而已。

至於社會上還流傳的「六爻預測法」、「新派六爻法」、「盲派六爻」、「道家六爻」，「道家換宮六爻」等等名稱，不一而足，無非是為了標新立異。以上各種名稱，以簡稱「六爻」者為多，因此，「六爻」這個名詞，就成為民間大眾對「京氏易六親占法」的俗稱了。

「六爻」這個名稱，是以卦有六個爻的特徵命名，是古代經學的代表名稱，在「京氏易」占法中，並不具有代表性。我們應該知道，古人經學所稱的「六爻占」法，是採用卦爻辭和象辭進行預測的方法，如《新鍥纂集諸家全書大成斷易天機》第三、四卷，其中就有「六爻詩斷」的內容，讀者可以參閱。

還有人將「京氏易六親占法」體系的預測方法，分成什麼「傳統派」，「新派」，「象法派」，「理法派」、「盲派」等等，這些名稱，只能是某一個類型的表示，與京氏易採用「象數理占」為一體的預測方式，是不能類比的。

由於社會上紛紛擾擾的各種說法，導致大家對京氏易預測方法產生混亂的看法，致使大家在交流時，產生了學術上的一些混亂。

我認為，早期邵偉華先生用《周易預測學》的名稱，是為了避免當時意識形態影響的原因而採用的名稱，但之後出現的各種名稱，無非是為了標新立異，吸引讀者眼球，或是有欺騙讀者的廣告嫌疑。因此，現在已經到了必須為「京氏易六親占法」正名的时候了。

（四）

根據我在社會上和網絡上的多年學習和實踐觀察，發現目前在「京氏易六親占法」學習上，普遍存在著一些誤區，應該引起大家的注意。

一是由於國家對於術數，持比較低調的態度，出版的古籍由於選擇底版的不足，即使是正規出版的書籍，因編輯自身能力的原因，也存在太多錯誤，或者出現一些缺漏，影響了讀者的正常學習。加上這二十多年來，「大師」輩出，他們印刷了很多並非合法的資料，還有一些人，將一些資料東拼西湊成書，更是誤導了很多讀者。

二是有些人認為，「京氏易六親占法」不如「三式」準確，「三式」才是術數中最好，最準確的。《四庫全書總目•術數二•六壬大全》：「六壬與遁甲、太乙，世謂之三式」。根據我和很多朋友的交流和實踐，我認為，術數無高低之分，只有學得好與不好之別，沒有任何一門術數可以稱為是最準確和最好的。讀者應該根據各自的興趣愛好，選擇適合自己學習種類。

三是有些人認為，只有找「大師」學習，得到所謂秘訣，才能學好用活。我們知道，早期由於歷史的原因，古籍資料獲得不易，大家尋求不到可以學習的資料，因此造成很多不明真相的後學，被一些「大師」矇騙錢財。我認為，學習任何術數，都沒有所謂的秘訣，只有基礎知識紮實，才是最好的秘訣。另外，在網絡上，很多群和聊天室，大多數人都還停留在猜謎語式的猜測中，不能客觀的運用「象數理占」的基本分析方法，去進行分析判斷，既可能誤導求測人，又對自己的學習無益，這樣的現象是不太正常的。我認為在現代社會，每個人都可以利用網絡，獲取各種資料信息，應該多讀一些書，多和不同的人去交流，利用網絡資源去學習，在實踐中去加深對理論和基礎知識的理解，要把每一個求測人都當作老師，從他們反饋的客觀信息，不斷有意識、有條理的訓練自己。只要不斷努力積累各種基礎知識以及社會常識，勤於記錄，多作積累，自然就能學得好、用得活。當然，如果有機會和條件的話，有老師指導學習，是可以少走一些彎路的。對於有自學能力的人來說，只要有精良的書籍版本，自學也是可以成功的。

四是有些人認為，「京氏易六親占法」預測，只有採用乾隆銅錢搖卦，才是最準確的。據可考的古籍記載，我國最早的成卦方式，應該是「蓍草揲蓍」法，即分數蓍草，得數以成卦的方法。除此之外，後世的先賢們，還創造了多種成卦的方法，例如「以錢代蓍」，「風角」，「字畫」，「數字」等各種成卦方法，讀者可參考《梅花易數》及其他相關書籍，去瞭解這些應用方法。對於各種成卦方式，古今均有各種非議，即使是目前被大家認同的「以錢代蓍」法，據《易隱》記載，也曾經被京房之師焦延壽批評過。《易隱•以錢代蓍法》曰：「焦延壽曰：今人以蓍草難得，用金錢代之。法固簡易，非其類矣。求蓍之代者，太極丸其庶幾乎。考諸陰陽老少之數，則合。質諸成爻成卦之變，則符。合二三得五，是五行之數也。計一丸得十五，是河圖中宮十五之數，洛書縱橫十五之數也。刑同六合，道備三才，甚矣。木丸之似蓍草也，則猶從其類也。金錢簡易云乎哉」。

現代的「大師」們，跟隨古代一些崇古的人，發展了這種崇古的思維。他們認為，乾隆銅錢具有良好的導電性，可以傳遞什麼古代信息，殘存信息，未來信息等等，因此只有採用乾隆銅錢成卦才是最好的，還有人認為，應該採用五帝錢成卦，信息量就大，還有人認為，應該採用「五帝」錢成卦，信息量就大，信息才準確。如果採用其他的銅錢成卦，就可能會造成信息不準確。如果採用數字起卦，或者其他方式成卦，則會造成信息量不足，更不準確了。

我認為，以上這些說法，是十分滑稽可笑和荒謬的，沒有任何理論和實踐的依據。試問，如果說銅的導電性好，那麼銀比銅的導電性更好，為什麼不採用銀幣呢？這都是出於他們崇古的思維，或限於他們自己僅會某種方法，或出於其他目的，或出於他們並沒有真正理解《易經》「感而遂通」之理，均屬無稽之談，讀者不可盲目迷信。

《易冒•自序》曰：「古之人，有以風占、鳥占、諺占，言語卜、威儀卜、政事卜，是無卜筮，而知吉凶也。況蓍草、金錢、木丸之占，而必執同異相非乎」？又曰：「愚以為：易者，象也；象也者，像也。其辭則異，其象則符。但告於蓍則以蓍占，告於五行則以五行占，告於焦氏則以焦氏占可也。其成卦成爻一也」。三百五十年前的一个盲人作者，尚且具有如此見識，實可令以上非議之人汗顏。

我認為，時代在不斷變化，我們現在已經進入電腦手機時代，很多網上的排盤系統，都是十分快捷的方法。為人預測和給自己預測，不管採用何種方式成卦，都可以獲取與求測的人和事物相關的客觀信息。各種成卦方式的原理，不在於採用乾隆銅錢所謂「導電性」是否良好，而是在於《易傳》所說的「感而遂通」。其要點在於，求測人求測時的「一念之誠」，即客觀的說明需要預測的事物，不可雜亂。

五是有些人認為，預測的結果，吉凶應該就是唯一的。我們知道，人們預測的目的，就是為了「趨吉避凶」，不是僅僅需要知道一個所謂吉凶的結果，而是希望讓事物能夠向有利於自己的方向，避開不利於自己的方向，得到有效改善和發展。這樣不是很矛盾嗎？既然吉凶的結果是唯一的，如何又能「趨吉避凶」呢？預測又有什麼意義呢？換言之，既然可以「趨吉避凶」，那吉凶結果就不可能是唯一的，是可以因人因事而發生改變的。以上兩種看法，看似悖論。

「京氏易六親占法」，給看似無序的天地和人事，架構了一個對應的坐標。利用這個坐標，我們就可以分析、判斷、選擇出有利於我們的為人處世方式。客觀的說，任何預測方法，任何人預測，都不可能和客觀的事物完全準確對應，總是存在有不對應的情況發生。大多數時候，求測人所需要面對的，是對於未來事物的發展，如何去選擇的取捨問題。因此，預測師要根據卦中顯示的信息，客觀的解讀，幫助求測人找到存在的問題，以及產生問題的原因，指導求測人改善不客觀的認識，尋找正確的方法，以達到「趨吉避凶」的目的。

《增刪卜易•趨避章》曰：「聖人作易，原令人趨吉避凶。若使吉不可趨，凶不可避，聖人作之何益？世人卜之何用」？

我們也必須知道，並不是所有的人和事物，都是可依主觀的變化而發生改變的。這是需要求測人能按照預測師的指導，自己首先認識，按照可以向好的方向轉化的方式，堅持努力調整，才可以達成事物向有利於自己的方向去發展的。如果求測人不能認識，即使知道問題所在，也不願意去努力調整，那麼事物就會沿著之前的方向運行下去。

我的看法，預測是對事物發展過程，發展趨勢的分析判斷，其預測結果也並非是唯一的，可因人、因事而發生改變。對於有些已經發生，或者處於事物運行過程末端，已經無法改變的事物，其結果可能就是唯一的。例如面臨高考，已經沒有時間改善，那麼，考試成績的結果就是唯一的。再如已經懷孕，測懷孕的是男是女，結果也必然是唯一的。對於有些還未發生，或者正處於運行過程開始的事物，其結果可以因求測人的主觀變化和調整，而發生改變，其最後的結果，就並非是唯一的了。例如測以後的高考成績，則可以根據學生的客觀情況，指導其在生理、心理的調整，學習環境、學習方法的調整方面，做出有利的改善，幫助提高學習的成績。再如測找工作，可以根據客觀的信息，指導求測人在有利的時機、有利的方位去尋找，可以做到事半功倍。

六是有些人認為，應期要絕對的對應。當然，我們應該知道，應期的問題，是一個比較複雜的問題，每個卦中，能顯示應期的方式是多樣性的。我們在實踐中會經常發現，應期會出現早一些和晚一些的情況。究其原因，除了預測師的自身能力以外，還有一個不能忽視的原因，即時間和空間的不確定性。愛因斯坦的廣義相對論認為：「由於有物質的存在，空間和時間會發生彎曲，而引力場實際上是一個彎曲的時空」。因此，在時空發生彎曲的情況下，出現不能完全對應的情況，是客觀存在的，也是我們必須客觀面對的。

七是社會上出現的所謂「象法派」，「理法派」，看似新的流派。「象法派」重於象而輕於理，「理法派」重於理而輕於象，這兩者各有偏頗，偏廢一端，這都是不可取的。我們知道，「象數理占」在京氏易預測分析中，是一個整體，不可偏廢。我們應該綜合應用「象數理占」的方法，整體思維，整體分析為宜。

（五）

我們學習古代的術數方法，一方面要傳承古人的優秀文化，另一方面更要挖掘古人的智慧和方法，要結合當時的時代特徵，擴展更加廣闊的應用領域。

一是要在繼承古代優秀文化的基礎上，善於吸取古人的智慧，充分挖掘古籍的信息。有些已經發現的應用方法，例如元代著作《大易斷例卜筮元龜•占家內行人知在何處章》曰：「凡占行人在何處，子變印綬父母擬」，注釋曰：「以卦所生為爻。假令《困》卦，五月卦屬火，則丁未為子爻，戊寅為父母也」，這裡隱含的提出了轉換六親的概念。由於作者沒有清晰的注釋說明，六親轉換的內容比較含糊，以致很難被讀者發現和理解。《新鍥斷易天機》轉錄此內容為：「凡占行人在何處，子變應爻父母擬」，將原文的「印綬」兩字，錯錄為「應爻」兩字，導致讀者根本無法理解，以至於後來的著作，就沒有這樣的內容了，致使「轉換六親」的方法幾乎失傳。

我在校對整理這些古籍時，看到了這樣零星的材料，按照其原理進行還原，知道了這種轉換的方法。經過多年的應用實踐，我認為認識和掌握了這種轉換的方法，我們就可以從卦中，獲取與求測人相關的更多信息，甚至發現很多用常規方式，不可能發現的信息、隱蔽的信息。可以幫助我們，尋找影響求測人和事物關係的背後原因，便於更好的為求測人提供分析和化解的有效服務。

幾種轉換六親的方式如下：

1、以世爻為「我」轉換六親。

2、以用神為「我」轉換六親。

3、以月卦身為「我」，進行轉換六親。

4、以卦中的任一爻為「我」轉換六親。

有些還沒有發現，或者古籍中還存在的隱藏線索，或者古人沒有說透的概念，例如納音的應用，也需要讀者，或者後來的學者，去不斷挖掘，不斷研究，不斷完善。

二是要在繼承的基礎上，將古人成熟的應用方法，歸納整理，擴展更寬的應用領域。

例如「象數理占」，這是京氏易預測的基本方法，所謂「象」，即事物基本的屬性具象。簡單歸納如下：

一、卦宮象：如乾宮，坤宮象等。

二、內外象：如外卦主外、高、遠象；內卦主內、低矮、近象。

三、爻性象：如陽爻有剛象，陰爻有柔象。陽主過去象，陰主未來象等。

四、爻位象：如初爻元士，二爻大夫等象。初爻主腳，三爻主腹，六爻主頭等象。

五、五行象：如甲乙寅木屬木，丙丁巳午屬火等象。五行表示對應的時間、空間之象。

六、六親象：如父母爻主父母、長輩、文章、老師、論文、文憑、證件、證據、防護裝備，信息物品等象。

七、六神象：如青龍主喜，主仁、酒色等象。

八、進退象：如寅化卯為進，卯化寅為退等象。

九、世應象：世為己，應為人；婚姻關係，合作關係等象。

十、卦名象：如「夬」有抉擇之象，「蠱」有內亂之象。

十一、卦辭象：如乾卦象曰：「天行健，君子以自強不息」等預示之象。

十二、爻辭象：如乾卦初九象曰：「潛龍勿用，陽在下也」等預示之象。

十三、納音象：如甲子乙丑海中金之類象。

十四、時間象：如：寅卯辰表示春季，巳午未表示夏季；子水表示夜半，午火表示中午等等。

十五、方位象（空間之象）：如子水北方之象，午火南方之象等等。

十六、理象：（道理、義理、原理、事理）：如：生剋制化，刑冲合害等五行運行基本原理之象。

再如飛伏方法的應用，《易林補遺》曰：「爻爻有伏有飛，伏無不用」，但作者又認為飛伏的應用，僅僅是「若卦內有用神，不居空陷，不必更取伏神。如六爻不見主象者，卻取伏神推之」。

我們知道，伏神表示隱藏的信息。因此世爻下的伏神，是可以表示求測人的潛意識，或者內心思維的。從伏神與飛神的關係，可以得知求測人自身的心理狀態。另外，如世下伏神與應爻沖剋，也可以表示求測人與對方內心抵觸，或者言語衝突。

三是在學習的過程中，不能迷信古人，認為古人所論都是對的。要根據京氏易的基本原理和方法，不斷的創新思路，尋找更多更好的應用方法。

例如預測疾病，《天玄賦》論疾病曰：「決輕重存亡之兆，專察鬼爻。定金木水火之鄉，可分症候」，古人基本上是以官鬼爻去論病。

例如：癸巳年　壬戌月　辛亥日　丙申時，測疾病？

此卦午火被日令亥水，內卦三合子水相尅。卦中寅木雖然得日令生合，但逢旬空不受生。以上信息表示，求測人身體存在氣血兩虛的現象。六爻寅木雖然有日令亥水生合，內卦三合子水生，但爻遇旬空不受生，因此，會出現有頭暈的現象，並且還會有記憶力減退的現象，這是由於肝膽氣虛，運行不暢，導致腦供血不足造成的。應該找醫生去檢查，及時治療和調整。這樣去分析，才能客觀對應求測人的客觀現象。

我們既要繼承古人一些好的理論方法和應用方式，但也不必象古人那樣，執定鬼爻為病，可以根據京氏易的基本原理，和基本方法去分析判斷。

（六）

我出生於二十世紀五十年代，由於父親過早的去世，我勉強讀了個小學，雖然小學畢業時，被保送到縣裡最好的中學，但由於文革和武鬥，學校都停課鬧革命，所以就沒有學上了。一九七零年，學校開始復課鬧革命，因為我們家庭生活困難，我想參加工作，為家裡減輕負擔，我也沒能繼續讀書。一九七零年六月，我還不滿十六歲，就因為得到組織上照顧，開始參加工作了，因此，我的文化基礎知識，是十分貧乏的。

進入八十年代，是中國社會開始發生大變革的時代，是人們知道文化知識貧乏，渴望讀書的時代，也是人們普遍感覺迷茫的時代，我生活於這個時代，也不可避免會產生對不可知的未來的困惑。

八十年代末期，隨著改革開放，《周易》慢慢也被解禁，國內開始了一個學習易學和術數預測的高潮。我也是這個時期，開始接觸到《易經》，從中體會到古人的一些智慧。邵偉華先生的《周易預測學》出版問世，我看到他在辦函授班，也參加了第二屆函授。後來，國家開始了搶救古籍的工作，出版了一批術數類古籍，我先後購買了這些書籍，開始進行自學。一九九三年，我得到《增刪卜易》這本著作，雖然此書編輯十分混亂，但還是引起我對「京氏易六親占法」的極大興趣。一九九五年，劉大鈞先生的《納甲筮法》出版，我從中深入瞭解到「京氏易六親占法」的基礎知識，然後長期實踐，深入研究和理解。一九九七年，我參加過山東大

時間：癸巳年　壬戌月　辛亥日　丙申時（日空：寅卯）

占事：測疾病？

	艮宮：艮為山（六沖）				巽宮：山雷頤（遊魂）		
六神	**本　　卦**				**變　　卦**		
螣蛇	官鬼丙寅木	▅▅▅▅▅	世		官鬼丙寅木	▅▅▅▅▅	
勾陳	妻財丙子水	▅▅　▅▅			妻財丙子水	▅▅　▅▅	
朱雀	兄弟丙戌土	▅▅　▅▅			兄弟丙戌土	▅▅　▅▅	世
青龍	子孫丙申金	▅▅▅▅▅	應	○→	兄弟庚辰土	▅▅　▅▅	
玄武	父母丙午火	▅▅　▅▅			官鬼庚寅木	▅▅　▅▅	
白虎	兄弟丙辰土	▅▅　▅▅		╳→	妻財庚子水	▅▅▅▅▅	應

學周易研究中心舉辦的「首屆大易文化研討班」，這次也發了一本他們自己編寫的《增刪卜易》，對比我以前買的版本，好了很多。從此，我放棄了之前所學的其他術數方法，只對與「京氏易六親占法」相關的著作感興趣了。這個時期的自學，由於環境因素的影響，基本上是偷偷進行的。

九十年代後期，由於有了互聯網，我開始在網上和一些朋友討論和交流，在這個過程中，發現很多想學習的朋友，因為沒有資料，學習起來十分困難。基於這種情況，我開始用手頭的資料，錄入整理成電子文本，供易友們學習。再後來，隨著互聯網的發展，網上資料的增多，我經過對照發現，現代出版的古籍，錯漏太多，同時，因為古籍生僻字太多，加上沒有注釋，很多後學的朋友感覺學起來不易，也為了我自己對這一門學術研究的需要，因此，觸發了我想把「京氏易六親占法」相關的古籍，重新校注整理的想法。

我和易友鼎升，本著「為往聖繼絕學，為後世傳經典」的基本精神，十幾年來，到處搜求，各處尋找，也得到很多易友的幫助，終於收集到一批古籍資料，我從中選取有傳承價值，以及有研究價值的十幾個古籍版本，進行校對注釋整理，經歷十多年的不懈努力，終於完成了這一工作。希望能為有志於傳承這一門學術的朋友，提供最原始的資料，也希望能讓後來的學者少走彎路。

在這套古籍著作的校注整理過程中，得到「鼎升」先生的很多具體指導，以及「冰天烈焰」、「犀角尖尖」，「天地一掌中」等網友提供的原版影印古籍資料，也得到「漢典論壇」等網絡上很多朋友的幫助，在此一併向他們致謝。書中有些注釋資料，來源於網絡，未能一一加以說明，也請原作者諒解。

雖然經歷了十幾年的多次校對，注釋，整理，但書稿中不可避免還會存在一些問題，希望能得到方家的指正，也希望得到讀者的批評，在有機會的情況下，再作進一步的修訂，不至於誤導讀者。

京氏易學愛好者　湖北省潛江市　周光虎
撰於己丑年夏至日　公曆2009年6月21日　星期日
2017年9月28日9時40分星期四　重新修訂
2020年再修訂
網名：虎易
QQ：77090074
微信：wxid_e9cvbx1mugcf22
電子郵箱：tiger1955@163.com
新浪博客：http://blog.sina.com.cn/hbhy
http://blog.sina.com.cn/u/1248458677

《易林補遺》校註整理說明

此稿據《易林補遺》明刻初版本，參考《國家圖書館・古籍館》藏書的幾個版本，互相校對整理。本稿的整理，主要有以下幾個方面，說明如下：

一、原版破損處，文字脫缺，用「口」代替。

二、原版斷句都是採用〇，本稿採用現代標點方式，重新標點。對於原文無標點之處，據其文義，直接重新標點，不另作說明。

三、本校對版本，力求疏通原著文意。對原文中明顯的錯漏，用「校勘記」說明。

四、對原文中的異體字、通假字，以通行字替換，不另附說明。

五、對原文中的生僻字，生僻名詞，特定術語，以註腳方式注釋。

六、該書引用有《玄妙賦》、《感應篇》、《鬼谷百問答》、《火珠林》、《卜易闡幽》、《卜筮全書》、《黃金策》等書內容或者論述，對有些與其引用書籍有差異之處的內容，採用更早的書籍版本參考校正，以「虎易按」的方式加以說明。

七、對原著中有些內容，為便於讀者閱讀和理解，以附圖和附表的形式補入，不在文中一一說明。

八、對於原文中涉及到的卦例，採用「元亨利貞」綱的六爻排盤系統，補附完整的卦例，便於讀者閱讀和理解，供讀者學習參考。

由於本人水準所限，因此，其標點也不一定恰當。本書的整理，錯誤和不當之處在所難免，誠望方家不吝指正，以使其更加完善。

初校稿完成於：2012年2月4日
二校稿完成於：2012年9月21日
三校注釋定稿：2017年6月12日
統一重校定稿：2019年7月18日

京京氏易學愛好者　湖北省潛江市　虎易
網名：虎易
QQ：77090074
微信：wxid_e9cvbx1mugcf22
電子郵箱：tiger1955@163.com
新浪博客：http://blog.sina.com.cn/hbhy
http://blog.sina.com.cn/u/1248458677

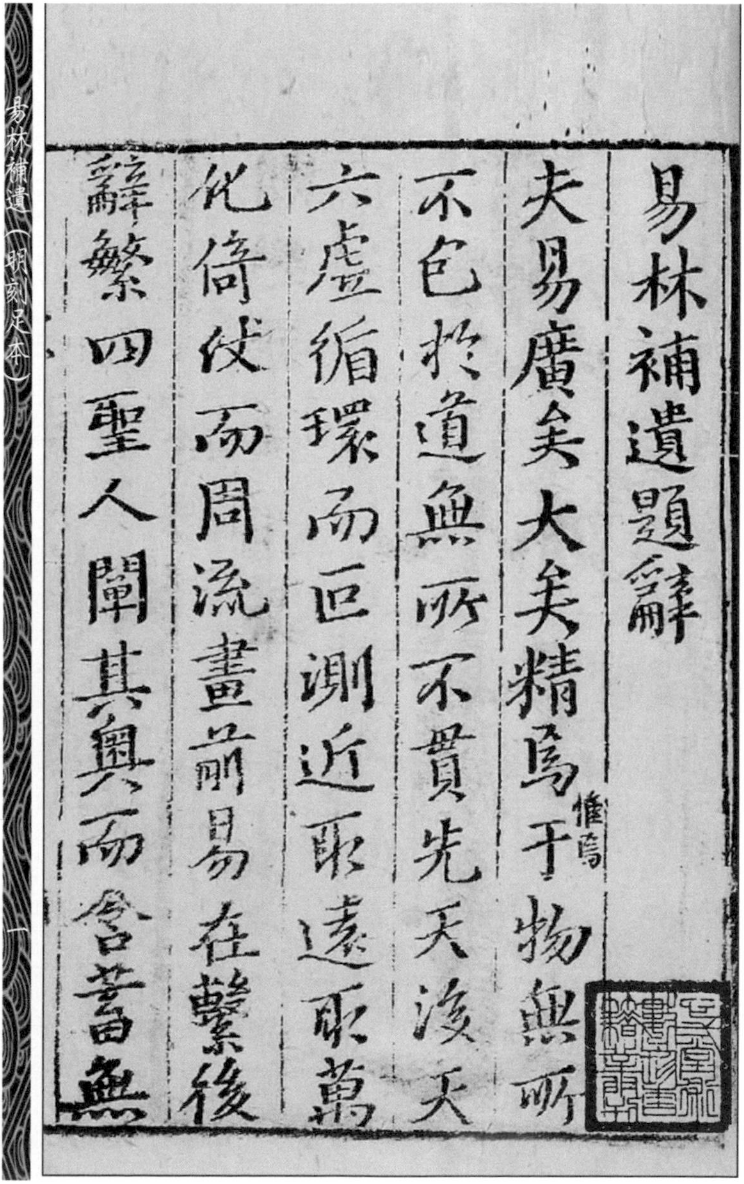

易林補遺題辭

夫易廣矣大矣精焉于物無所不包於道無所不貫先天後天六虛循環而叵測近取遠取萬化倚伏而周流畫前易在繫後辭繁四聖人闡其奧而含蓄無

易林補遺（明刻足本）　一

易林補遺（明刻原本），輯入心一堂古籍珍本叢刊，即將出版

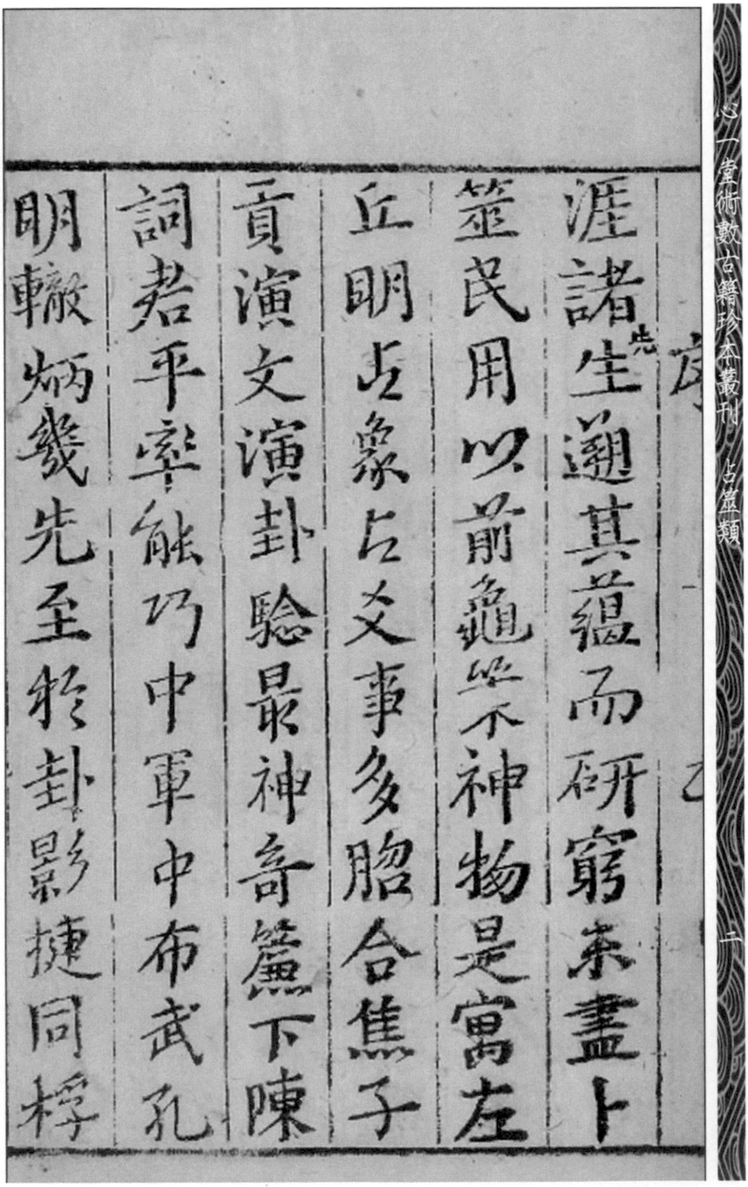

涯諸生先遡其蘊而研窮來盡卜
筮民用以前龜然不神物是寓左
丘明占象占文事多膽合焦子
貢演文演卦驗最神奇篇下陳
詞君平寧能巧中軍中布武孔
明轍炳幾先至於卦影捷同桴

易林補遺（明刻原本），輯入心一堂古籍珍本叢刊，即將出版

易林補遺

禮部冠帶術士　張世寶　著
西吳庠生①　黄裳　毛士來　同校閲

易林補遺題辭

夫易，廣矣！大矣！精焉。于物無所不包，於道無所不貫。先天後天②，六虚③循環而叵測④。近取遠取，萬化倚伏⑤而周流。畫前易⑥在繫後辭繁，四聖人⑦闡其奥，而令蓄無涯。諸生溯其藴，而研窮未盡。卜筮民用以前⑧，龜策⑨神物是寓。

左丘明⑩占象占爻⑪，事多脗合。焦子貢⑫演文演卦，驗最神奇。簾下陳詞，君平⑬率能巧中。軍中布武，孔明⑭轍炳幾先⑮。至於卦影⑯，捷同桴鼓⑰，杪忽靡差⑱。迨⑲夫梅花數例⑳，靈棋㉑，纖毫莫舛㉒。蓋陰陽司吉凶之橐籥㉓，而動静轉生剋之樞機㉔。一經推測，成敗昭然㉕，少露端倪㉖，鬼神卓爾㉗。造命何能奪命，命不可兆㉘。代天安得逆天，天果有定。

六壬㉙篇秩浩繁，疇㉚知檢校。五行休咎㉛變幻，誰解參詳。

世寶張生者，苕水星家㉜，吳門術士㉝，在幼喪明，從孩學易。盲于目而不盲于心，心源澄澈㉞。闇㉟於外而不闇於內，內視晶瑩㊱。從明師而肄習㊲，不減穆邵㊳之淵源。得異書而探求，何止王蔡之授受。耳提面命，業擅專門㊴，口誦心維，神通靈竅。旨發先儒之秘，訂二爻不變之訛㊵，見稱獨得之真。糾暗動、合住之謬，庶幾㊶聞所未聞，允乎見所未見。

乃深概凡情之用罔㊷，又復欲群動之紛紜，廣列條章，群彙事類，自朝常㊸至于鄙事㊹，鉅細兼收。由皇象以逮民功，精粗合載，生之道備矣，涉世之務賅㊺焉。綱舉目張，洞焉觀火，支分節解，斷似析㊻薪。加之句協宮商㊼，篇工駢驪㊽，雲霞燦于齒吻，金石作於聲容。季主之辯㊾若懸河，遜其藻繪㊿。孝先之言如符契[51]，讓其圓融。誠馬庭高弟，羲[52]陛忠臣矣。

彼啟蒙之雜亂，每贋[53]托于前賢，視何知之淺陋，僅雷同于剿說[54]。相提而論，非碔砆[55]之與美玉，燕石[56]之與明珠哉。付之剞[57]氏，可稱書部琳琅[58]。傳之卜人，堪作易林鼓吹。

萬曆甲辰[59]夏五月吉

賜進士第[60]文林郎[61]、前奉

敕巡視通倉管理河道巡按、順天兼督三關、

侍經筵官[62]、陝西道監察御史[63]、西吳儆韋居士顧爾行撰并書

注釋

①庠（xiáng）生：科舉時代稱府州縣學的生員。

②先天後天：指先天八卦和後天八卦。傳說先天八卦出自伏羲，後天出自文王。

③六虛：《易》六十四卦，每卦六爻，爻分陰陽。從初至上之位，稱為爻位，每卦之爻變動無定，故爻位稱虛。

④叵（pǒ）測：不可預料；不可推測。

⑤萬化倚伏：指萬事萬物，禍福相因，互相依存，互相轉化。

⑥畫前易：此說來自邵雍。所謂畫前之易，是指有卦畫前之易理，是自然而然的存在。

⑦四聖人：指伏羲、文王、周公、孔子。

⑧卜筮（bǔ shì）民用以前：古時預測吉凶，用龜甲稱卜，用蓍草稱筮，合稱卜筮。《易・繫辭傳》曰：「是以明於天之道，而察於民之故，是興神物，以前民用」。

⑨龜策：龜甲和蓍草。古代占卜工具。

⑩左丘明：中國春秋末期魯國史學家，相傳著有《左傳》，又傳《國語》亦出其手。

⑪爻（yáo）：組成八卦的長短橫道。「⚊」為陽爻，「⚋」為陰爻。

⑫焦子貢：焦贛（gòng），字延壽。《漢書・眭兩夏侯京翼李傳》曰：京房，字君明，東郡頓丘人也。治《易》，事梁人焦延壽，延壽字贛。贛貧賤，以好學得幸梁王，

梁王共其資用，令極意學。既成，為郡史，察舉補小黃令」。撰《易林》十六卷，即後世所謂「焦氏易林」。參見《漢書・儒林傳》。

⑬君平：嚴君平（西元前86年——西元10年），名遵。君平卜筮於成都市，以為：「卜筮者賤業，而可以惠眾人。有邪惡非正之問，則依著龜為言利害。與人子言依於孝，與人弟言依於順，與人臣言依於忠，各因勢導之以善，從吾言者，已過半矣」。裁日閱數人，得百錢足自養，則閉肆下簾而授《老子》。楊雄少時從遊學，以而仕京師顯名，數為朝廷在位賢者稱君平德。參見《漢書・王貢兩龔鮑傳》。

⑭孔明：諸葛亮，字孔明，號臥龍，三國時期蜀漢丞相，傑出的政治家、軍事家、發明家、文學家。參閱《三國誌・卷三十五蜀書・諸葛亮傳第五》。

⑮幾先：猶機先；先兆。

⑯卦影：古代術士於卜卦時，為隱寓卦意，以備應驗，所繪製的圖形（或輔以文辭）。亦借指此種卜術。

⑰桴（fú）鼓：鼓槌與鼓。比喻相應迅速。

⑱杪（miǎo）忽靡（mǐ）差：微小無差。

⑲迨（dài）：及；到。

⑳梅花數例：即託名邵雍所著《梅花易數》。

㉑靈棋：即劉伯溫所著《靈棋經》。
㉒纖毫莫舛（chuǎn）：沒有絲毫的錯誤。
㉓橐籥（tuó yuè）：喻指造化。
㉔樞（shū）機：比喻事物的關鍵部分。
㉕成敗昭（zhāo）然：指成和敗，都很明白，顯而易見。
㉖端倪（ní）：頭緒；跡象。
㉗卓爾：形容超群出眾。
㉘兆：預示。
㉙六壬：五行以水為首，十天干中壬、癸屬水，壬為陽水，癸為陰水，捨陰取陽，故名壬。六十甲子中，壬配地支有六個（壬子、壬寅、壬辰、壬午、壬申、壬戌），故名六壬。
㉚疇（chóu）：同類，類別。
㉛休咎（jiù）：吉凶；善惡。
㉜苕水星家：苕水，水名。在今浙江省境內。星家：即星象家。
㉝吳門術士：吳門：指蘇州或蘇州一帶。術士：指以占卜、星相等為職業的人。
㉞澄澈（chè）：亦作「澄徹」。明白。
㉟闇（àn）：同「暗」。

㊱晶瑩：明亮透徹。

㊲肄（yì）習：學習。

㊳穆邵：指穆修、邵雍。穆修（979～1032），字伯長，鄆州汶陽（今屬山東汶上）人，後居蔡州（治今河南汝南）。曾師事陳摶，傳其《易》學。邵雍之師李之才曾從穆修學《易》。參閱《宋史・列傳第二百一・文苑四・穆修》。邵雍（1011—1077），字堯夫，謚號康節，自號安樂先生、伊川翁，後人稱百源先生。創「先天學」，以為萬物皆由「太極」演化而成。著有《觀物篇》、《先天圖》、《伊川擊壤集》、《皇極經世》等著作傳世。參閱《宋史・列傳第一百八十六・道學一・邵雍》。

㊴業擅（shàn）專門：善於，專長於某種學業和職業。

㊵訛（é）：錯誤。

㊶庶（shù）幾：差不多；近似。

㊷罔（wǎng）：此處為「無知；迷惑「之意。

㊸朝常：朝廷的常規事物。

㊹鄙事：卑微瑣碎之事。

㊺賅（gāi）：完備。

㊻柝（tuò）：判，分開。

㊼句協（xié）宮商：指文字的語句五音音律和諧。
㊽駢儷（pián lí）：指駢體文，多用偶句，講求對仗，故稱。
㊾季主之辯：指漢代楚人司馬季主，與宋忠、賈誼之辨。參閱《史記·日者列傳》。
㊿藻（zǎo）繪：指文辭的修飾。
51符契：相同，一致。猶符節。晉·袁宏《三國名臣序贊》：「君臣相體，若合符契」。
52羲（xī）：假借用於專名。傳說中古代帝王伏羲的簡稱。
53膺（yīng）：接受。
54剿說：亦作「勦說」。抄襲別人的言論為己說。
55碔砆（wǔ fū）：似玉的美石。
56燕石：燕山所產的一種類似玉的石頭。
57剞（jī）：雕板刻印書籍。
58書部琳琅（lín láng）：借指為珍貴書籍。
59萬曆甲辰：即萬曆三十二年，公元1604年。
60進士第：科舉時代考選進士，錄取時按成績排列的等第。
61文林郎：文林郎不是職官，而是散官，明代時都用來授正七品文官。
62侍經筵官：漢唐以來帝王為講論經史而特設的御前講席。宋代始稱經筵，置講官以翰林學士或其他官員充任或兼任。它在宋代正式制度化，為元、明、清歷代所沿襲。

㊷監察御史：中國古代官職之一，御史的一種，隋朝設置。明改御史台為都察院，所屬監察御史分道負責，各冠以地方名稱，均為正七品官。監察御史不僅可對違法官吏進行彈劾，也可由皇帝賦予直接審判行政官員之權力，並對府州縣道等衙門進行實質監督，也可在監察過程中對地方行政所存在的弊端上奏。防範公家官吏侵害人民權益，或者是成為貪贓枉法的貪官污吏。

吳興卜士張星元易林補遺敘

湖人之醫，難可盡憑，故憑於卜，其卜者亦不問醫，而問鬼。故湖之民，半貧於鬼，其物畜亦半盡於鬼，非鬼之刑之，卜人之言刑之也。

星元張生，十言十當，余不為取何者言而當，非能令病者起，死者生也。蓋張生幼而瞽，遂學卜。每問師，何以斷鬼？都曰：「我知何鬼，第家大則鬼大，病大則鬼亦大」，如是①而已。張生心不然之，以故不言鬼而言醫。蓋十餘年，而群鬼多畏之者，有附病婦，而命其夫曰，爾無卜於張星元，而婦猶可生，不者而婦死矣，已而②婦竟死。張生亦悔之曰，病亦有鬼，第不可為安言耳。故其著為《易林補遺》，於搜決神鬼一章，特加精覈③，云由是病而卜者，有懺悔④而免，有齋素⑤而祀，其物產不為傾廢，而生畜不盡於屠戮⑥，則是書之活之多矣。

余讀易五十餘年，宦遊⑦幾半天下，求其可為問易者而不得。偶問張生曰：「八卦甲子，止於四十八卦，毋乃非全書乎」。生曰：「乾坤於冬至後首甲乙，夏至後宜首壬癸」。余不敢深辨，要之，其於易也，亦不為苟言⑧之矣。其於鬼神之情狀，亦不敢謂盡知。然其立言之旨，根於天地生德，則於聖人開物之思，庶為近之也。

問易道人吳興王豫敘

注釋

①如是：如此。

②已而：不久；後來。

③精覈（hé）：細緻精密的檢驗核實。

④懺悔：佛教語。佛教規定，出家人每半年集合舉行誦戒，給犯戒者以說過悔改的機會。後遂成為自陳己過，悔罪祈福的一種宗教形式。引申為認識了錯誤或罪過而感到痛心，決心悔改。

⑤齋（zhāi）素：持齋吃素。

⑥屠戮（lù）：殺戮，殺害。

⑦宦（huàn）遊：舊謂外出求官或做官。

⑧苟言：隨便發表意見。

易林補遺序

易之變不居，而其體則恒。聖人戒無恒，曰不占而已，君子是以玩其占也。占候①家如焦②如京③最古，焦詳於體變④，而京詳於時會⑤。時會者，干支勝不勝之屬，五而經之，十二而緯之。其道圓而禪，故其傳簡。體變者，六虛之義也。由三而八，由八而六十四，由六十四而四千九十六，其道方以順，故其林繁。流為卜筮家，襲京氏之膚，而不究其委，其猶言亭亭白奸及勝光神后⑥等，云者亦希矣，而遑⑦問四千九十六。夫所居蓋不佞⑧，悼焦氏之學如線，患在分塗，于京氏之思，為合其流，而未有概也。

湫籠中得苑洛韓公所刊《正經緯》一書，曰是合焦氏書經者也。已又得瞽者⑨張世寶所撰《易林補遺》，呀然曰：「爾何拾乎林而補之，豈又將合今卜筮家，市古焦氏耶」？且所稱四千九十六，云者則既最，體變之致甚，而又胡庸傳益，諸曰：「子何以其體為哉」？其事之云體，恒而虛，虛則觭⑩而麗事，故繁。事無恒而實，實則有數而可統紀，故約。且吾以古御今，不若以俗附雅，推京氏之半蝕，合焦氏之渺論，苟有當乎。人知其非分塗，而易林之全書，可次第行矣，不佞舍然大喜。既刻經緯，遂將以其補遺。云，張瞽童而瞽，六書之點畫形構不能目受之，而能言其義。使之占，傳事陳理，間以諧諷，天人善敗幾幾乎莫之能違也，其易所謂恒而貞者耶？

大樸之子沈淮⑪仲雨氏撰

注釋

①占候：以天象變化來附會人事，推測吉凶禍福。

②焦：指焦贛（gòng）。參見「焦子貢」注釋。

③京：京房：（西元前77—前37年），字君明，東郡頓丘（今河南清豐西南）人。治《易》，事梁人焦延壽，延壽字贛。贛常曰：「得我道以亡身者，京生也。」房以明災異得幸，為石顯所譖誅，年僅四十一歲。京氏撰寫了大量易學著作，大多佚失，今只存《京氏易傳》三卷。故項安世謂，以京房考之，世所傳《火珠林》即其遺法。參閱《漢書・京房傳》、《漢書・儒林傳》。

④體變：卦爻本體的變化。

⑤時會：時運。

⑥亭亭白奸及勝光神后：亭亭、白奸、勝光、神後，都是六壬術的名詞和術語。

⑦遑（huáng）：急迫。

⑧不佞（nìng）：自謙之詞。猶言不才。

⑨瞽（gǔ）者：失明的人。俗稱瞎子。

⑩觭（jī）：單獨。

⑪沈漼（què）：明・萬曆時期，任南京禮部侍郎。

易林補遺序

談卜筮者，必本於易。羲畫周爻①，民用賴之。然易寧為卜筮設哉？鴻蒙②剖判以後，凡日月之升沉，庶類③之榮枯，人事之屈伸，不離陰陽，則不離變易，無之而非。是故曰：畫前原有易，智者得之，愚者惑焉。使天下而皆智也，則羲圖之包涵已盡，即彖④之爻之猶為附益也。惟天下不皆智也，則易象之昭示⑤無盡，即極變窮占，猶不無闕遺⑥也。

古來精易者，無慮數百家，著書立言，可謂詳矣。然用以導惑而教愚，猶嫌其略。略而更詳之，此《易林補遺》之所為作也。

吳郡有世寶張君者，幼而喪明，以卜筮為業，比長多好學耳。之所聞無不深心體會，遂至辨天地之道，日月之運，陰陽吉凶之本。非惟究成說⑦，且能定折衷⑧，非性周世故，且能諳⑨兵略。探賾索隱⑩，分門析類，自成一家言，庶幾盲於目而不盲於心者歟⑪。以之決趨避⑫而全民用，厥⑬功豈細乎哉。

夫司馬季主一屈賈宋之辯，名垂至今。是編也立義精，取用博，亦賈宋之所宜聞，而心折者也。倘遇龍門氏表章之，不將與季主同垂不朽耶？

賜進士第翰林院編修兼起居注西吳溫體仁題

注釋

①羲畫周爻：指伏羲畫卦，周文王作爻辭。

②鴻蒙：宇宙形成前的混沌狀態。

③庶類：萬物，萬類。

④彖（tuàn）：指《易經》中解釋卦義的彖辭。

⑤昭示：明白的顯示。

⑥闕（quē）遺：缺失和遺漏。

⑦成說：通行的說法；定論。

⑧折衷：調和太過與不及，使之得當合理。

⑨諳（ān）：熟悉。

⑩探賾（zé）索隱：探究深奧的道理，搜索隱秘的事情。

⑪歟（yú）：文言助詞，表示疑問、感歎、反詰等語氣。

⑫趨避：指趨利避害；趨吉避凶。

⑬厥（jué）：其。

易林補遺自敘

世寶家世，蘇人。幼隨父近山公寓吳興①，遂家焉。甫②三歲，以痘③失明，里人咸惜之。余父獨太息④曰：昔賈子⑤云：「古之聖人，不居朝廷，必在卜醫之中」。小子雖廢乎，倘能窮陰陽之變，剖吉凶之途，使病者或以愈，且死或以生，患或以免，事或以成，嫁子娶婦，或以養生。此之為德，豈小補哉，小子勉之。

余時聞之，竊沾沾自喜。因遍訪海內諸名師，相與講求易理。若《玄妙賦》，《感應篇》，《鬼谷百問答》等書，靡不研究。久之得《黃金策》，而飛伏互變之妙，稍稍有窺，試之卜輒⑥中。世謬以神斷目之，然余心未敢自是也。嘗試以為易道尚變，六爻動則六爻皆變，此取用九用六之意。乃京房變法。謂一爻動則變，二爻動則不變，豈其傳之誤耶？否則，《火珠林》之術，其驗如響，而變法與易不符，此何以故？他如《卜易闡幽》謂：「動爻逢合不變」。《黃金策》謂：「卦靜逢沖，暗動亦變⑦」。動者老也，暗動者少也，易稱老變而少不變，似不其然。

夫諸書，世所取衷者也。然其旨，或舛而可疑，或隱而未暢，或略而未詳，或散而無統，使學者不得其門而入。余竊憫焉，思有以折衷之，以詔⑧來學。而智慮譾陋⑨，愧未能也。

偶聞《管子》⑩書有曰：「思之思之，思之不得，鬼神從而通之⑪」。始悟向之所未通者，特思未深耳。於是殫慮⑫研精，旁搜博採，務窮其奧而後已。或晝之所不得，夜以繼之。沉潛既久，夢寐中恍若有指示余者。及覺，而胸中豁然，蔽⑬者以開，澀⑭者以達。因以其所得，類而成書，其為集者四，其為卷者十有二，其為章者百四十有五。凡上而天道之運，下而民故之煩，巨細不遺，機緘⑮畢露，藏諸櫝⑯中，時出以就正⑰。諸縉紳⑱先生，咸謬為推許，命曰《易林補遺》，各賜佳序，弁諸簡端⑲，且欲付之剞劂⑳。余自分管窺之見㉑，何敢列于易林。

亦惟是先人近山公，以醫卜命之，間嘗奉侍湯藥，究心岐黃㉒，方餌所投，庶幾屢獲奇效矣。而時方專力于卜，未遑卒業㉓。

今是編也，苦思十載，幸而成矣。又幸而得諸名公為之表章矣，庸可自秘乎。雖未敢以為可傳，然千慮一得，或者少有裨㉔於民用，以無負先人之志云爾。

時　萬曆癸卯歲季冬望日㉕張世寶敘

注釋

①吳興：郡名。三國吳寶鼎元年（公元266年）置。治所在烏程縣（今浙江吳興縣南）。

②甫（fǔ）：方才，剛剛。

③痘（dòu）：病名。俗稱天花，也叫痘瘡或天瘡。

④太息：大聲長歎，深深地歎息。

⑤賈子：指西漢賈誼（前200—前168）。賈誼曰：「吾聞古之聖人，不居朝廷，必在卜醫之中」。參閱《史記・日者列傳》。

⑥輒（zhé）：就；總是。

⑦《黃金策》謂：「卦靜逢沖，暗動亦變」：《黃金策・總斷千金賦》「靜得沖而暗興」，注釋曰「大凡　占得六爻不動之卦，不可便以為安靜。若被日辰沖之，則雖靜亦動」。「故《天玄賦》以為逢沖暗動。但不可只以日辰取之，有旺動之爻亦能沖起」。

⑧詔（zhào）：告知，告訴。

⑨譾陋（jiǎn lòu）：淺陋。

⑩管子：管仲（公元前725－前645年），名夷吾，潁上（今安徽省潁上縣）人。參閱《史記・管晏列傳》。

⑪思之思之，思之不得，鬼神從而通之：《管子・內業》曰：「思之思之，又重思之。

思之而不通，鬼神將通之。非鬼神之力也，精氣之極也」。

⑫殫（dān）慮：竭盡思慮。

⑬蔽（bì）：隱藏。

⑭澀（sè）：生澀。言詞、文字等不流暢。

⑮機緘（jiān）：指事物變化的要緊之處。

⑯櫝（dú）：木櫃，木匣。

⑰就正：向人求教，請求指導，糾正文章的訛誤。常用作謙辭。

⑱縉紳（jìnshēn）：古時官吏插笏於紳帶間，故稱仕宦為「縉紳」。也稱地方紳士為「縉紳」。

⑲弁（biàn）諸簡端：放在前面。

⑳剞劂（jī jué）：雕板；刻印。

㉑管窺（kuī）之見：比喻短淺的見識。多為自謙之辭。

㉒岐黃：岐伯和黃帝。相傳為醫家之祖。借指中醫醫生或醫書。

㉓未遑卒業：沒有時間顧及，來不及完成學業。

㉔裨（bì）：彌補。

㉕萬曆癸卯歲季冬望日：即萬曆三十一年，公元1603年，農曆癸卯年十二月（臘月）十五日。

張星元傳

夫觀人以外必以藝，觀人以內必以心。若奇以顯其藝，而巧以行其心，則在恒人且難之，況號稱瞽者乎。昔左丘失明，厥有《國語》，此千載著書異人。而韓愈[1]氏謂瞽者能吐胸中之奇，則非譾才[2]浮技，必且上下古今，縱橫宇宙。有常人見之，嘖舌[3]而不敢道者。吾於今世得一人，作張星元傳。

傳曰：君諱[4]世寶，號星元居士，為蘇之吳縣[5]人，蓋望族[6]也。其父近山公，性嗜[7]法書名畫，商鼎秦彝[8]。遂挾千金重寶遊湖中，愛山水清遠，歎曰：此故學士松雪居也。乃家焉。此時星元君，已生有十之三矣。

蓋近山公素苦無子，而得異夢生星元。有異人相之曰：「此子當名聞天下，惜汝家[9]福薄，不可留」。已而瞽于痘，異人復來，視之曰：「疾則不死，終當顯名」。

年十五，自能閒於絲竹[10]，或時作商音[11]，凄然動人。若有不自得者，於是湖中士大夫爭奇之，謂此子既慧，何不教讀書。近山公不惜百金，延明儒，教之字形，訓之字義。星元日記千餘言，至丙夜[12]朗朗為父誦。父喜曰：「兒既已富于學，學可已乎」。星元泣曰：「兒將遊四方，究天人性命之學，豈若博士家，執筆為句讀耶」。

近山公乃治巨艦，名香苦茗，攜之東遊于吳會[13]雲中，維楊之間，訪山林高士，厚禮重幣，縱談宏辨。

凡天文地理，兵法醫學，堪輿之說，靡不口授心維。一日恍然曰：「宇宙之理，咸備于陰陽五行。故易之一書，貫通百家」。乃棄去一切，而於易潛心焉。凡古之論易，上自京房，下至康節，皆有奇秘不傳之書，星元捐金購得焉。篝燈⑭令人讀，而臥聽之，盡獲其髓，試之射覆⑮輒驗。效司馬季主故事，垂簾市中，士大夫求卜者，鐵限⑯為穿。

其最奇者，歸安⑰汪邑侯，召問轉擢⑱，得卦之《既濟》，則答以水主冬官，且居北部，而世空無司。旁觀者笑曰：「陞而無司，殆不陞耶」？已而果如其言。

本府陳郡侯，方日夜焦勞民事，命之卜雨，則亢旱而云雲興。命之卜晴，則霖霪而雲日出。皆剋期⑲而至，如影隨形。

郡侯先期示民，民賴克濟⑳。雖府主一念精誠，昭格天地，而星元實洩天意于於穆也。

本府節推署，素不利，卜得《風山漸》，而動于初爻。星元曰：「巽象臨空，青龍東陷，宜為高樓以鎮之。且官化離宮，必轉留都」。已而獨陞于介四府，而又為應天司理㉑。則卜之先兆驗也。

吳按臺事竣，不得代，召星元卜之，許以冬孟轉官，應如形響。

蓋自邑令二千石分司兵憲，觀察左右轄御史大夫中丞公，靡不奇其術，而賜額焉，不可一二計。乃翰林禮部兩沈公[22]，尤愛而重之。故禮部給劄，捐資刻書，皆出兩公盛心，為世罕有。兢識兩公高義，而星元術固有以動之也。

著書出乃父近山公之意，蓋星元天性仁孝，近山易簀[23]之辰，星元哀號為佛事，近山呼之曰：「來吾子，以子之慧，而不得一官，天限子耳。今子惟著書，流行四方，或好事者，培植爾進賢一冠，他日衣冠拜吾墓下，吾願足矣」。父沒之後，星元遂苦心著書，書成，延兩博士弟子校其字訛，乃書義則君獨成，無一贊者。可謂前無古人，後無作者矣。

吾鄉王僉憲公，挂冠之後，閉戶讀書，宏覽博物，而於易得周孔心印，亦賞其書。星元感僉憲公知己之恩，私為其長公子卜之，當入粟[24]，且利于南。是時長公文章宏麗，為世作則，豈肯俯首入冑[25]。即冑，亦北雍[26]耳。星元強之冑，又強之南，而秋試告捷，若探囊取者。雖長公之才，固所向無敵乎，星元謂必冑而後中，則術之神也。

然星元嘗嗇于子，而今且三郎君，繞膝下如玉。乃吾所謂巧以行其心之仁者，可略言其概焉。

遇人之子，來占其父，則引之孝。遇人之弟，來占其兄，則引之恭。遇人之妻，來占其夫，則引之隨。

有欲出妻者，問卜得《泰》。星元擲錢驚曰：「汝妻出則《泰》反為《否》，而汝應死」。其人問何以免之？則曰惟弗出耳，乃號泣而止。其人去而門人問曰：「卦本吉而言凶，何也」？答曰：「書不云乎，『悲莫悲于生別離』[27]。且彼有離婦心，故不協耳。今聞吾言，殆將合也」。已而夫果愛妻，生子，成數百金資㊀。不爾㉘，則逐婦曠夫之恨，寧有已耶？

一少年嗜呼盧㉙，一擲萬錢，父兄親戚環泣而諫之不止，鳴之官，而杻械枷鎖㉚又不止。私卜于星元，星元佯驚曰：「汝不旬日死矣」。問何以不死術。曰：「惟有閉門絕黨自守耳」。其人歸，而索居㉛，不復賭矣。

一少年散千金于花柳場，只㊁遺屋址彈丸地耳，猶欲市㉜之，為歌姬卮酒費㉝。來卜于星元，得卦之《同人》。星元拋策大呼曰：「汝有不可同之人，而同之。且白虎為惡瘡，主折股，失足，血流于床，皮廢于面，叫號三歲，乃死，死惟骨耳」。其人注曰：「何以免之」？星元曰：「惟同汝妻閉門不出三年，乃免」。其人許諾，自此不入平康㉞之境。

人家火葬者，官府嚴禁之不得。星元呼不利，則懼而止。

奴背主者，主人且無可奈何。星元一言凶，而叛心息矣。

有河南人以事在逃，星元呼之曰：「汝有父母妻子，而不歸，奈何令汝家思汝耶？吾試為汝占之」。發策，則大叫不祥，不歸且有疾。已而疾作，其人神其言，而急歸。令此人之家父母妻子，歡然如故者，皆星元一激之力也。

妻之妒者，必教之娶妾，則免災。子弟之好遊者，必勸之讀書，則無禍。

蓋星元盛名之下，疇不信之。一言而能令惰者勤，刻者恕，好爭者息，非淫蕩者自檢。此其陰功，豈渺小哉。吾所謂巧以行其心之仁者，信非星元不能也。然吾聞張君於人闇昧之事，不欲顯祝，且不敢直告者，則不復視卦，而但云不吉。

吾地安邑糧房為利孔[35]，亦為弊竇[36]，有數輩來占空拳問利可獲否？星元占曰：「獲利則傾舍，無利則全軀。卦如是止矣，汝自擇之」。有信其言者，果獲全。而不信者，則遇我三陳郡主英斷，無一漏網。皆如星元之言。

蓋張君之術，有補于
國家，非僅僅卜學已也。故說者謂星元之書，當具疏。而星元之名，當載誌。蓋不徒取其奇以顯術，而巧以行仁也，實有裨于
國用云耳。

野史氏張輅曰：吾叩張君之學，淵淵乎其深哉。其談鬼神事，得異人授，甚精，而剋應如響。乃不欲深言者，少時有本空和尚戒之，切弗以物命活人命故也，則又通乎禪理矣。今觀其搜決神鬼章，有味乎其言之歟。

張君平時，以不得褒其父為恨，然聞古之行兵法者，孫臏[37]無足，則區區失明無論已。君於風角鳥占，甚神，八門遁甲，了了胸次。觀所著出師征伐章，神鬼為驚，矧醜虜[38]耶？方今邊塞多事，倘有能具疏，為經略[39]開府之用，則趨吉避凶，百戰百勝，足舒朝廷西北之憂，而封誥[40]可期，生平之志亦慰矣。輅山野貧病之夫，將拭目觀之，是為之傳。

時 萬曆三十四年仲冬朔日[41]吳興楊文山明珠庵髮僧張輅謹撰

虎易按：「張星元傳」，原書編排在「易林補遺總目」後，現將其歸類，編排在「易林補遺自敘」後。

注釋

①韓愈：（768年－824年12月25日），字退之，河南河陽（今河南省孟州市）人。曾任潮州刺史、袁州刺史、監察御史、國子祭酒、兵部侍郎、吏部侍郎、刑部侍郎等職。自稱「郡望昌黎」，世稱「韓昌黎」、「昌黎先生」。唐代傑出的文學家、思想家、哲學家、政治家。韓愈是唐代古文運動的宣導者，被後人尊為「唐宋八大家」之首，與柳宗元並稱「韓柳」，有「文章巨公」和「百代文宗」之名。參閱《舊唐書・列傳卷第一百一十》、《新唐書・卷一百八十九・列傳第一百一・韓愈》。

②譾（jiǎn）才：淺薄的才能。

③嘖（zé）舌：表示讚歎。

④諱（huì）：諱名，對尊長避免說寫其名，表示尊敬的心意。

⑤吳縣：今江蘇省蘇州市吳縣。

⑥望族：有名，有地位，有聲望的家族。

⑦嗜（shì）：喜歡，愛好。

⑧彝（yí）：古代盛酒的器具，亦泛指古代宗廟常用的祭器。
⑨汝（rǔ）家：你們家。
⑩絲竹：絃樂器與竹管樂器之總稱。亦泛指音樂。
⑪商音：五音之一。亦指旋律以商調為主音的樂聲。其聲悲涼哀怨。
⑫丙夜：三更時候，為晚上十一時至翌日凌晨一時。
⑬吳會：秦漢會稽郡治在吳縣，郡縣連稱為吳會。唐以後，俗亦稱平江府（今江蘇蘇州）為吳會。
⑭篝（gōu）燈：謂置燈於籠中。
⑮射覆（fù）：古時的一種猜物遊戲，亦往往用以占卜。
⑯鐵限為穿：指鑲嵌在門檻上的鐵門限，都被磨穿了。
⑰歸安：歸安縣是歷史上湖州地區的一個舊縣名。982年（宋太平興國七年），為慶祝錢氏吳越國的歸順，將湖州府烏程縣東南一十五鄉分出新置歸安縣。982年始設，1912年撤廢，自置縣起至與烏程縣合併成吳興縣而退出歷史，共存在了930年。
⑱轉擢（zhuó）：升遷職位。
⑲剋期：定期、如期。
⑳克濟：謂能成就。

㉑應天司理：指南京掌管獄訟的官吏。應天：是應天府的簡稱，即今之南京，為明朝京師。明永樂十九年（1421年）明成祖遷都北京，以南京作留都。司理：掌管獄訟的官吏。

㉒禮部兩沈公：禮部尚書沈一貫，禮部侍郎沈漼。

㉓易簀（zé）：簀，竹席。易簀，指人將死，更換床席。

㉔入粟：指交納一定數額的金錢捐取功名。

㉕入冑（zhòu）：指進入國子監讀書。

㉖北雍：「北雍」一詞是明朝首都北遷後產生的，因為當時在北京、南京分別都設立了國子監。設在北京的國子監被稱為「北監」或「北雍」，而設在南京的國子監則被稱為「南監」或「南雍」。

㉗悲莫悲於生別離：《九歌・少司命》曰：「悲莫悲兮生別離，樂莫樂兮新相知」。

㉘不爾：不如此，不這樣。

㉙嗜（shì）呼盧：嗜好賭博。

㉚杻械枷鎖：腳鐐手銬。枷和鎖。都是舊時拘繫犯人的刑具。

㉛索居：孤身獨居。

㉜市之：賣掉。

㉝卮（zhī）酒費：胭脂酒水的費用。卮，指古代一種作染料用的野生植物，可製胭脂。卮也指古代一種盛酒器。圓形。容量四升。

㉞平康：妓院，亦稱為「平康坊」。

㉟利孔：經濟利益的來源。《管子・國蓄》曰：「利出於一孔者，其國無敵；出二孔者，其兵不詘；出三孔者，不可以舉兵；出四孔者，其國必亡」。

㊱弊竇（bì dòu）：弊病，弊端。破綻，漏洞。

㊲孫臏：孫臏原名不詳，因受過臏刑故名孫臏。生卒年不詳。出生於阿、鄄之間（今山東省陽穀縣阿城鎮、菏澤市鄄城縣北一帶），是孫武的後代。中國戰國初期軍事家，兵家代表人物。參閱《史記・孫子吳起列傳》。

㊳矧（shěn）醜虜：何況醜惡的敵人。

㊴經略：明清兩代有重要軍事任務時特設經略，掌管一路或數路軍、政事務，職位高於總督。

㊵封誥（gào）：明清帝王對五品以上官員及其先代和妻室授予封典的誥命。

㊶萬曆三十四年仲冬朔日：即公元1606年，農曆丙午年，十一月初一日。

校勘記

㊀「資」，原文作「貲」，疑誤，據其文意按現代用字方式改作。後文遇此字，據其文意直接改，不另說明。

㊁「只」，原文作「止」，疑誤，據其文意按現代用字方式改作。後文遇此字，據其文意直接改，不另說明。

易林補遺總目

貞集

十卷　四三五

十一卷

十二卷

《易林補遺》元亨利貞四集目錄終　五二七

注釋

①倩（qìng）媒：請媒人。

②後嗣（sì）：後代子孫。

③出繼：過繼給別人作兒子。

④承繼：把兄弟等的兒子收做自己的兒子。

⑤訓迪：教誨啟迪。

⑥相資：相互憑藉。相互資助。

⑦仕宦（shì huàn）：官員。也指出仕；為官。引申為仕途，官場。

⑧武弁（biàn）：武官。

⑨選缺：官制名。即須通過揀選而補授之額缺。揀選，指挑揀、選擇。明清兩代謂在官員中選擇任用。

⑩誥（gào）命：明清時特指皇帝賜爵（jué）或授官的詔令。封建時代受過朝廷封號的婦女，稱為誥命夫人。

⑪趨謁（qū yè）：前往進見。

⑫扳（pān）人：拉人，牽扯人。

⑬涓（juān）選：選擇，選取。

⑭雇倩（gù qiàn）：出租。
⑮浼（měi）：央求，請求，懇托。
⑯痘疹（dòu zhěn）：因患天花出現的皰疹。
⑰賽：行祭禮以酬神。
⑱臧（zāng）否：臧，善。否，惡。臧否：得失；善惡；褒貶；優劣。
⑲關隘津渡：險要的關口和渡口。
⑳店肆（sì）：商店；旅舍。
㉑畋（tián）漁：捕魚。
㉒訟師：指幫人辦理訴訟事務的人，舊時以替打官司的人出主意、寫狀紙為職業的人。
㉓鬻（yù）身：賣身。
㉔兵卒：士兵的舊稱。

易林補遺元集卷之一

禮部冠帶術士　張世寶　著
西吳庠生　黃裳　毛士來　同校閱

易林總斷章第一

凡事取用爻為主，動變為憑。

前聖炳先幾①之奧旨②，開示迷途。後學補未盡之遺言，共臻③覺路。闡發④諸家之秘，搜羅萬類之情。敬列數章，謬陳一得。

吉凶由八卦變通，須察吉變凶，而凶變吉。

吉凶二字，係乎卦爻動靜。靜則取暗動並用爻為主，動則取之卦⑤為憑。之卦者，即變卦也。變者化之漸，化者變之成。

飛伏在二儀交換，定然陽伏陰，而陰伏陽。

易有太極，是生兩儀，兩儀生四象，四象生八卦。《乾》為老陽，《坤》為老陰，《震》為長男，《巽》為長女，《坎》為中男，《離》

為中女，《艮》為少男，《兌》為少女。

虎易按：根據以上內容，作「八卦對應人物表」如下，供讀者參考。

八卦對應人物表			
☰	☳	☵	☶
乾為父	震為長男	坎為中男	艮為少男
☷	☴	☲	☱
坤為母	巽為長女	離為中女	兌為少女

故曰：《乾》、《坎》、《艮》、《震》屬陽，《巽》、《離》、《坤》、《兌》屬陰。

飛伏者，乃陰陽互換之理。凡占陽卦而伏陰，卜陰卦而伏陽。

且如卜得《乾》卦為飛，便取《坤》卦為伏。若得《坤》卦為飛，便取《乾》卦為伏。其餘「雷風、水火、山澤」，互換是也。八純飛伏如此定之。

虎易按：其餘「雷風、水火、山澤」，即「震巽、坎離、艮兌」六個卦。

又論《乾》宮，《姤》、《遯》、《否》、《觀》、《剝》、《晉》六卦者，皆伏親宮⑥《乾》卦。惟獨《大有》歸魂，伏在《否》卦是也。

又如《坎》宮，二至七卦皆伏《坎》水，惟獨《師》卦，伏歸《既濟》。

又說《艮》內，惟獨歸魂，當還第四。八宮同例，不必細陳。

虎易按：《易林補遺》飛伏之說，與《京氏易傳》飛伏之說是存在差異的。其弟子程良玉《易冒·自序》曰：「《補遺》飛伏，其七世皆伏本宮，而京房獨以遊魂飛伏不相侔合⑦，如《晉》外伏《艮》而內伏《乾》，己酉世爻以丙戌為飛伏。如《需》外伏《兑》而內伏《坤》，戊申世爻以丁亥為飛伏，占之屢驗。然先師成書時，未得此學也」。附「易林補遺飛伏表」及「京氏易傳世爻飛伏表」，供讀者參考。請讀者注意分辨，研究者，可以參閱《京氏易傳》相關內容。

易林補遺飛伏表

世位／飛伏／八宮		八純	一變	二變	三變	四變	五變	遊魂	歸魂
		上爻	初爻	二爻	三爻	四爻	五爻	四爻	三爻
乾宮	飛	乾	姤	遯	否	觀	剝	晉	大有
	伏	坤	乾	乾	乾	乾	乾	乾	否
震宮	飛	震	豫	解	恒	升	井	大過	隨
	伏	巽	震	震	震	震	震	震	恒
坎宮	飛	坎	節	屯	既濟	革	豐	明夷	師
	伏	離	坎	坎	坎	坎	坎	坎	既濟
艮宮	飛	艮	賁	大畜	損	睽	履	中孚	漸
	伏	兌	艮	艮	艮	艮	艮	艮	損
坤宮	飛	坤	復	臨	泰	大壯	夬	需	比
	伏	乾	坤	坤	坤	坤	坤	坤	泰
巽宮	飛	巽	小畜	家人	益	无妄	噬嗑	頤	蠱
	伏	震	巽	巽	巽	巽	巽	巽	益
離宮	飛	離	旅	鼎	未濟	蒙	渙	訟	同人
	伏	坎	離	離	離	離	離	離	未濟
兌宮	飛	兌	困	萃	咸	蹇	謙	小過	歸妹

《京氏易傳》世爻飛伏表

八宮	八純 上世	一變 初世	二變 二世	三變 三世	四變 四世	五變 五世	遊魂 四世	歸魂 三世
乾宮	乾 壬戌土 癸酉金	姤 辛丑土 甲子水	遯 丙午火 甲寅木	否 乙卯木 甲辰土	觀 辛未土 壬午火	剝 丙子水 壬申金	晉 己酉金 丙戌土	大有 甲辰土 乙卯木
震宮	震 庚戌土 辛卯木	豫 乙未土 庚子水	解 戊辰土 庚寅木	恒 辛酉金 庚辰土	升 癸丑土 庚午火	井 戊戌土 庚申金	大過 丁亥水 戊申金	隨 庚辰土 辛酉金
坎宮	坎 戊子水 己巳火	節 丁巳火 戊寅木	屯 庚寅木 戊辰土	既濟 己亥水 戊午火	革 丁亥水 戊申金	豐 庚申金 戊戌土	明夷 癸丑土 庚午火	師 戊午火 己亥水
艮宮	艮 丙寅木 丁未土	賁 己卯木 丙辰土	大畜 甲寅木 丙午火	損 丁丑土 丙申金	睽 己酉金 丙戌土	履 壬申金 丙子水	中孚 辛未土 壬午火	漸 丙申金 丁丑土
坤宮	坤 癸酉金 壬戌土	復 庚子水 乙未土	臨 丁卯木 乙巳火	泰 甲辰土 乙卯木	大壯 庚午火 癸丑土	夬 丁酉金 癸亥水	需 戊申金 丁亥水	比 乙卯木 甲辰土
巽宮	巽 辛卯木 庚戌土	小畜 甲子水 辛丑土	家人 己丑土 辛亥水	益 庚辰土 辛酉金	无妄 壬午火 辛未土	噬嗑 己未土 辛巳火	頤 丙戌土 己酉金	蠱 辛酉金 庚辰土
離宮	離 己巳火 戊子水	旅 丙辰土 己卯木	鼎 辛亥水 己丑土	未濟 戊午火 己亥水	蒙 丙戌土 己酉金	渙 辛巳火 己未土	訟 壬午火 辛未土	同人 己亥水 戊午火
兌宮	兌 丁未土 丙寅木	困 戊寅木 丁巳火	萃 乙巳火 丁卯木	咸 丙申金 丁丑土	蹇 戊申金 丁亥水	謙 癸亥水 丁酉金	小過 庚午火 癸丑土	歸妹 丁丑土 丙申金

爻爻有伏有飛，伏無不用。

飛伏者，往來隱顯之神也。飛為已往⑧，伏為將來。若卦內有用神，不居空陷，不必更取伏神。如六爻不見主象者，卻取伏神推之。

且如父占子病？未月、甲寅旬、壬戌日，卜得《乾》卦安靜。

此卦子值旬空，本為凶兆。豈知伏出《坤》卦癸亥水子孫，在壬申金之下。水賴金生，正所謂「飛來生伏得長生」，反為有救。後至甲子日，本宮子象當權，病得瘥⑨也。

虎易按：「爻爻有伏有飛」，《新鍥斷易天機·名義章》曰：「《火珠林》中，雖具六十四卦納甲月飛伏，緣不曾明指月卦與伏神同處，及不曾盡說六爻皆有伏神」。作者大約也是從《新鍥斷易天機·名義章》，得到啟示，因此有了「爻爻有伏有飛」之說。

以上所附卦例，採用對宮伏神為用。《增刪卜易·增刪黃金策·千金賦》曰：「凡

《易林補遺》占例：001				
時間：未月　壬戌日（旬空：子丑）				
占事：且如父占子病？				
		乾宮：乾為天（六沖）		
六神	伏神	本　　卦		
白虎		父母壬戌土	▅▅▅▅	世
騰蛇	子孫癸亥水	兄弟壬申金	▅▅▅▅	
勾陳		官鬼壬午火	▅▅▅▅	
朱雀		父母甲辰土	▅▅▅▅	應
青龍		妻財甲寅木	▅▅▅▅	
玄武		子孫甲子水	▅▅▅▅	

占近病，用神得遇旬空者，不拘日月動爻剋害，用神出空之日即愈」。從此例看，本卦子孫甲子水，正值旬空，似乎應該是占近病之例，讀者可作參考。

且如問求財？三月卯日，卜得《既濟》卦。六位無財㊀，只有本宮戊午火為財，又伏在亥水之下，飛能剋伏，必無財也。

《易林補遺》占例：002			
時間：辰月　卯日			
占事：且如問求財？			
	坎宮：水火既濟		
伏神	本　　卦		
	兄弟戊子水	▅▅　▅▅	應
	官鬼戊戌土	▅▅▅▅▅	
	父母戊申金	▅▅　▅▅	
妻財戊午火	兄弟己亥水	▅▅▅▅▅	世
	官鬼己丑土	▅▅　▅▅	
	子孫己卯木	▅▅▅▅▅	

又如求財？秋月、甲申日，卜得《睽》之《歸妹》。

《易林補遺》占例：003								
時間：申月　甲申日（旬空：午未）								
占事：求財？								
		艮宮：火澤睽				兌宮：雷澤歸妹（歸魂）		
六神	伏神	本　　卦				變　　卦		
玄武		父母己巳火	▅▅▅▅▅		○→	兄弟庚戌土	▅▅　▅▅	應
白虎	妻財丙子水	兄弟己未土	▅▅　▅▅			子孫庚申金	▅▅　▅▅	
騰蛇		子孫己酉金	▅▅▅▅▅	世		父母庚午火	▅▅▅▅▅	
勾陳		兄弟丁丑土	▅▅　▅▅			兄弟丁丑土	▅▅　▅▅	世
朱雀		官鬼丁卯木	▅▅▅▅▅			官鬼丁卯木	▅▅▅▅▅	
青龍		父母丁巳火	▅▅▅▅▅	應		父母丁巳火	▅▅▅▅▅	

此卦六爻無財，須看《艮》宮丙子水。所嫌伏在未土之下，水被土傷，本不為美。豈知未土空亡，透出子水，況投長生申日，反主⑩亨通。後至戊子日，果得厚利也。

又論問求財？丑月、甲午旬、癸卯日，卜得《噬嗑》卦。

《易林補遺》占例：004			
時間：丑月　癸卯日（旬空：辰巳）			
占事：問求財？			
		巽宮：火雷噬嗑	
六神	伏神	本	卦
白虎		子孫己巳火	▅▅▅▅▅
騰蛇		妻財己未土	▅▅　▅▅ 世
勾陳		官鬼己酉金	▅▅▅▅▅
朱雀		妻財庚辰土	▅▅　▅▅
青龍		兄弟庚寅木	▅▅　▅▅ 應
玄武	妻財辛丑土	父母庚子水	▅▅▅▅▅

此卦辰財落空，未財月破，此二財皆無用也。所喜《巽》宮辛丑土財正臨月建，伏於庚子水下，又得土旺於子，更論「伏剋飛神為出暴」，必主吉祥。稍嫌卯日剋財，故當日未得。次早甲辰日，兄弟又空，內財幫比，反獲倍利也。

卦卦有動有靜，動無不之。

動者，老陰老陽，無不變化，變即之也。凡陽極而生陰，陰極即生陽。故此，交變單，而重變拆也。

內有未知者，沖動曰變。沖者，暗動之爻，非在交重之位，豈得變乎？

亦有愚人者言：「動值合而絆住，不能變也」。既在老陰老陽，豈有不變之理？

虎易按：單、拆、交、重，是搖錢成卦的術語。單指陽爻，拆指陰爻，交指老陰爻，重指老陽爻。單、拆爻不變，交、重爻則變。「內有未知者，沖動曰變」，作者指出，逢沖之爻為暗動，非交重之爻，不可變。總體而論，只要成卦時所得交重之爻，就必須變。

又論京房變法，第六爻為宗廟，縱動不變，其餘一爻動則變，亂動則不變也，此法甚有差訛，後學切莫依此。

易經內，凡見交重則變，並無亂動不變之理。宗廟爻既不變化，焉能純乾變為純坤，經中自有「用九，見群龍無首吉」。爻辭可證，故此爻爻皆變也。

變出他宮，但取木金水火土。還歸本卦，配成兄父子財官。

凡論變爻，細宜斟酌⑪。

且如《節》之《比》卦：

不可言財變兄弟，子變父母之論。只取《坤》宮未土，配作《坎》宮官鬼。又將《坤》中巳火，配成

《易林補遺》教例：001					
如《節》之《比》卦					
坎宮：水澤節（六合）				坤宮：水地比（歸魂）	
本　　卦				**變　　卦**	
兄弟戊子水	▅▅ ▅▅			兄弟戊子水 ▅▅ ▅▅	應
官鬼戊戌土	▅▅▅▅▅			官鬼戊戌土 ▅▅▅▅▅	
父母戊申金	▅▅ ▅▅	應		父母戊申金 ▅▅ ▅▅	
官鬼丁丑土	▅▅ ▅▅			子孫乙卯木 ▅▅ ▅▅	世
子孫丁卯木	▅▅▅▅▅		○→	妻財乙巳火 ▅▅ ▅▅	
妻財丁巳火	▅▅▅▅▅	世	○→	官鬼乙未土 ▅▅ ▅▅	

《坎》內妻財。正所謂財化為官，子化為財是也。

虎易按：「不可言財變兄弟，子變父母之論」。此言變卦的六親，不可採用變卦原來的六親。而應該以變卦的五行，去對應本卦五行，按本卦該五行所配六親，轉換為與此五行相對應的六親。

例如此例《節》之《比》卦，其變卦《比》原來的六親：

初爻，五行是未土，六親為兄弟。本卦屬土的五行，六親為官鬼。變爻乙未土，則按本卦屬土的六親為官鬼，進行六親轉換，變爻即轉換為官鬼乙未土。

虎易附例：001		
坤宮：水地比 (歸魂)		
本　　卦		
妻財戊子水	▅▅　▅▅	應
兄弟戊戌土	▅▅▅▅▅	
子孫戊申金	▅▅　▅▅	
官鬼乙卯木	▅▅　▅▅	世
父母乙巳火	▅▅　▅▅	
兄弟乙未土	▅▅　▅▅	

二爻，五行是巳火，六親為父母。本卦屬火的五行，六親為妻財。變爻乙巳火，則按本卦屬火的六親為妻財，進行六親轉換，變爻即轉換為妻財乙巳火。

三爻，五行是卯木，六親為官鬼。本卦屬木的五行，六親為子孫。變爻乙卯木，則按本卦屬木的六親為妻財，進行六親轉換，變爻即轉換為子孫乙卯木。

其他各種變卦的六親轉換，均依以上例子進行轉換。

又如《艮》之《謙》卦：

單取癸酉金配成《艮》卦子孫，此乃官化子也。其餘倣此。

水化金，則《坎》增其勢。火化土，則《離》減其威。

且如水爻變出金爻，水賴金生，其水轉加威勢。爻中縱有土興，終難剋制。倘若金又空亡，水縱變金，亦不得其生也。

又如火爻化土，當為洩氣，此火定無光耀矣。如得木動來生，其火反添焰麗，寅日占者亦然。

亥之子曰進神，木得生而火被制。戌變未云退度，金不助而水無傷。

如亥變子，上前者乃為進氣，其力更加，助木之功愈大，傷火之力非輕。如卦內縱有重重土動，水不全傷。爻中木象交重，水[3]又貪生忘剋。

復陳寅變卯、辰變未之類，皆云進氣也。

《易林補遺》教例：002

如《艮》之《謙》卦

艮宮：艮為山（六沖）				兌宮：地山謙		
本　卦				**變　卦**		
官鬼丙寅木	▅▅▅▅▅	世	○→	子孫癸酉金	▅▅　▅▅	
妻財丙子水	▅▅　▅▅			妻財癸亥水	▅▅　▅▅	世
兄弟丙戌土	▅▅　▅▅			兄弟癸丑土	▅▅　▅▅	
子孫丙申金	▅▅▅▅▅	應		子孫丙申金	▅▅▅▅▅	
父母丙午火	▅▅　▅▅			父母丙午火	▅▅　▅▅	應
兄弟丙辰土	▅▅　▅▅			兄弟丙辰土	▅▅　▅▅	

又如戌變未，爻落後者，名曰退神。生金之力者輕，伐水之功者減。如得火爻再動，土氣還源。

退氣者，乃是酉化申，辰化丑之類是也。

虎易按：進神：亥變子，丑變辰，寅變卯，辰變未，巳變午，未變戌，申變酉，戌變丑。退神：子變亥，丑變戌，卯變寅，辰變丑，午變巳，未變辰，酉變申，戌變未。「爻中木象交重，水又貪生忘剋」，指水爻動而化進神，如果卦中木爻同動，則水爻貪生木爻，忘剋火爻。也就形成水生木，木生火的接續相生狀態。

卦之墓絕非宜，還究偽真之辨。

凡卦變為墓絕者，事事皆凶。其中有絕而不絕，墓而不墓者也。

且如《離》卦為火，變為《乾》卦。地福訣云：「戌亥屬《乾》垣」。故此，戌亥二爻乃《乾》卦之本也。《離》火墓於戌，絕於亥。凡若甲子旬占，戌亥皆空，此火亦非墓絕也。

虎易按：地福訣云：「子向北方《坎》，丑寅《艮》上山，卯起東方《震》，辰巳《巽》風間，午見南《離》火，未申《坤》地關，酉在《兌》方取，戌亥屬《乾》垣」。此歌訣是以十二地支配置，對應後天八卦方位。讀者可參考「後天八卦配天干方位時間地支五行圖」。

本圖包含有以下內容，另外清單對照說明，供讀者參考，理解此內容。

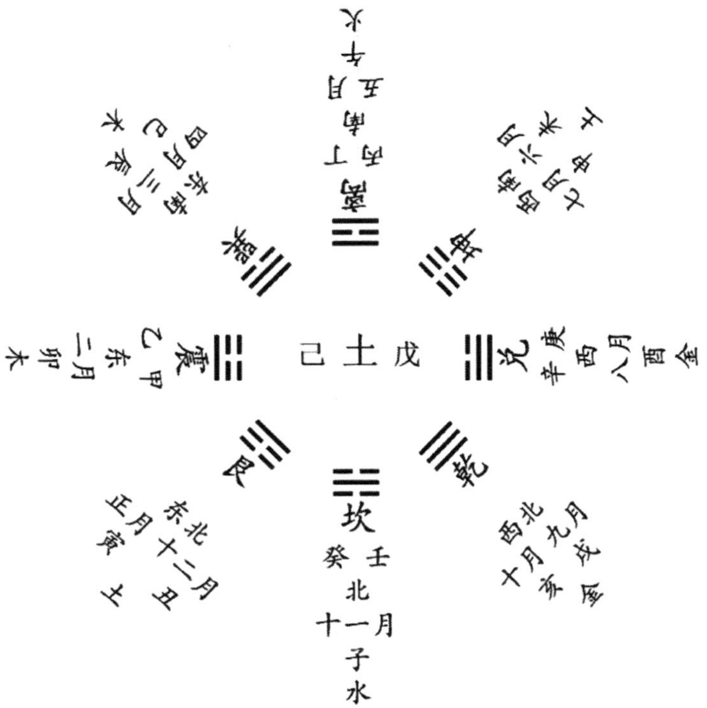

後天八卦圖對應天干、方位、時間、地支、五行表								
八卦	乾	坎	艮	震	巽	離	坤	兌
對應天干		壬癸		甲乙		丙丁		庚辛
對應方位	西北	北	東北	東	東南	南	西南	西
對應時間	九、十	十一	十二、正	二月	三、四	五月	六、七	八月
對應地支	戌、亥	子	丑、寅	卯	辰、巳	午	未、申	酉
對應五行	土、水	水	土、木	木	土、火	火	土、金	金

又如甲辰旬、丁未日，卜得《兑》之《艮》卦：

《兑》者屬金，丑寅乃《艮》卦之本。金絕在寅，寅空，絕於何處？金墓在丑，丑得未日沖開，此乃非絕非墓也。

《易林補遺》教例：003				
時間：丁未日（旬空：寅卯）				
兌宮：兌為澤（六沖）			艮宮：艮為山（六沖）	
本　卦			變　卦	
父母丁未土 ▅▅　▅▅	世	╳→	妻財丙寅木 ▅▅▅▅▅	世
兄弟丁酉金 ▅▅▅▅▅		○→	子孫丙子水 ▅▅　▅▅	
子孫丁亥水 ▅▅▅▅▅		○→	父母丙戌土 ▅▅　▅▅	
父母丁丑土 ▅▅　▅▅	應	╳→	兄弟丙申金 ▅▅▅▅▅	應
妻財丁卯木 ▅▅▅▅▅		○→	官鬼丙午火 ▅▅　▅▅	
官鬼丁巳火 ▅▅▅▅▅		○→	父母丙辰土 ▅▅　▅▅	

更論占長子病？

七月丙辰日，卜得《恒》卦九四爻動，之為《升》卦：

《易林補遺》占例：005					
時間：戊申月　丙辰日（旬空：子丑）					
占事：占長子病？					
	震宮：雷風恒			震宮：地風升	
六神	本　卦			變　卦	
青龍	妻財庚戌土 ▅▅　▅▅	應		官鬼癸酉金 ▅▅　▅▅	
玄武	官鬼庚申金 ▅▅　▅▅			父母癸亥水 ▅▅　▅▅	
白虎	子孫庚午火 ▅▅▅▅▅		○→	妻財癸丑土 ▅▅　▅▅	世
騰蛇	官鬼辛酉金 ▅▅▅▅▅	世		官鬼辛酉金 ▅▅▅▅▅	
勾陳	父母辛亥水 ▅▅▅▅▅			父母辛亥水 ▅▅▅▅▅	
朱雀	妻財辛丑土 ▅▅　▅▅			妻財辛丑土 ▅▅　▅▅	應

內卦不動則不言也，外卦《震》

動化《坤》，子孫動㊂在《震》宮，《震》者又為長男之用，墓於《坤》宮未內，絕居《坤》象申中。況申不空而未不破，此是真墓真絕也。卦中雖有用爻，而長男本象真投墓絕者，此子必死無疑也。

虎易按：「墓於《坤》宮未內，絕居《坤》象申中」。指《坤》卦後天方位，屬未、申之方位。並非指卦中變未、申之爻。

「而長男本象真投墓絕者」，指《震》卦表示長男，此論外卦《震》變為《坤》，《坤》卦之後天方位「未、申」，是《震》卦「木」的「真墓真絕」之地。讀者應注意，以上論述，均指卦變墓絕，不是以用神論述的。

我以為，此卦占長子病，以子孫午火為用神。四爻子孫午火，動化丑土，即是動而化空，又是動而化害。日辰又沖起上六爻戌土暗動，戌為午火之墓。此為子孫午火「動入動墓」。因此，「此子必死無疑也」。

爻變生扶最利，更詳喜忌之分。

凡元神遇生者喜，仇神遇生者忌。用象逢之無不為吉，忌神遇者無不為凶。

爻有伏吟不吉，術者⑫未聞。卦有反吟最凶，星家⑬誰覺。《婦妹》變《隨》為例，《小畜》之《姤》皆同。但識六爻剋戰，那㊃知二卦交沖。

虎易按：反吟，表示事情不順利，不安寧，不穩定，反反覆覆，動盪不安，呻吟痛苦等含意。伏吟，表示憂慮、憂鬱、呻吟、痛苦、破財、傷害等含意。京氏易占法的古籍著作，是作者首次在本書提出，將反吟和伏吟這兩個概念，應用於京氏易占法體系。本書之後的

《易林補遺》教例：004

兌宮：雷澤歸妹（歸魂）				震宮：澤雷隨（歸魂）		
本　　卦				**變　　卦**		
父母庚戌土	▅▅　▅▅	應		父母丁未土	▅▅　▅▅	應
兄弟庚申金	▅▅　▅▅		╳→	兄弟丁酉金	▅▅▅▅▅	
官鬼庚午火	▅▅▅▅▅			子孫丁亥水	▅▅▅▅▅	
父母丁丑土	▅▅　▅▅	世		父母庚辰土	▅▅　▅▅	世
妻財丁卯木	▅▅▅▅▅		○→	妻財庚寅木	▅▅　▅▅	
官鬼丁巳火	▅▅▅▅▅			子孫庚子水	▅▅▅▅▅	

《易林補遺》教例：005

巽宮：風天小畜				乾宮：天風姤		
本　　卦				**變　　卦**		
兄弟辛卯木	▅▅▅▅▅			妻財壬戌土	▅▅▅▅▅	
子孫辛巳火	▅▅▅▅▅			官鬼壬申金	▅▅▅▅▅	
妻財辛未土	▅▅　▅▅	應	╳→	子孫壬午火	▅▅▅▅▅	應
妻財甲辰土	▅▅▅▅▅			官鬼辛酉金	▅▅▅▅▅	
兄弟甲寅木	▅▅▅▅▅			父母辛亥水	▅▅▅▅▅	
父母甲子水	▅▅▅▅▅	世	○→	妻財辛丑土	▅▅　▅▅	世

《易隱》、《易冒》、《增刪卜易》、《卜筮全書》等幾本著作，都採用有反吟和

伏吟的內容，有的著作並附有實踐應用的卦例。讀者可參考以上著作，對反吟和伏吟兩個概念加深理解，便於今後在實踐中應用。

「反吟」，指「卦變反吟」，簡稱為「反吟」。《御定奇門寶鑒・釋反吟伏吟》曰：「反吟者；反覆不能寧處而呻吟也。凡星門各有定位，若加臨於對沖之位，即為反吟」。「惟其動也，而後加臨對宮，有反覆不寧之悔」。即本卦有動爻，變為後天八卦對沖方位的卦，主卦和變卦互相沖擊。在後天八卦方位上，《乾》和《巽》、《坎》和《離》、《艮》和《坤》、《震》和《兌》，這四對卦，都是處於相對方位的，各卦所配地支，也是相沖的。因此，以上四對卦的互變，就稱為「卦變反吟」。讀者可參考「後天八卦配天干方位時間地支五行圖」，理解上述內容。

例如《歸妹》變《隨》卦，外卦《震》變《兌》，《震》配地支卯木與《兌》配地支酉金相沖；內卦《兌》變《震》，《兌》配地支酉金與《震》配地支卯木相沖；這就是內外卦互變對宮沖擊。

又如《小畜》變《姤》卦，外卦《巽》變《乾》，《巽》配地支辰巳與《乾》配地支戌亥相沖；內卦《乾》變《巽》，《乾》配地支戌亥與《巽》配地支辰巳相沖；這也是內外卦互變對宮沖擊。

《奇門遁甲》之中，專忌伏吟、反吟為上。周易卦內，豈不忌之？欲識伏吟、反吟之法，當明卦按十二地支。

地福訣云：「子向北方《坎》，丑寅《艮》上山，卯起東方《震》，辰巳《巽》風間，午見南《離》火，未申《坤》地關，酉在《兑》方取，戌亥屬《乾》垣」。

虎易按：地福訣將十二地支，對應配置於後天八卦及相應方位。讀者可參考「後天八卦配天干方位時間地支五行圖」，理解地福訣上述內容。

凡卜諸事，最忌伏吟反吟。

伏吟者有二端：有卦象所犯，有爻支㊄所犯。

卦犯者，如《巽》見《巽》，《離》見《離》，八純卦皆是也。

虎易按：「卦犯者，如《巽》見《巽》，《離》見《離》，八純卦皆是也」，作者認為八純卦皆為「卦犯伏吟」。

《御定奇門寶鑑・釋反吟伏吟》曰：「伏吟者；伏匿不能變動而呻吟也。凡星門各加臨於本位，即為伏吟」。「惟其動也，而後加臨對宮，有反覆不寧之悔。加臨本宮，有伏匿不變之悔。悔者；悔其忘動，故曰：反吟、伏吟。若以六甲序為伏吟，是以靜而致悔矣，豈遁甲之旨也耶」。

作者的弟子程良玉作《易冒・反伏章》曰：「俗傳八純為伏吟，未濟、既濟為反吟者，豈通人之論哉」。

《御定卜筮精蘊・反吟伏吟》曰：「伏吟者，化而不化者也，唯《乾》、《震》相化者有之」。按伏吟的定義，惟《乾》變《震》，《震》變《乾》為伏吟，其他卦均無伏吟。

我認為，伏吟應該以「卦變，但變爻的地支不變」為標準定義，才是比較合理的。按此標準，安靜的八純卦，就不宜作為伏吟卦。讀者可以參考，在實踐中去應用。

內外卦變伏吟例

本卦	乾	震	无妄	大壯
變卦	震	乾	大壯	无妄

具體分析如下：伏吟可分為三類，一是內外卦伏吟，二是外卦伏吟，三是內卦伏吟。

一、內外卦伏吟：

例如本卦《乾》變《震》卦，本卦《震》變《乾》卦；本卦《无妄》變《大壯》卦，本卦《大壯》變《无妄》

虎易附例：002

乾宮：乾為天（六冲）				震宮：震為雷（六冲）		
本　　卦				**變　　卦**		
父母壬戌土	▅▅▅▅▅	世	○→	父母庚戌土	▅▅　▅▅	世
兄弟壬申金	▅▅▅▅▅		○→	兄弟庚申金	▅▅　▅▅	
官鬼壬午火	▅▅▅▅▅			官鬼庚午火	▅▅▅▅▅	
父母甲辰土	▅▅▅▅▅	應	○→	父母庚辰土	▅▅　▅▅	應
妻財甲寅木	▅▅▅▅▅		○→	妻財庚寅木	▅▅　▅▅	
子孫甲子水	▅▅▅▅▅			子孫庚子水	▅▅▅▅▅	

卦，以上四卦，都是《乾》、《震》互變，卦爻地支子寅辰復變為子寅辰，午申戌復變為午申戌。

例如《乾》變《震》卦，《震》變《乾》卦：卦中都是二、三、五、六，四個爻動，內外卦都變；內卦子寅辰復變為子寅辰，外卦午申戌復變為午申戌，此為內外卦伏吟。本卦《无妄》變《大壯》卦，本卦《大壯》變《无妄》卦，均同上例。

二、外卦伏吟：

本卦《姤》變《恒》卦，本卦《恒》變《姤》卦；本卦《遯》變《小過》卦，本卦《小過》變《遯》卦；本卦《否》變《豫》卦，本卦《豫》變《否》卦；本卦《豐》變《同人》卦，本卦《同人》變《豐》卦；本卦《履》變《歸妹》卦，本卦《歸妹》變《履》卦；本卦《解》變《訟》卦，本卦《訟》變《解》卦。以上十二卦都是外卦變，卦爻地支午申戌復變為午申戌。

虎易附例：003

震宮：震為雷（六沖）				乾宮：乾為天（六沖）		
本　　卦				變　　卦		
妻財庚戌土	▅▅　▅▅	世	╳→	妻財壬戌土	▅▅▅▅▅	世
官鬼庚申金	▅▅　▅▅		╳→	官鬼壬申金	▅▅▅▅▅	
子孫庚午火	▅▅▅▅▅			子孫壬午火	▅▅▅▅▅	
妻財庚辰土	▅▅　▅▅	應	╳→	妻財甲辰土	▅▅▅▅▅	應
兄弟庚寅木	▅▅　▅▅		╳→	兄弟甲寅木	▅▅▅▅▅	
父母庚子水	▅▅▅▅▅			父母甲子水	▅▅▅▅▅	

外卦伏吟例

本卦	姤	恒	遯	小過	否	豫	豐	同人	履	歸妹	解	訟
變卦	恒	姤	小過	遯	豫	否	同人	豐	歸妹	履	訟	解

例如本卦《姤》變《恒》卦，本卦《恒》變《姤》卦：卦中都是五、六兩個爻動，外卦午申戌復變為午申戌，此為外卦伏吟。其他十卦互變，均同以上卦例。

虎易附例：004

乾宮：天風姤			震宮：雷風恒	
本卦			變卦	
父母壬戌土 ▅▅▅		○→	父母庚戌土 ▅ ▅	應
兄弟壬申金 ▅▅▅		○→	兄弟庚申金 ▅ ▅	
官鬼壬午火 ▅▅▅	應		官鬼庚午火 ▅▅▅	
兄弟辛酉金 ▅▅▅			兄弟辛酉金 ▅▅▅	世
子孫辛亥水 ▅▅▅			子孫辛亥水 ▅▅▅	
父母辛丑土 ▅ ▅	世		父母辛丑土 ▅ ▅	

虎易附例：005

震宮：雷風恒			乾宮：天風姤	
本卦			變卦	
妻財庚戌土 ▅ ▅	應	╳→	妻財壬戌土 ▅▅▅	
官鬼庚申金 ▅ ▅		╳→	官鬼壬申金 ▅▅▅	
子孫庚午火 ▅▅▅			子孫壬午火 ▅▅▅	應
官鬼辛酉金 ▅▅▅	世		官鬼辛酉金 ▅▅▅	
父母辛亥水 ▅▅▅			父母辛亥水 ▅▅▅	
妻財辛丑土 ▅ ▅			妻財辛丑土 ▅ ▅	世

內卦伏吟例

本卦	大有	噬嗑	屯	需	大畜	頤	隨	夬	小畜	益	泰	復
變卦	噬嗑	大有	需	屯	頤	大畜	夬	隨	益	小畜	復	泰

三、內卦伏吟：

本卦《大有》卦變《噬嗑》卦，本卦《噬嗑》變《大有》卦；本卦《屯》卦變《需》卦，本卦《需》變《屯》卦；本卦《大畜》變《頤》卦，本卦《頤》變《大畜》卦；本卦《隨》變《夬》卦，本卦《夬》變《隨》卦；本卦《小畜》變《益》卦，本卦《益》變《小畜》卦；本卦《泰》變《復》卦，本卦《復》變《泰》卦，以上十二卦都是內卦變，卦爻地支子寅辰復變為子寅辰。

例如本卦《大有》變《噬嗑》卦，本卦《噬嗑》變《大有》卦：

卦中都是二、三兩個爻動，內卦子寅辰復變子寅

虎易附例：006

乾宮：火天大有（歸魂）				巽宮：火雷噬嗑		
本　　卦				變　　卦		
官鬼己巳火	▅▅▅▅▅	應		官鬼己巳火	▅▅▅▅▅	
父母己未土	▅▅　▅▅			父母己未土	▅▅　▅▅	世
兄弟己酉金	▅▅▅▅▅			兄弟己酉金	▅▅▅▅▅	
父母甲辰土	▅▅▅▅▅	世	○→	父母庚辰土	▅▅　▅▅	
妻財甲寅木	▅▅▅▅▅		○→	妻財庚寅木	▅▅　▅▅	應
子孫甲子水	▅▅▅▅▅			子孫庚子水	▅▅▅▅▅	

虎易附例：007

巽宮：火雷噬嗑				乾宮：火天大有（歸魂）		
本　　卦				變　　卦		
子孫己巳火	▅▅▅▅▅			子孫己巳火	▅▅▅▅▅	應
妻財己未土	▅▅　▅▅	世		妻財己未土	▅▅　▅▅	
官鬼己酉金	▅▅▅▅▅			官鬼己酉金	▅▅▅▅▅	
妻財庚辰土	▅▅　▅▅		╳→	妻財甲辰土	▅▅▅▅▅	世
兄弟庚寅木	▅▅　▅▅	應	╳→	兄弟甲寅木	▅▅▅▅▅	
父母庚子水	▅▅　▅▅			父母甲子水	▅▅▅▅▅	

辰，此為內卦伏吟。其他十卦互變，均同以上卦例。

爻犯者，申變申，戌變戌之類。比如《屯》變《泰》，《大有》變《噬嗑》卦，是也。

《易林補遺》教例：006

坎宮：水雷屯				坤宮：地天泰（六合）		
本　卦				**變　卦**		
兄弟戊子水	⚋			父母癸酉金	⚋	應
官鬼戊戌土	⚊	應	○→	兄弟癸亥水	⚋	
父母戊申金	⚋			官鬼癸丑土	⚋	
官鬼庚辰土	⚋		╳→	官鬼甲辰土	⚊	世
子孫庚寅木	⚋	世	╳→	子孫甲寅木	⚊	
兄弟庚子水	⚊			兄弟甲子水	⚊	

《易林補遺》教例：007

乾宮：火天大有（歸魂）				巽宮：火雷噬嗑		
本　卦				**變　卦**		
官鬼己巳火	⚊	應		官鬼己巳火	⚊	
父母己未土	⚋			父母己未土	⚋	世
兄弟己酉金	⚊			兄弟己酉金	⚊	
父母甲辰土	⚊	世	○→	父母庚辰土	⚋	
妻財甲寅木	⚊		○→	妻財庚寅木	⚋	應
子孫甲子水	⚊			子孫庚子水	⚊	

虎易附例：008

離宮：天火同人（歸魂）				坎宮：雷火豐		
本　卦				**變　卦**		
子孫壬戌土	⚊	應	○→	子孫庚戌土	⚋	
妻財壬申金	⚊		○→	妻財庚申金	⚋	世
兄弟壬午火	⚊			兄弟庚午火	⚊	
官鬼己亥水	⚊	世		官鬼己亥水	⚊	
子孫己丑土	⚋			子孫己丑土	⚋	應
父母己卯木	⚊			父母己卯木	⚊	

虎易按：以上《屯》變《泰》，《大有》變《噬嗑》，都是內卦二爻寅動變寅，三爻辰動變辰。例如《同人》變《豊》》：

外卦五爻申動變申，六爻戌動變戌，其他伏吟之例，讀者均可據「卦變，但變爻的地支不變」的定義去確認。讀者可參見以上所附幾個圖表以及卦例，理解伏吟的內容。

反吟者亦有二端：卦犯與爻犯者不同。

卦犯者，沖我之卦是也。

且如內《乾》外《巽》，戌亥乃《乾》宮之本，辰巳為《巽》象之根，辰戌、巳亥皆沖，故曰反吟之論。

以上㈥《坎》見《離》，《震》逢《兑》，《艮》配《坤》，皆是彼我相沖，反吟之卦。

又如㈦《既濟》、《未濟》，《婦妹》、《小畜》、《謙》、《剝》，《姤》、《隨》，此八卦者，皆內外反吟也，其禍猶輕。

虎易按：「又如《既濟》、《未濟》，《婦妹》、《小畜》、《謙》、《剝》，《姤》、《隨》，此八卦者，皆內外反吟也」。

《御定奇門寶鑒・釋反吟伏吟》曰：「惟其動也，而後加臨對宮，有反覆不寧之悔」。

《易冒・反伏章》曰：「俗傳八純為伏吟，未濟、既濟為反吟者，豈通人之論哉」。

我認為，作者此處把靜卦作為反吟，是為不宜，讀者可以參考，在實踐中去應用檢驗。惟獨變出反吟，其凶最重。例如㈧《歸妹》變《隨》，《小畜》之《姤》，《未濟》之為《既濟》，《謙》之《剝》，《剝》之《謙》，皆是的確反吟也。

虎易按：《卜筮正宗・十八論・反吟卦定例》曰：「反吟卦有二：有卦之反吟，有爻之反吟。卦之反吟，卦變相沖也。爻之反吟，爻變相沖也。爻變相沖者，查卦中惟有《坤》變《巽》，《巽》變《坤》」。《御定卜筮精蘊・反吟伏吟》曰：「反吟者，化沖者也，唯《坤》、《巽》相化有之」。也就是說，只有《坤》、《巽》兩卦互變時，才有爻之反吟。

卦之反吟，可分為內外卦反吟，外卦反吟和內卦反吟三類。

《卜筮正宗・十八論・反吟卦定例》曰：「乾卦坐於西北，乾右有戌，乾左有亥。巽卦坐於東南，巽右有辰，巽左有巳。兩卦相對，有辰戌、巳亥相沖。故《乾為天》卦變《巽為風》卦，《巽》卦變《乾》，《天風姤》卦變《風天小畜》，《小畜》變《姤》，此乾巽二卦相沖，反吟卦也」。

「坎卦坐於正北，坎下坐子。離卦坐於正南，離下坐午。兩卦相對，有子午相沖。故《坎為水》卦變《離》，《離為火》卦變《坎》，《水火既濟》變《未濟》，

《火水未濟》變《既濟》，此坎離二卦相沖，反吟卦也」。

「艮卦坐於東北，艮右有丑，艮左有寅。坤卦坐於西南，坤右有未，坤左有申。二卦相對，有丑未、寅申相沖。故《艮為山》卦變《坤》，《坤為地》卦變《艮》，《山地剝》卦變《謙》，《地山謙》卦變《剝》，此艮坤二卦相沖，反吟卦也」。

「震卦坐於正東，震下坐卯。兌卦坐於正西，兌下坐酉。兩卦相對，有卯酉相沖。故《震》卦變《兌》，《兌》卦變《震》，《雷澤歸妹》變《隨》，《澤雷隨》卦變《歸妹》，此震兌二卦相沖，反吟卦也」。

將以上卦變反吟例歸納於下表，供讀者參考。

卦之反吟例

本卦	乾	巽	姤	小畜	坎	離	既濟	未濟
變卦	巽	乾	小畜	姤	離	坎	未濟	既濟
本卦	艮	坤	剝	謙	震	兌	歸妹	隨
變卦	坤	艮	謙	剝	兌	震	隨	歸妹

卦之反吟

本卦	變卦
乾	巽
巽	乾
姤	小畜
小畜	姤

卦之反吟

本卦	變卦
坎	離
離	坎
既濟	未濟
未濟	既濟

卦之反吟

本卦	變卦
艮	坤
坤	艮
剝	謙
謙	剝

卦之反吟

本卦	變卦
震	兌
兌	震
歸妹	隨
隨	歸妹

爻犯者，巳變亥，亥變巳之類。

《巽》之《坤》：

《鼎》之《豫》卦是也。

虎易按：爻變反吟，即爻變相沖。子變午，午變子，丑變未，未變丑，寅變申，申變寅，卯變酉，酉變卯，辰變戌，戌變辰，巳變亥，亥變巳。

爻變相沖者，查六十四卦中惟有《坤》變《巽》，《巽》變《坤》，《地風升》變《風地觀》，《風地觀》變《地風升》，只

《易林補遺》教例：008

巽宮：巽為風（六沖）				坤宮：坤為地（六沖）		
本　卦				**變　卦**		
兄弟辛卯木	▅▅▅▅▅	世	○→	官鬼癸酉金	▅▅　▅▅	世
子孫辛巳火	▅▅▅▅▅		○→	父母癸亥水	▅▅　▅▅	
妻財辛未土	▅▅　▅▅			妻財癸丑土	▅▅　▅▅	
官鬼辛酉金	▅▅▅▅▅	應	○→	兄弟乙卯木	▅▅　▅▅	應
父母辛亥水	▅▅▅▅▅		○→	子孫乙巳火	▅▅　▅▅	
妻財辛丑土	▅▅　▅▅			妻財乙未土	▅▅　▅▅	

《易林補遺》教例：009

離宮：火風鼎				震宮：雷地豫（六合）		
本　卦				**變　卦**		
兄弟己巳火	▅▅▅▅▅		○→	子孫庚戌土	▅▅　▅▅	
子孫己未土	▅▅　▅▅	應		妻財庚申金	▅▅　▅▅	
妻財己酉金	▅▅▅▅▅			兄弟庚午火	▅▅▅▅▅	應
妻財辛酉金	▅▅▅▅▅		○→	父母乙卯木	▅▅　▅▅	
官鬼辛亥水	▅▅▅▅▅	世	○→	兄弟乙巳火	▅▅　▅▅	
子孫辛丑土	▅▅　▅▅			子孫乙未土	▅▅　▅▅	世

有這四個卦。為內外卦爻變反吟。現將爻之反吟卦例列表如下供讀者參考。

一、內外卦爻之反吟：

內外卦爻之反吟例	
主卦	變卦
坤	巽
巽	坤
升	觀
觀	升

《巽》與《坤》及《觀》與《升》互為內外卦反吟。

二、外卦爻之反吟：

外卦爻之反吟例								
本卦	變卦							
小畜	泰	臨	明夷	復	升	師	謙	坤
中孚	泰	臨	明夷	復	升	師	謙	坤
家人	泰	臨	明夷	復	升	師	謙	坤
益	泰	臨	明夷	復	升	師	謙	坤
巽	泰	臨	明夷	復	升	師	謙	坤
渙	泰	臨	明夷	復	升	師	謙	坤
漸	泰	臨	明夷	復	升	師	謙	坤
觀	泰	臨	明夷	復	升	師	謙	坤
泰	小畜	中孚	家人	益	巽	渙	漸	觀
臨	小畜	中孚	家人	益	巽	渙	漸	觀
明夷	小畜	中孚	家人	益	巽	渙	漸	觀
復	小畜	中孚	家人	益	巽	渙	漸	觀
升	小畜	中孚	家人	益	巽	渙	漸	觀
師	小畜	中孚	家人	益	巽	渙	漸	觀
謙	小畜	中孚	家人	益	巽	渙	漸	觀
坤	小畜	中孚	家人	益	巽	渙	漸	觀
《巽》《坤》與《觀》《升》互為內外卦反吟								

《巽》《坤》與《觀》《升》互為內外卦反吟其中，《巽》與《坤》及《觀》與《升》互為內外卦爻之反吟。

例如《益》卦變《謙》卦：

《益》之外卦三爻未、巳、卯，變《謙》之外卦三爻丑、亥、酉相沖，此為外卦反吟。其他外卦反吟均倣此例。

虎易附例：009						
巽宮：風雷益				兌宮：地山謙		
本　　卦				變　　卦		
兄弟辛卯木	▅▅▅▅▅	應	○→	官鬼癸酉金	▅▅　▅▅	
子孫辛巳火	▅▅▅▅▅		○→	父母癸亥水	▅▅　▅▅	世
妻財辛未土	▅▅　▅▅			妻財癸丑土	▅▅　▅▅	
妻財庚辰土	▅▅　▅▅	世	╳→	官鬼丙申金	▅▅▅▅▅	
兄弟庚寅木	▅▅　▅▅			子孫丙午火	▅▅　▅▅	應
父母庚子水	▅▅▅▅▅		○→	妻財丙辰土	▅▅　▅▅	

三、內卦爻之反吟：

內卦爻之反吟例								
本卦	變　卦							
否	姤	大過	鼎	恒	巽	井	蠱	升
萃	姤	大過	鼎	恒	巽	井	蠱	升
晉	姤	大過	鼎	恒	巽	井	蠱	升
豫	姤	大過	鼎	恒	巽	井	蠱	升
觀	姤	大過	鼎	恒	巽	井	蠱	升
比	姤	大過	鼎	恒	巽	井	蠱	升
剝	姤	大過	鼎	恒	巽	井	蠱	升
坤	姤	大過	鼎	恒	巽	井	蠱	升
姤	否	萃	晉	豫	觀	比	剝	坤
大過	否	萃	晉	豫	觀	比	剝	坤
鼎	否	萃	晉	豫	觀	比	剝	坤
恒	否	萃	晉	豫	觀	比	剝	坤
巽	否	萃	晉	豫	觀	比	剝	坤
井	否	萃	晉	豫	觀	比	剝	坤
蠱	否	萃	晉	豫	觀	比	剝	坤
升	否	萃	晉	豫	觀	比	剝	坤
《巽》《坤》與《觀》《升》互為內外反吟								

其中，《巽》與《坤》及《觀》與《升》互為內外卦爻之反吟。

例如《否》卦變《恒》卦：

《否》之內卦三爻未、巳、卯，變《恒》之內卦三爻丑、亥、酉相沖，此為內卦反吟。其他內卦反吟倣此。

讀者也可根據「卦之反吟，卦變相沖也。爻之反吟，爻變相沖」的反吟卦原則去尋找反吟卦。

故此，反吟伏吟，凡事遇之不吉。

變能生剋於動爻，動不制扶於變象。

且如變爻能剋動爻，動爻不能剋變爻。相生亦然。

虎易附例：010					
乾宮：天地否（六合）				震宮：雷風恒	
本　　卦				變　　卦	
父母壬戌土	▅▅▅▅▅	應	○→	父母庚戌土	▅▅　▅▅　應
兄弟壬申金	▅▅▅▅▅		○→	兄弟庚申金	▅▅　▅▅
官鬼壬午火	▅▅▅▅▅			官鬼庚午火	▅▅▅▅▅
妻財乙卯木	▅▅　▅▅	世	╳→	兄弟辛酉金	▅▅▅▅▅　世
官鬼乙巳火	▅▅　▅▅		╳→	子孫辛亥水	▅▅▅▅▅
父母乙未土	▅▅　▅▅			父母辛丑土	▅▅　▅▅

虎易按：例如《剝》之《復》卦：

六爻寅木動變酉金，變爻酉金可以剋動爻寅木。初爻未土動，不能剋變爻子水。

靜受動傷，靜難制動。柔遭剛剋，柔豈伐剛。

靜者少陽少陰，動者老陽老陰。自古上能伐下，下不能伐上。故此，動能剋靜，靜不能剋動也。

又論柔者休囚之象，剛者旺相之爻。休囚為退度之神，旺相乃當權之職。故此，旺相能剋休囚，休囚不剋旺相也。

虎易按：動爻可以生剋靜爻，靜爻不能生剋動爻。旺相之爻能剋休囚之爻，休囚之爻不能剋旺相之爻。

日月善能剋爻神，爻神誰敢傷日月。日為君主，旺衰之象盡能傷。月乃提綱，動靜之爻皆可剋。

日月二神，此權最大。不論卦內旺衰動靜之爻，皆可生而滅⑭可剋。若爻神剋日月者，世無此理也。法曰：「日傷爻真罹⑮其禍，爻傷日徒受其名⑯」。

虎易附例：011

乾宮：山地剝				坤宮：地雷復（六合）		
本　卦				變　卦		
妻財丙寅木	▅▅▅▅▅		○→	兄弟癸酉金	▅▅　▅▅	
子孫丙子水	▅▅　▅▅	世		子孫癸亥水	▅▅　▅▅	
父母丙戌土	▅▅　▅▅			父母癸丑土	▅▅　▅▅	應
妻財乙卯木	▅▅　▅▅			父母庚辰土	▅▅　▅▅	
官鬼乙巳火	▅▅　▅▅	應		妻財庚寅木	▅▅　▅▅	
父母乙未土	▅▅　▅▅		╳→	子孫庚子水	▅▅▅▅▅	世

本卦為貞為始，之卦為悔為終。

凡有動爻，便有之卦。以本卦為貞，之卦為悔。凡爻靜無之者，便取內卦為貞，外卦為悔。以貞為始，以悔為終。

虎易按：「以本卦為貞，之卦為悔」。貞、悔，是古代筮法的專用名詞。古代筮法，合上下二體為一卦。下體曰貞，是為內卦；上體曰悔，是為外卦。京氏易占法，因有本卦、之卦，也因此「以本卦為貞，之卦為悔」。「以貞為始，以悔為終」指以貞卦作為預測事物的開始，以悔卦作為預測事物的終結。

親宮云出現之爻，遠年可取。他卦曰伏藏之象，近日堪推。

凡八純之卦，便為出現。且如《天山遯》，內三爻他宮之象，故曰伏藏。外三爻《乾》宮本象，便言出現。

又如《火天大有》，內屬親宮出現，外當《離》卦伏藏。

又如《山地剝》卦，內《坤》外《艮》，皆不是《乾》家親象，此乃體用皆伏藏也。

用值伏藏旺相，爭如[17]出現休囚。凡得出現之卦，吉則綿長皆吉，凶則久遠皆凶。爻在伏藏之內，凶憂目下[18]，吉應暫時。

內為己，外為他，喜生喜合。應為賓，世為主，嫌剋嫌沖。我生他而半吉，他剋我以全凶。

凡內卦為我，外卦為他。

又云：以世為我，應為他。

如外生內，應生世者全吉，遇合更加其美。若內生外，世生應者半吉。

如應剋世，外剋內者全凶。其中世剋應，或內剋外者半凶。

逢沖則凡謀不遂，凡事不成。或宜生，或宜剋者，別當詳審。

世應齊空，兩下目前退悔。主賓皆動，二邊日後更張。

世空則己心懶動，應空則他意無成。世應俱空，彼我皆當退悔。

世動則己變，應動則他更。世應皆動者，事縱見成，向後定然改換。

若得世應相合，動中有絆住之功，雖變還須遲滯，目下無妨。

兩間之爻動，則起居都阻。

間爻者，世應中之二爻也。

近世之爻，恰似我家之友。近應之象，猶如彼室之親。

故此二爻皆不宜動，動則事多阻節，若得沖破無妨。

一身之位空，則禍福咸虛⑲。

月卦者，一卦之身也。若落空亡，比同無也。自然祈福不至，問禍不招。此身乃一卦之主。卜家但識「子午持世身居初」之類，此乃世爻之身，亦非主卦之身也。

典內但言身象者，必須將月卦為身，便知真寶矣。

且如占得《澤火革》：

人說「巳亥持世身居六」，身在未爻，非也。世若空亡，方用此象代世之勞耳。殊不知《革》者二月之卦，二月建卯，恰好取初爻卯木為身。譬如官問陞遷，此卦身值子孫，剋傷官鬼，此任焉得高陞？

虎易按：「月卦者，一卦之身也」，《卜筮元龜·上月分捷法》曰：「陰世則從五月起，陽世還從子月生，欲得識其卦上月，月從初數至世分」。

即先確定世爻是陰爻，還是陽爻。如果世爻是陽爻，就從初爻開始數子，二爻丑，三爻寅，四爻卯，五爻辰，六爻巳。世在初爻，月卦為子。世在二爻，月卦為丑。世在三爻，月卦為寅。世在四爻，月卦為卯。世在五爻，月卦為辰。世在六爻，月卦為巳。看卦中那個爻是月卦，就安在那個爻上。如果世爻是陰爻，就從初爻開始數午，二爻未，三爻申，四爻酉，五爻戌，六爻亥。世在初爻，月卦為午。世在二爻，月卦為未。世在三爻，月卦為申。世在四爻，月卦為酉。世在五爻，月卦為戌。世在六爻，月卦為亥。再看卦中那個爻是月卦，就安在那個爻上。

《易林補遺》教例：010		
坎宮：澤火革		
本　　卦		
官鬼丁未土	▅▅ ▅▅	
父母丁酉金	▅▅▅▅▅	
兄弟丁亥水	▅▅▅▅▅	世
兄弟己亥水	▅▅▅▅▅	
官鬼己丑土	▅▅ ▅▅	
子孫己卯木	▅▅▅▅▅	應 身

「子午持世身居初之類，此乃世爻之身」，《卜筮元龜・上月分捷法》曰：「子午持世身在初，丑未持世身在二，寅申持世身在三，卯酉持世身在四，辰戌持世身在五，巳亥持世身在六」。

《卜筮全書・黃金策總斷・千金賦》曰：「世人多以『子午持世身居初』之身爻用之，多有不驗，且未曉其義。予見《卜易玄機》、《金鎖玄關》，明卦身之身，甚為得旨。故捨彼而取此焉」。

《易隱》曰：「凡卦之身，用之為重，世之身司事還輕。世若不空不破，不須論身。世或空破，禍福方憑身象。蓋取身以代世之勞耳」。

《增刪卜易》曰「奈何卜筮諸書，舛錯悖謬，令人反無定見」。「古用卦身、世身，余試不驗而不用」。

以上幾本書的作者論述，也充分說明，論卦還是應以世爻為準。

古有此說，予以保留。有興趣的讀者，也可以在實踐中去應用，看是否有應用價值。

凡欲久長，用宜安靜。如求脫卸[20]，主利交重。

人求安樂久長之計，最要用爻安靜。若逢發動，及沖破空亡者，決不久留。

如問脫貨、離鄉、遷移、改造、變產等事，須得用爻發動，事必有成。用若安靜休囚，必然阻滯而無疑矣。

用木金來縱吉而不吉，用土火到雖凶而不凶。元神卻要生扶，忌客最宜制伏[21]。

且如用爻屬木，最嫌動出金爻。水如並動，木又貪生忘剋，反作佳祥。金動火又動，金被火傷，亦不能伐其用木也。但恐土動生金，更無水助，其禍倍加，縱然有氣之木，凡遇土金皆動，決不為佳。

又論用爻屬土，最喜南方火到。如卦中火動，或土變火爻皆為吉兆。但變午火為生，若化巳爻為絕。卦中巳動，善能助土之威，亦非為絕土。如變木，卦中縱有火興，終難扶起。如象內木火皆動，主力轉加。若木靜火興兼水動，火亦無功，土無倚賴。

復陳水作用爻，土為忌客，金乃元神。金搖土亦搖，重重之美。土動火亦動，疊疊之凶。土遇剋沖為福，金逢生助為恩。

以上諸爻，餘皆倣此。

用神旺相，事必亨通。主象休囚，理當愁悶。

人間占卜，切莫亂言。一不可將卦名而斷，又不可憑星煞而推。單看用爻，纖毫無惑。譬如婚姻卦內，男占婦以財為主，女占夫以鬼為先。儒學以文書為用，仕宦以官鬼為憑。俗言考試看官文，結婚推財鬼，凡用神只有一爻，豈云二象？

凡占事，若得用神旺相，永遠亨通。縱發忌神，終無大害。主象若值休囚，即時愁歎。如遇元神動助，還可為祥。若遭忌客來傷，必成凶咎㉒。如或化出生扶，仍為吉斷。

卦無凶而用爻失位，後查值日方成。爻有吉而主象逢空，慢看沖時可就。

凡占事體，各有用爻。若卦內仇神、忌神不動，元神已得司權，獨無用爻者，未可便言不吉。待後用爻值日，無不佳矣。

且如問行人，妻占夫到？十月、甲辰日，卜得《家人》之《益》。

此卦忌神不動，而仇神又空，元神正臨身世。獨嫌卦內無官，伏神㊈辛酉金，在三爻亥水之下，又怪伏生飛名為洩氣。目下未來，待後申酉用爻值日，便得相逢。果應已酉日到也。

其中更有主象空亡者，事事嫌凶。誰知空中有真假不同，還宜細辨。

且如八月甲辰旬，卜得卦中寅卯之爻，卻是真空者也，

《易林補遺》占例：006

時間：亥月甲辰日（日空：寅卯）

占事：婦占夫到？

六神	伏神	本卦（巽宮：風火家人）				變卦（巽宮：風雷益）		
玄武		兄弟辛卯木	▅▅▅▅▅			兄弟辛卯木	▅▅▅▅▅	應
白虎		子孫辛巳火	▅▅▅▅▅	應		子孫辛巳火	▅▅▅▅▅	
螣蛇		妻財辛未土	▅▅　▅▅			妻財辛未土	▅▅　▅▅	
勾陳	官鬼辛酉金	父母己亥水	▅▅▅▅▅		○→	妻財庚辰土	▅▅　▅▅	世
朱雀		妻財己丑土	▅▅　▅▅	世		兄弟庚寅木	▅▅　▅▅	
青龍		兄弟己卯木	▅▅▅▅▅			父母庚子水	▅▅▅▅▅	

縱見水動，永不生扶。辛亥日占，也非相助，必須動化生扶，稍為半用。若再臨月破，縱動無功。如爻內忌神不動，元神不空，惟主象獨空者，又不臨於月破，細查何日沖起空爻，名為填實，反有用也。

且如兄占弟病？二月甲申旬、壬辰日，占得《訟》卦安靜：

卦內元神雖旺，獨嫌用值旬空。細推空而帶相，決不傷身，過旬方好。待後庚子日沖實用爻，不受水剋，其病此日全然痊也。

《易林補遺》占例：007			
時間：卯月壬辰日（旬空：午未）			
占事：兄占弟病。			
離宮：天水訟（遊魂）			
六神	**本　　卦**		
白虎	子孫壬戌土	▅▅▅▅▅	
騰蛇	妻財壬申金	▅▅▅▅▅	
勾陳	兄弟壬午火	▅▅▅▅▅	世
朱雀	兄弟戊午火	▅▅　▅▅	
青龍	子孫戊辰土	▅▅▅▅▅	
玄武	父母戊寅木	▅▅　▅▅	應

忌象交重用象無，主象他時逢受害。用神衰弱元神絕，忌神異日遇遭傷。

卦內無用爻，而元神又不動，仇神忌神皆發，既無主象者，反不受虧。但恐後來日值用爻透出，反遭忌剋，定主損傷。

又如卦有用神，而休囚又發動，元神又不得地，日月況不生扶，又不之生旺之處，獨喜忌神不動，旦夕㉓未傷。只恐後來忌神值日，方剋用爻，其禍必難逃。

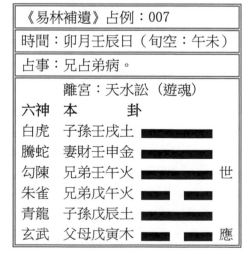

人間只識所用之爻，未知為主之象。六爻安靜，惟憑沖動之爻。再若無沖，須推世象。

一神獨發，此象非輕。五位皆興，靜爻最重。

一爻動，則一爻為主。

兩爻動，取陰爻為主。陰者交，主未來，故有權要。若同陰同陽，取上動之爻為主。

三爻動，以中爻為主。

四爻動，取下靜之爻為主。

五爻動，取靜爻為主。

六爻皆動，須看變卦為主。

惟有一爻獨發，其勢愈大，卻比所開諸爻太不同也。縱值休囚，也能制旺，單不剋日月二神，其餘皆忌。如去生扶他象，其力更深。如值元神，福非淺受。如臨忌象，禍不輕當。

此即論動爻之法，未曾陳變象之因。

其變卦之端有二，一云一爻動則變，又云六爻動皆變。各有一情，未可執一。

凡一爻動變，理合京房，可用《海底眼》中五章六親變法斷語，「父化父兮文不實㉔」之類是也，試無不驗。縱然宗廟爻與變法，亦同此斷。

凡亂動之爻變者，理通周易，取動爻與變爻，各配相生相剋，及長生十二之宮，決其休咎。切莫用五章變法書推。

且如夫占妻病？子月甲午旬、辛丑日，卜得《豫》之《小過》：

此卦用爻持世，忌神雖動，化絕在申，本當有救。誰知《海底眼》中，所犯「兄化官兮休下狀，占病難醫須見哭㉕」。

後至癸亥日，兄弟絕處逢生，果然命盡，可應此言也。

當日又一人占妻病？卜得《豫》之《恒》卦：

此卦有兩爻發動，巳火子孫變成亥水父母，卯木兄弟又變酉金官鬼。內有二爻動者，故不準「兄化官兮休下狀，占病難醫須見哭」。反取兄弟化為沖剋，不能剋制財爻。

後至丙午日，財遇生扶，妻病全好，此將生剋定之。

故此，亂動不可將京房書

《易林補遺》占例：008

時間：子月　辛丑日（旬空：辰巳）

占事：夫占妻病？

	震宮：雷地豫（六合）				兌宮：雷山小過（遊魂）		
六神	本　卦				變　卦		
騰蛇	妻財庚戌土	▅▅　▅▅			妻財庚戌土	▅▅　▅▅	
勾陳	官鬼庚申金	▅▅　▅▅			官鬼庚申金	▅▅　▅▅	
朱雀	子孫庚午火	▅▅▅▅▅	應		子孫庚午火	▅▅▅▅▅	世
青龍	兄弟乙卯木	▅▅　▅▅		╳→	官鬼丙申金	▅▅▅▅▅	
玄武	子孫乙巳火	▅▅　▅▅			子孫丙午火	▅▅　▅▅	
白虎	妻財乙未土	▅▅　▅▅	世		妻財丙辰土	▅▅　▅▅	應

《易林補遺》占例：009

時間：子月　辛丑日（旬空：辰巳）

占事：占妻病？

	震宮：雷地豫（六合）				震宮：雷風恒		
六神	本　卦				變　卦		
騰蛇	妻財庚戌土	▅▅　▅▅			妻財庚戌土	▅▅　▅▅	應
勾陳	官鬼庚申金	▅▅　▅▅			官鬼庚申金	▅▅　▅▅	
朱雀	子孫庚午火	▅▅▅▅▅	應		子孫庚午火	▅▅▅▅▅	
青龍	兄弟乙卯木	▅▅　▅▅		╳→	官鬼辛酉金	▅▅▅▅▅	世
玄武	子孫乙巳火	▅▅　▅▅		╳→	父母辛亥水	▅▅▅▅▅	
白虎	妻財乙未土	▅▅　▅▅	世		妻財辛丑土	▅▅　▅▅	

斷，卻宜細詳。

世與卦身專主，非可輕言。旺與動象司權，當為重論。

凡占諸事，先察世爻，次評身象。世者一卦之主，身者作事之人，故宜旺不宜衰，喜生不喜剋。

又取旺相及發動之爻，此權最重，遇吉則吉，逢凶則凶。

凡休囚安靜之爻，縱有生扶，亦不能及其旺動之爻也。

吉內藏凶非是吉，凶中有吉不為凶。

且如卦內用神發動，元神旺相，又無忌神者，乃大吉之卦也。豈知用爻化出忌神，日辰剋制元神，或卦變反吟伏吟及墓絕者，便為吉處藏凶也。

又如主象休囚，忌神發動，本作凶推。豈知日月生助用爻，或主象變為生旺，忌神之為沖剋死絕者，便為以凶化吉也。

假令木為用象，水作元神，金為忌客，土是仇人。仇人者，我去傷他。何以為仇也？所因此土向被木傷，無能抵敵，不過暗中妒忌。逢金即生，見水即剋，陰中報復之類，故曰仇人也。凡事逢之，無不為禍。如忌神不動者，仇人縱發，難以為殃。

木為用象，卦中金動土亦動者，禍不可當。但逢水又發動，正所謂貪生忘剋，其福更加。

又如水土皆不動，獨受金傷。如得火興，金遭火剋，此木又不受其制也。

其餘火土金水四用神者，倣此推詳。

且如丑月辛丑日，來問見官？卜得《坤》之《剝》卦：

此卦子孫持世發動，更得日月生扶，本為佳兆。豈知「子化官兮防禍患，占病憂疑盡不中」。以後參官，果受其累。正所謂「吉處藏凶」也。

虎易按：我以為，此例應該論為「世爻動而化絕，又是動入日墓」，所以不利，供讀者參考。

《易林補遺》占例：010		
時間：丑月辛丑日（旬空：辰巳）		
占事：問見官？		
	坤宮：坤為地（六沖）	乾宮：山地剝
六神	本　　卦	變　　卦
騰蛇	子孫癸酉金▅▅　▅▅世╳→	官鬼丙寅木▅▅▅▅▅
勾陳	妻財癸亥水▅▅　▅▅	妻財丙子水▅▅　▅▅世
朱雀	兄弟癸丑土▅▅　▅▅	兄弟丙戌土▅▅　▅▅
青龍	官鬼乙卯木▅▅　▅▅應	官鬼乙卯木▅▅　▅▅
玄武	父母乙巳火▅▅　▅▅	父母乙巳火▅▅　▅▅應
白虎	兄弟乙未土▅▅　▅▅	兄弟乙未土▅▅　▅▅

又如問進學？巳月甲寅日，《需》之《兑》卦：此卦子孫持世發動，兄又交重，經云：「兄弟雷同難上榜，子孫如動不榮昌㉖」。更怪卦無文書，焉能及第㉗？誰知兄弟雖動，被日辰剋制，縱有子興，亦被日辰沖破，此兄子二爻皆無忌也。況月建文書，伏在二爻長生之下，更喜官爻值日，竟入泮宮之首，亦所謂「凶中有吉」也。

虎易按：以上兩例都是說明，看卦時，要注意仔細分析卦中的各種有利和不利因素，不能單看表面現象，要注意「吉處藏凶，凶中有吉」。對古代傳下來的各種斷語，一定要分辨其使用條件，不能教條主義的應用。

太歲乃一年之主，時辰掌頃刻之權。日主宣威於一日，遠近皆從。月將出令於三旬，往來咸服。

太歲乃帝君之星，占久遠大事者，不可不用。如問目前小事，不必論之。

《易林補遺》占例：011					
時間：巳月　甲寅日（旬空：子丑）					
占事：問進學？					
		坤宮：水天需（遊魂）			兑宮：兑為澤（六沖）
六神	伏神	本　卦			變　卦
玄武		妻財戊子水 ▅▅ ▅▅			兄弟丁未土 ▅▅ ▅▅ 世
白虎		兄弟戊戌土 ▅▅▅▅▅			子孫丁酉金 ▅▅▅▅▅
騰蛇		子孫戊申金 ▅▅ ▅▅	世	×→	妻財丁亥水 ▅▅▅▅▅
勾陳		兄弟甲辰土 ▅▅▅▅▅		○→	兄弟丁丑土 ▅▅ ▅▅ 應
朱雀	父母乙巳火	官鬼甲寅木 ▅▅▅▅▅			官鬼丁卯木 ▅▅▅▅▅
青龍		妻財甲子水 ▅▅▅▅▅	應		父母丁巳火 ▅▅▅▅▅

凡時辰之爻，其中或有用處，問當日事情，卻宜細辨，但不管次日之事也。

年月日時四建，惟重日辰。

日乃君主之爻，豈止旦夕之事，數月之間，吉凶無不應驗。況為六爻之主宰，其力非輕。凡值日之爻，縱變沖剋墓絕，亦不受其害也。雖遇月建來傷，當日無咎，過後成凶。

月乃萬卜之提綱，能管往來之禍福。用象如臨月內，永遠亨通。如值忌神，始終坎坷。縱被日辰沖剋，不過當日為殃，改日無咎。

凡此四建，各有所專。時辰管一日之吉凶，日主管一月之禍福，月建管一年之得失，太歲管永遠之榮枯。

又察情之重輕，事之遠近，活變推詳，不可執一。

且如問當日求財？戌月、丁亥日、巳時，卜得《蒙》卦安靜：

此卦六位無財。所喜本宮金財，伏於四爻土下，

《易林補遺》占例：012				
時間：戌月　丁亥日　乙巳時（旬空：午未）				
占事：問當日求財？				
離宮：山水蒙				
六神	伏神	本卦		
青龍		父母丙寅木	▅▅▅▅▅	
玄武		官鬼丙子水	▅▅　▅▅	
白虎	妻財己酉金	子孫丙戌土	▅▅　▅▅	世
騰蛇		兄弟戊午火	▅▅　▅▅	
勾陳		子孫戊辰土	▅▅▅▅▅	
朱雀		父母戊寅木	▅▅　▅▅	應

飛能生伏，便言有財。還怪用爻不透，直待酉時值財當得。

又如此月此日，問月內何日得財？亦占《蒙》卦：

《易林補遺》占例：013

時間：戌月　丁亥日　乙巳時（旬空：午未）

占事：問月內何日得財？

離宮：山水蒙

六神	伏神	本　卦		
青龍		父母丙寅木	⚊	
玄武		官鬼丙子水	⚋	
白虎	妻財己酉金	子孫丙戌土	⚋	世
騰蛇		兄弟戊午火	⚋	
勾陳		子孫戊辰土	⚊	
朱雀		父母戊寅木	⚋	應

待後丁酉日，果得財也。

凡問何日者，須看日辰為主，不可以時辰定之。

又如問遠路行人，妻占夫本年內何月到？酉年、卯月、乙酉日，卜得《旅》卦：

《易林補遺》占例：014

時間：酉年　丁卯月乙酉日（旬空：午未）

占事：妻占夫本年內何月到？

離宮：火山旅

六神	伏神	本　卦		
玄武		兄弟己巳火	⚊	
白虎		子孫己未土	⚋	
騰蛇		妻財己酉金	⚊	應
勾陳	官鬼己亥水	妻財丙申金	⚊	
朱雀		兄弟丙午火	⚋	
青龍		子孫丙辰土	⚋	世

此卦六位無官，喜本宮亥水，伏在申金之下，官賴財生，年中必到。但嫌用爻不透，目下未回。直待本年十月內甲寅日，官臨月建，又得日辰沖飛合伏，其夫準到。

又如妻占夫出外多年，要知何年返舍？此月此日，亦得《旅》卦：

《易林補遺》占例：015

時間：酉年　丁卯月乙酉日（旬空：午未）

占事：妻占夫出外多年，要知何年內返舍？

離宮：火山旅

六神	伏神	本　卦		
玄武		兄弟己巳火	⚊	
白虎		子孫己未土	⚋	
騰蛇		妻財己酉金	⚊	應
勾陳	官鬼己亥水	妻財丙申金	⚊	
朱雀		兄弟丙午火	⚋	
青龍	父母己卯木	子孫丙辰土	⚋	世

便言亥年方到，不可將亥月推之。

果然己亥年正月到家，應此理也。

故看卦之法，須審來情，活變斷之，無誤也。

虎易按：「故看卦之法，須審來情，活變斷之」，以上兩卦，同為妻占夫，又是同一卦，前卦問行人何月到，以月論之。後卦問行人何年到，以年論之。讀者要注意這些細節之處，細心品味。

月卦者作事之身，官鬼者求謀之主。卦內無身，百樣事情無定向。爻中少鬼，萬般謀作總空虛。卦動二身，事知疊疊。爻興兩鬼，禍至重重。官爻不動不空，勝心之美。身象不沖不陷，如意之歡。

月卦按陰陽之理，一卦之尊，故為所作之身也。卦若無身，事無定向。如卦有二身皆動，事係兩情，或更兩度，必然重疊。若值空亡，禍福皆不實也。如卦身不空不破者，又得生旺之鄉，無不如意。

復論鬼爻，能助文書，能剋兄弟，故為主也。凡人間所重者，錢財也。最嫌兄弟來傷。若卦無官鬼，兄必專權，財遭耗散，事必空虛。須得官來制兄，財能積聚，事又可成。若卦內兩官皆動，又化出官爻，更得日月幫比，禍起多端，殃來不息。只有官宦遇之，連陞數級，必主重重遷轉也。惟官爻宜靜不宜動，宜透不宜空。若在卦不沖不陷者，事事皆亨。

虎易按：「月卦按陰陽之理」，即「陰世則從五月起，陽世還從子月生，欲得識其卦上月，月從初數至世分」。以世爻的陰陽，確定順逆運行的起點。讀者可參閱前面「月卦」的注釋，理解此內容的含義。

出行動土及遷移，官空反吉。孕育田蠶兼六畜，鬼動成凶。

官鬼之爻，萬事之主。惟有出行、行人、遷移、動土、改造、生產、田蠶、六畜，無鬼大吉，空則亦然。如鬼動，大凶也。

日帶凶神發動，長者之殃。時臨惡煞交重，少丁之厄。陽動憂於男子，陰興禍及女人。

日辰為尊長，時辰為卑幼，陽爻為男子，陰爻為女人。看那爻臨官鬼並凶煞動者，便知誰人有患。

且如問家宅？卯時卜得《損》卦，二五爻動：

此卦二爻官鬼屬陽，正值時建動，便斷兒童有病。又五爻屬陰雖動，而不帶官爻凶煞，故不斷女人之疾。

凡有爻動不帶官鬼者，不可言病也。

父動子孫僧道剋，蠶畜無收。父空尊長屋船虧，文書不就。

《易林補遺》教例：011

時間：卯時

占事：問家宅？

		艮宮：山澤損				巽宮：風雷益		
六神	伏神	本　卦				變　卦		
玄武		官鬼丙寅木	▅▅▅▅▅	應		官鬼辛卯木	▅▅▅▅▅	應
白虎		妻財丙子水	▅▅　▅▅		×→	父母辛巳火	▅▅▅▅▅	
騰蛇		兄弟丙戌土	▅▅　▅▅			兄弟辛未土	▅▅　▅▅	
勾陳	子孫丙申金	兄弟丁丑土	▅▅　▅▅	世		兄弟庚辰土	▅▅　▅▅	世
朱雀		官鬼丁卯木	▅▅▅▅▅		○→	官鬼庚寅木	▅▅　▅▅	
青龍		父母丁巳火	▅▅▅▅▅			妻財庚子水	▅▅▅▅▅	

父母為尊長，不宜發動。動則能傷卑幼，兼剋僧道、春蠶、六畜等件。如兄弟又動者，生助子孫，亦不相剋。若財又動者，本爻自受其傷，亦不剋子也。

父爻又不宜空，空則文書不就，並傷尊長、舟船，房屋之類也。

兄動妻災奴僕患，資財耗散事無成。兄空友絕弟兄亡，家業清安兒少育。

兄弟為奸詐之神，故不宜動，動則有傷妻妾、弟婦、嫂、僕、俸祿⑩、貨物等件，並耗資財。若子又動，亦不然。或子靜，鬼又動，本象自遭鬼剋，豈得傷財？

兄爻亦不宜空。空雖家道清安，又主兒孫欠旺，並妨弟兄朋友也。

子動夫傷官職退，民間有慶無殃。子空兒損畜蠶虛，朝內少賢多佞。

子孫為至吉之神，動則朝無奸佞㉙，民有禎祥㉚，多生兒女，廣獲財源。

惟有占官職並問夫病，亦不宜動也。

此爻又不宜空，空則兒孫受害，蠶畜虛浮。

問功名及夫病者，遇空反吉。

財動椿萱㉛受害，文事難圖。財空妻僕遭迍㉜，利資絕望。

妻財為財利之神，宜靜不宜動。動則文書不就，舉狀無成，兼傷尊長之親，又損舟車、房屋。加鬼動則不然。

財爻又不宜空，空則虧傷資本，兼損妻奴，又傷財帛。

官動則有妨手足，病訟將萌。官空則有犯夫君，功名未遂。

官鬼為禍殃，凶惡之神，世上官災火盜，無鬼不為。發動則有傷兄弟，兼作禍殃。

又不宜空，空則功名不顯，夫主有虧，諸般謀事少成，家資耗散。

此爻不動不空，便為佳矣。

先道六親空與發，次陳六獸動和沖。

龍為良善清高，喜氣利名之兆。

甲乙為青龍，其神屬木，居東方，春季得令，應甲乙寅卯之日。

所主屋宅之左、橋樑、寺觀、舟車、貴宦、僧道、嫁娶、喜慶、善事、生育、竹木、青綠等件。

此神若遇動處，無不為祥。縱帶凶神惡煞，亦不為殃。訟遇得和，病遇得解，問喜即成，問財即得。但不宜沖，沖則其祥減半。又不宜空，空則永無嘉兆也。

凡月建青龍與日辰青龍同斷。

書云：「卦中吉將號青龍，作事求財喜慶同，名利婚姻皆遂意，假饒憂事亦無凶(十二)」。

蛇主虛浮驚恐，憂疑怪夢相干。

己土為騰蛇，其神屬火，無正位。故戊土之次附勾陳，應戊己辰戌丑未之日。

所主道路、繩索、粘帶、纏綿、怪異、夢寐、火燭、虛驚、哄詐、自縊、赤色等件。

月建騰蛇與日騰蛇同動，則概事不寧，空則諸邪潛滅。

書云：「騰蛇終是有憂驚，怪夢邪魔恐是真，作事求人作舉意，且須守靜始安寧㊁」。

朱雀宜音信文章，又作祝融㉝詞訟㉞。

丙丁為朱雀，其神屬火，居南方。夏季得令，應丙丁巳午之日。

所主屋宅之前、窯灶、火燭、熱災、宣敕㉟、文書、契券、公訟、音信、鬥鬧、焦躁、乾旱、口舌、朱紫等件。

月朱雀與日朱雀同動，則事事皆興。空則般般滅滅。

書云：「朱雀臨身卦上來，文書發動定難諧，切忌失財並口舌，交憂百事帶心來㊂」。

白虎利武官胎產，況招喪服血光。

庚辛為白虎，其神屬金，居西方，秋季得令，應庚辛申酉之日。所主屋宅之右、金玉、瓦石、刀兵、殺戮、喪服、凶禍、哭泣、血光、生產、卒暴㊱、縞素㊲等件。

大白虎與小白虎同動，則諸般不吉。空則產孕難生。

書云：「白虎爻驚事不祥，多招疾病及災殃，見血刑傷兼孝服，須防官事及爭剛㊃」。

勾陳是田土公差，墳塋遲滯。

戊土為勾陳，其神屬中央土，四季月當令，應戊己辰戌丑未之日。

所主屋宅之中、州郡、城廓、田土、墳墓、陰晦、垣墉、隱伏、遲滯、堆垛、伏屍、蠱毒、山林、埋藏、公差、黃色等件。

大勾陳與小勾陳同動，則事見遲留，空則田禾不利。

書云：「勾陳百事主勾留，遲鈍昏沉合見憂，若為求官官未至，便為田地競爭愁㊄」。

玄武乃陰人盜賊，水利奸邪㊳。

壬癸為玄武，其神屬水，居北方，冬季得令，事應壬癸亥子之日。

所主屋宅之後、陰雨、江海、池井、坑廁、濕潤、賊盜、小人、陰私、姦淫、暗昧、隱僻、墮胎、慳吝㊴、玄黑等件。

大玄武與小玄武同動，則人事不安，空則江河枯竭。

書云：「玄武人皆道失財，俱防賊盜欲臨來，有屈陰謀相損事，亦應連看女人災㊅」。

以上所論大六神者，即月建六神也，各有起例附後㊆。

大青龍正月從寅上起，順行十二位是也。

大朱雀正月從巳上起，順行十二位。

大勾陳正月從丑上起，順行十二位。

大騰蛇正月從辰上起，逆行十二位。

大白虎正月從申上起，順行十二位。

大玄武正月從亥上起，順行十二位是也。

龍往西山，半為吉斷。虎行南地，稍作凶推。土中玄武賊輕防，木內勾陳田欠熟。雀墮江湖，官司易解。蛇遊草木，怪夢反成。

青龍屬木，遇水為恩，若值金爻，非為全吉。

白虎屬金，遇土轉加橫勢，若臨午地，不為大凶。

玄武屬水，遇金轉盛，如居土位，盜賊稍防。

勾陳屬土，遇火添威，若在木爻，田禾欠熟。

朱雀屬火，見木增光，若入水中，訟當息滅。

騰蛇雖附土中，本原屬火，遇水難傷，逢木不剋，故為妖怪之星也。

旺相則吉凶來速，休囚則禍福行遲。

吉凶二字，臨生臨旺方來，故旺相而速。

休囚之爻，目前未發，待後生旺之日方見。

吉凶遠則取月，近則取日，活變推之，永無差錯。

動則有變有更，空則無憂無喜。

凡爻動必有改更，世動則自己之變，應動則他人之變。

財動不聚，鬼動不寧，父動費力，兄動不成，子爻宜動，不利功名。

凡爻神休囚空者，此同卦無此爻也，吉不為喜，凶不成憂。

長生與帝旺，遠日興隆。冠帶㊈與臨官，近時茂盛。

用爻值長生帝旺之中，並不受他爻傷剋，非管一時之吉兆，尤關遠歲之亨通，忌神遇此，禍不可當。

冠帶㊈臨官二位，遠則主三四月之吉凶，近則主三四日之禍福。

衰病半凶之禍，受剋全凶。胎養半吉之祥，得生全吉。

自古成功者退故為衰，初洩氣時故為病，此二爻不可便為凶兆也。如再得生扶者，復有用處，比旺相同。如遭剋制，便為不祥。

論五行之氣，旺而衰，衰而病，病而死，死而墓，墓而絕，絕而復轉為胎，胎既成而為養，養後又起長生，此乃周而復始之道也。

胎養二爻，相近長生，故有半吉。細辨胎不如養，養力更加。如再得扶助者，與長生仿佛也。如逢剋破，仍不為祥。

虎易按：此論較為仔細，但其半凶半吉之論，《卜筮正宗・辟易林補遺胎養衰病之謬》曰：「半凶半吉之謬，誤人不淺矣，故辟之」，該論述也較為詳細得理，讀者可以參閱原文，也可參閱「長生十二宮」及「四生逐位元論」等相關內容，理解五行所處的各種狀態的表現形式。

墓庫但逢沖破，若動若興。死絕不遇生扶，如無如陷。

凡爻神入墓者，便曰暗藏，吉凶未應。其墓如得沖開，透出此象，猶如不墓者也。且如問出行？戊日占得《既濟》之《屯》卦：正是世變入墓。經云：「遠行世墓身難動[40]」。豈知戌日沖開辰墓，透出水爻，故當日申時得行也。

死絕二爻，各有分辨。死處還輕，絕中尤重。死象救而還昜，絕爻生起尤難。救死不論陰陽二象，扶助回生。救絕須得寅申巳亥之爻，遇之有用。

虎易按：「救絕須得寅申巳亥之爻，遇之有用」，寅申巳亥為五行長生之爻，此處指救遇絕之爻，必須用長生之爻，或者長生之日方為有用。

《易林補遺》占例：016	
時間：戊日	
占事：問出行？	
坎宮：水火既濟	坎宮：水雷屯
本　　卦	**變　　卦**
兄弟戊子水▅▅　▅▅應	兄弟戊子水▅▅　▅▅
官鬼戊戌土▅▅▅▅▅	官鬼戊戌土▅▅▅▅▅應
父母戊申金▅▅　▅▅	父母戊申金▅▅　▅▅
兄弟己亥水▅▅▅▅▅世○→	官鬼庚辰土▅▅　▅▅
官鬼己丑土▅▅　▅▅	子孫庚寅木▅▅　▅▅世
子孫己卯木▅▅▅▅▅	兄弟庚子水▅▅▅▅▅

且如問借物？丙子日，卜得《否》之《遯》卦：

此卦財爻發動持世，所嫌化絕在申，故未能得。雖有當日子水，難生絕木，直待丁亥日，財遇絕處逢生，方得入手。

死絕之象若不遇生扶者，比同無此爻也。

土至酉中金至午，遇敗而無成。火臨兔上水臨雞，反生而有力。

沐浴之爻，又為敗論。總是一爻，內有分辨。其中逢生為沐浴，遇剋為敗。

且如金臨午地，金被火傷，豈為沐浴，乃為真敗也。

又如水土敗於酉內，又不同。土到酉而洩氣，本曰敗鄉。水行酉地逢生，當云沐浴。

餘皆倣此。

《易林補遺》占例：017			
時間：丙子日			
占事：問借物？			
	乾宮：天地否（六合）		乾宮：天山遯
六神	本　　卦		變　　卦
青龍	父母壬戌土━━━━━應		父母壬戌土━━━━━
玄武	兄弟壬申金━━━━━		兄弟壬申金━━━━━應
白虎	官鬼壬午火━━━━━		官鬼壬午火━━━━━
騰蛇	妻財乙卯木━━　━━世╳	→	兄弟丙申金━━━━━
勾陳	官鬼乙巳火━━　━━		官鬼丙午火━━　━━世
朱雀	父母乙未土━━　━━		父母丙辰土━━　━━

土逢巳絕，不可言生。金遇巳生，終難言剋。此憑日月變爻而斷，非因世應動象而推。巳爻持世必傷金，巳象動興能助土。

土爻臨巳日巳月，或變出巳爻，皆為絕論。又如卦內巳爻持世，或動出交重，便言生土之功，亦非絕也。

又論金變巳爻，乃是自身化入長生，豈云傷剋。但若卦中巳動，能伐其金，永不作長生也。

虎易按：「土爻臨巳日巳月，或變出巳爻，皆為絕論」。《增刪卜易・生旺墓絕章》覺子曰：「土爻雖絕於巳，必須休囚無氣，又逢巳者，謂之絕也。若土爻旺相，或得日月動爻生扶，再遇巳爻者，巳火反能生土，論生不論絕也」。「又論金變巳爻，乃是自身化入長生，豈云傷剋。但若卦中巳動，能伐其金，永不作長生也」，《增刪卜易・生旺墓絕章》覺子曰：「金雖長生在巳，須宜金爻旺相，或日月動爻生扶，再遇巳日占卦，或是卦中動出巳爻，或是金爻動而化出巳火，皆謂之遇長生。倘若金爻休囚無氣，再遇巳午火多者，烈火煎金，論剋不論生也」。

我認為《增刪卜易・生旺墓絕章》覺子之論更為合理，讀者可參閱《增刪卜易・生旺墓絕章》，理解此節內容，不至於發生混淆。也可用於實踐，去檢驗其合理性。

墓庫曰藏，有刑破沖開之法。空亡曰陷，有補虛填實之方。

凡用爻入墓，便曰暗藏。若遇刑沖，即為開局。

且如丑月戌日，妻占夫病？卜得《革》之《困》卦：

此用官為主象，未土正臨月破，丑土變入辰墓，此二官皆非吉也。幸得戌日沖開辰墓，透出丑官。後至申日，病即愈也。

凡爻值空亡，便為落陷。若變為相沖，或得日辰沖者，皆為補虛填實，不為空也。倘若月建來沖，名為月破，正所謂空而又空也。

陷叨㊶月將生來，非為全陷。空被提綱剋去，乃是真空。旺相之爻過旬方用，休囚之象到底無功。伏藏值此猶輕，出現臨之更惡。

凡論空亡者，有輕重真假，大不相同也，當詳月令，便見假真。若得月建生扶，只為半空。如被月

《易林補遺》占例：018				
時間：丑月　戌日				
占事：妻占夫病？				
	坎宮：澤火革			兌宮：澤水困（六合）
六神	**本　　卦**			**變　　卦**
玄武	官鬼丁未土 ▅▅ ▅▅			官鬼丁未土 ▅▅ ▅▅
白虎	父母丁酉金 ▅▅▅▅▅			父母丁酉金 ▅▅▅▅▅
螣蛇	兄弟丁亥水 ▅▅▅▅▅	世		兄弟丁亥水 ▅▅▅▅▅ 應
勾陳	兄弟己亥水 ▅▅▅▅▅		○→	妻財戊午火 ▅▅ ▅▅
朱雀	官鬼己丑土 ▅▅ ▅▅		╳→	官鬼戊辰土 ▅▅▅▅▅
青龍	子孫己卯木 ▅▅▅▅▅	應	○→	子孫戊寅木 ▅▅ ▅▅ 世

建傷剋，乃是全空。

又論立時空者，春土、夏金、秋木、冬火是也，此只四仲月定之。

虎易按：「立時空」，其他書籍也稱為「真空」。《新鍥斷易天機·論空亡類》曰：「春土夏金秋是木，三冬逢火是真空」。《卜筮全書·用爻空亡訣》注釋曰：「春之辰戌丑未，夏之申酉，秋之寅卯，冬之巳午，四季月之亥子，是為真空」。本書「春土、夏金、秋木、冬火是也，此只四仲月定之」，以上幾部著作，對真空的論述，都不是很合理，也不完整。我認為惟標題「空被提綱剋去，乃是真空」的定義，是較為合理的。具體論述如下。例如辰戌丑未土空，逢寅卯月，寅卯屬木，木剋土，土為真空。辰月屬土，與戌丑未比和，則不為真空。申酉金空，逢巳午月，巳午屬火，火剋金，金為真空。但申酉金如果得日令及動爻生助，則金空逢巳為得長生，不為真空。寅卯木空，逢申酉月，申酉屬金，金剋木，木為真空。巳午火空，逢亥子月，亥子屬水，水剋火，火為真空。亥子水空，逢辰戌丑未月，辰戌丑未屬土，土剋水，水為真空。以上看法，供讀者參考。讀者應理解真空的含義，以便在實踐中應用。

且如春土空，正二三月各有所辨。

正月土空，寅內暗藏丙火，土得纖毫生氣，不作真空。

又論土逢三月，正當旺地，豈作空亡。雖空，主一旬不利，過後還原。

惟獨土臨二月，木能剋土，乃是真空。

餘月倣此。

如空臨旺相之鄉，旬內斷不為吉，旬外便不為空。

惟獨月破之爻，縱然旺相，亦作真空。假令三月戌，九月辰，六月丑，臘月未是也。

凡空值休囚之地，永久無功。如空在伏藏之內，乃他宮之象，此禍猶輕。若出見空亡親卦之爻，其凶愈甚。

陷元神而最多坎坷，亡忌客而永沒迍邅㊷。

空亡亦有可用不用之分。

如值用神元神者，斷為凶兆。若臨仇神忌客者，反而㊉無虞㊸。

男空則遠行不利，女空則近日多殃。

凡男子占，值空者不宜出境，若出外謀事不成，反遭疏失㊹。

如女人遇者，旦夕必有災殃，亦不宜出門也。

財空富而不厚，官空貴而不榮，子空兒女必伶仃，父空屋室還衰敗，兄空則弟兄少力，間空則媒保無能。

六親值空，皆不宜也。

妻財落陷，妻無相夫之道，僕無助主之情，資財不聚，諸利無收。

官鬼如空，功名不顯，謀事不成，夫主寡情㊺，牙人㊻少力。

子空則兒多不育，後代凋零㊼，生涯不久，賊寇難擒。

父空則上人不佑，房宇蕭條，舟車虧損，文事難圖。

兄空則弟兄少力，朋友無情。

惟間爻為中、為保、為媒，空則皆無力也。

陷勾陳而田非久遠，空玄武而盜不侵欺，蛇空閒夢假妖邪㊽，龍陷虛胎非喜慶，雀避則訟非不起，虎虛則喪孝無干。

青龍空，喜星未照。

朱雀空，訟事不成。

勾陳空，田墳皆不久。

騰蛇空，怪夢總無疑。

白虎空，悲喪不作。

玄武空，奸盜潛形。

內卦若臨家宅，休居舊地。外宮如犯遷移，勿往他圖。

內宮為現住㊾之方，空須莫住。

外卦乃未居之地，陷不宜還。

不測之災，遇者身還可救。綿延之疾，逢之命不回生。

旬內得病者，用若逢空，蓋因空而有病，豈斷傷身。

惟久遠之災，主象若臨空地，決不再生也。

空世則己心疏懶㊾，空應則他意徘徊。

凡占以世為我，應為他，皆不宜空。世空則自己無心作事，應空則他意睽違㊿。

空中動出不為空，墓內攉開非入墓。

凡發動之爻，切不可作旬空而斷。

沖門墓庫，定不為入墓而推。

凡值旬空，或臨月破，吉不能合生於物，凶不能沖剋於神。

凶者旬空之殺，當辨興衰。惡者月破之神，無分生剋。

卦內空亡及月破之爻，永不能生扶他象，又不剋制他人。沖合亦然。

空亡又不受他爻生剋。用爻空者為凶，又看旺相者輕，休囚者重。

如臨月破之爻，不拘衰旺，概作凶推。縱有動爻日主來生，不能扶起。逢生不受，遇剋能招，故此爻毫無所用也。

事事宜空中之有氣，般般忌合處之逢沖。

空亡之爻，若臨旺相，或得日月扶持，或變為生旺，便為有氣，凡事可成。

六合之卦，若被日辰沖世，或沖應，或沖用爻，或變為六沖，皆為合處逢沖之象。諸般遇此，盡不為佳。惟獨月建之爻，不能沖散。

逢合雖凶而易就，遇沖縱吉以難成。

六合之卦，爻中縱有凶神，事當不吉，也有成就之時。

凡遇六沖，卦中縱有吉神，用爻得地，雖曰吉祥，始終不就。

合被沖開，無纖毫[51]之力。絕逢生起，有數倍之功。

合處逢沖者，永不相合也，非惟不合，見沖反凶。

凡爻遇絕者，卻比卦無此象也。若得動爻及變爻或日辰生起，便為絕處逢生。比在卦不絕之爻，其功愈大。用神遇之最吉，忌神遇之最凶。

三合三刑亦有假真之論，六穿六合豈無生剋之分。水會申辰，無鼠牙而不取。木成亥卯，少羊角以無妨。

凡成局者，便為三合，亦有可成不成之間。三合之局取中字為主，前一字生而主發，後一字墓而主藏，主象有發有藏，故為三合。

其中有發而不藏者，事當有始無終。但有墓而無生者，事必先難後易。

且如水局之論，用子為主，生於申，墓於辰，若得三字歸完，為真三合也。

如有申子二象，無辰字者，雖成水局，而少收藏。

又如有子辰，而缺申字者，亦成水局，嫌少根源，故先難後易也。

若有申辰二爻，獨無子字，水象既無，焉能成局？

又如木局，無卯字者不成。有亥卯無未字也可合，有卯未無亥字亦成合。但缺一字者，斷為半吉。若得三字皆全，方為全美。

火金二局皆同。

凡用爻值三合者，見貴、謀事、嫁娶、求財、科甲[52]、田蠶，諸般逐意也。

虎易按：三合局，《卜筮全書·神煞歌例·三合成局》曰「寅午戌合成火局，申子辰合成水局，巳酉丑合成金局，亥卯未合成木局」。

寅巳申三全為煞，丑戌未一缺非刑。

三刑者，必得三字全而為刑，如缺一字不為刑也。

譬如用在寅爻，變為巳地，或卦中申動，或申日所占，便為煞。

又如有戌未而無丑，或有丑戌而無未，缺一字者豈得為刑？

又論刑之起例。刑者，乃是四局而刑四類。

水能刑木，木又刑水。唯金剛火強，自刑其方。

且如亥卯未木局，能刑亥子丑水類。其中亥刑亥，卯刑子，未刑丑是也。

申子辰，能刑寅卯辰。申刑寅，子刑卯，辰刑辰是也。

寅午戌，就刑巳午未。故此寅刑巳，午刑午，戌刑未是也。

巳酉丑，當刑申酉戌。巳刑申，酉刑酉，丑刑戌是也。

虎易按：三刑，《五行大義・第十一論刑》曰：「子刑在卯，卯刑在子。丑刑在戌，戌刑在未，未刑在丑。寅刑在巳，巳刑在申，申刑在寅。辰午酉亥各自刑」。《御定星曆考原・月刑》曰：「寅刑巳、巳刑申、申刑寅，為無恩之刑。未刑丑、丑刑戌、戌刑未，為恃勢之刑。子刑卯、卯刑子，為無禮之刑。辰午酉亥為自刑」。以上論刑體例，供讀者參考。

用辰卯害本為殃，用亥申穿非作禍。

穿心者，即是六害也。

且如主象在辰，化出卯地，或卯日占之，害中加剋，乃主大凶。用子見未相同。

又如用臨未位，見子來穿，穿中帶旺，故為半凶。

亥為用象，申字來穿，此論長生，非為六害，毫不成凶。

用丑見午，用酉見戌，皆得生氣，無害於事。

又如用申見亥，本來洩我之氣，豈不為穿。

用寅見巳，洩氣又加刑兆，其凶愈甚。用巳見寅，叨生無忌，雖不作福，亦不為殃。一見申來，此是三刑帶害，其禍倍加。此等爻辭，何以為之六害？合處逢沖，故成害也。正所謂得恩未結，離間乘之。且如子與丑合，未來沖丑，子被穿心。或見午來沖子，即丑被穿心。

各宮細察，六害皆同。

六害者，害物傷象之神也。正是冤家之煞，仇敵之星。凡事逢之，無不為害。

用戌卯合，被剋而反凶。用酉辰諧，叨生而果吉。

戌為主象，見卯來合，合中帶剋，還成半凶。用子見丑相同。

又如卯是用爻，遇戌來合，我必欺他，當為吉也。

復論酉為主象，合見辰來，金賴土生，必獲無窮之福。用寅見亥，用未見午者同。

又如主居午上，合見未來，終嫌洩氣之爻，乃為半吉。

復論用申巳合，斷作長生，豈云相剋。一見寅爻，乃是三刑之

十二地支相害表												
地支	子	丑	寅	卯	辰	巳	午	未	申	酉	戌	亥
相害	未	午	巳	辰	卯	寅	丑	子	亥	戌	酉	申

煞，毫無合氣，此禍大凶。

用巳見申，無寅為合，雖合稍嫌刑兆，半作吉祥。

以上諸爻概論。

地支相合，再得天干又合者，此是天地合德，非比尋常之合，受恩非淺，享福無邊，見傷不傷也。

虎易按：以上論六合，也可分為以下幾種類型：合被他生，合生他洩，合而剋他，合被他剋。

合被他生

寅為主象，得亥而合，寅得亥之生。

酉為主象，得辰而合，酉得辰之生。

未為主象，得午而合，未得午之生。

合生他洩

亥為主象，得寅而合，亥生寅而洩氣。

辰為主象，得酉而合，辰生酉而洩氣。

午為主象，得未而合，午生未而洩氣。

合而剋他

丑為主象，得子而合，丑可剋子。

卯為主象，得戌而合，卯可剋戌。

巳為主象，得申而合，巳可剋申。

合被他剋

子為主象，得丑而合，子被丑所剋。

戌為主象，得卯而合，戌被卯所剋。

申為主象，與巳而合，申被巳所剋。如果申爻旺相，巳也為申之長生。

以上分析，供讀者參考，讀者可根據具體的情況，去推演合而帶來的各種現象。

合處帶生，百事見之皆喜悅。害中加剋，千般犯此盡憂迍。刑則骨肉傷殘，穿則親鄰不睦。

以上所言，注見前篇，不須重述。

六合咸稱吉象，若問遣人出獄以非宜。六沖各駭凶爻，如占散訟脫災而反利。

六合之卦，事事皆祥。惟有出妻、遣僕、撇友、辭親、離祖、分居、出監、脫鎖，遇之反被牽連，未能遽㊾解。若得合處逢沖，便能消散。

六沖之卦，雖曰凶爻，亦有宜用之處。凡占散訟脫災，諸般離別，逢之便得如心，終無連累。

青龍財福為祥，破之不吉。白虎兄官為咎，用之不凶。

青龍、妻財、子孫、貴人、天喜、祿馬、天醫等象，咸作吉推。如臨月破旬空，或被動爻及變爻傷剋，便不吉也。

白虎、兄弟、官鬼、朱雀、勾陳、羊刃、天地轉殺之類，本作凶推。惟白虎利於生產，朱雀利於文書，勾陳利於田土，羊刃用在兵權，問手足須觀兄弟，占仕宦必用官爻。孕育卦中，胎若逆生者，必要天地轉殺動，則以逆化順。

以上諸象，各有所宜。

日建豈為月破，月建非作旬空。

凡月破之爻，決無解救，惟獨日主臨之不為月破。且如正月申日，二月酉日，占者不犯也。

旬內空亡，亦有全空、半空者也。陽日遇陽爻，陰日逢陰象，皆作全空。陽日逢陰，陰日逢陽者，皆作半空。惟月建之爻，永不落旬中之空也。且如四月甲午旬占者，巳爻不空也。

虎易按：「凡月破之爻，決無解救。惟獨日主臨之，不為月破」，《增删卜易・月破章》曰：「目下雖破，出月則不破。今日雖破，實破之日則不破，逢合之日則不破。近應日時，遠應年月。惟靜而不動，又無日辰動爻生助，實則到底而破矣」。供讀者參考。

卦靜逢沖為動，爻安遇合為和。動處見沖，為戰征而散。動中加合，因羈絆㊹而遲。

凡沖者有二，有日辰沖，有動爻沖。若日辰沖，不拘衰旺。動爻沖，卻辨旺衰。旺相善能沖休囚，休囚不能沖旺相。

又云：空逢沖而則實，靜逢沖而則動，動逢沖而則散。惟日月二爻，縱動逢沖，決不散也。自古旺相見沖則發，休囚見沖則散。安靜之爻逢合，最能久遠和諧。

若占脫卸之事，最喜用爻發動。又被日辰或變爻合住動爻者，反遭羈絆，事必遲延。

且如子占父來？甲戌日，占得《姤》之《乾》卦：

《易林補遺》占例：019
時間：甲戌日（旬空：申酉）
占事：子占父來？

	乾宮：天風姤				乾宮：乾為天（六沖）		
六神	**本　　卦**				**變　　卦**		
玄武	父母壬戌土	▅▅▅			父母壬戌土	▅▅▅	世
白虎	兄弟壬申金	▅▅▅			兄弟壬申金	▅▅▅	
螣蛇	官鬼壬午火	▅▅▅	應		官鬼壬午火	▅▅▅	
勾陳	兄弟辛酉金	▅▅▅			父母甲辰土	▅▅▅	應
朱雀	子孫辛亥水	▅▅▅			妻財甲寅木	▅▅▅	
青龍	父母辛丑土	▅ ▅	世	╳→	子孫甲子水	▅▅▅	

初爻父母，帶青龍發動，又臨世上，理應當日回來。豈知變爻合住用神，故未能到。直待壬午日沖破子合，方得歸家。

用旺有維持，雖遇凶星難作禍。主衰無救助，縱逢吉曜那為佳。

凡占卦，先推用象，次察元神。若臨旺相，或遇生扶，便言吉斷。縱有凶星惡煞，難以為殃。

主象若值休囚，又無生助者，豈得如心。縱有天喜、青龍、貴人吉曜同宮，終非為福。

身後世後及重爻，皆為已往。身前世前兼交位，各主未來。

月卦之爻，與世爻同看。

爻在身世之後，便為已往。若在身世之前，便斷將來。

又云：重主過去，交主未來。

虎易按：「爻在身世之後」，指用爻在月卦身和世爻下面。例如身世在三爻，用爻在二爻、初爻，就稱為後。「身世之前」，指用爻在月卦身和世爻上面。例如身世在三爻，用爻在四爻、五爻、六爻，就稱為前。

遊魂宜出外，歸魂利返鄉。

遊魂之卦，最利遷移，並遠出、更改等事。若遊魂又化遊魂，更後復當更改。

歸魂之象，最利返鄉、復舊。不宜出外、還更。

內為體，外為用，逢生云吉，剋云凶。動為速，靜為遲，見合曰成，沖曰散。

論卦，內三爻為體，外三爻為用。又云：主卦為體，變卦為用。

凡諸般爻象，逢生則吉，遇剋則凶。動則急速，靜則遲延。六合則利成利就，六沖則宜散宜分。

生主發，墓主藏，伏斷將來飛斷往。陰主邪，陽主正，衰象稀少旺象多㊂。

一應爻辭，遇長生則起發，入墓庫則收藏。伏神管將來之事，飛神主過去之情。陰乃幽僻之爻，陽乃剛明之象。萬物旺相主多，休囚主少，空絕主無。

事有大小，始終緩急，各審其因。卦開前後，飛伏正之，即詳其理。

初求內外三爻，為飛為正為前卦。次化陰陽二象，為變為之為後爻。卦靜無之方取互，世空無主卻憑身。

凡占下之卦即是。初求內外三爻，此卦其名有三：一名飛卦，一名正卦，一名前卦。總歸是主卦也。

凡有動爻，即當變也。變出之卦，亦有三呼：一名變卦，亦名之卦，亦名後卦。總歸是變卦也。

虎易按：「凡占下之卦即是」，指不論用什麼方式所成的卦，就是主卦，也稱為本卦，飛卦，正卦，前卦。「凡有動爻，即當變也」，變出之卦也稱為「變卦」，

「之卦」，「後卦」。

若六爻皆不動者，即無之變，方取互卦，以定吉凶。且以定互卦之法言之：將主卦除去初爻、六爻，卻把二三四爻為內卦，三四五爻為外卦，配成互卦。若爻動取互，又不同也，變卦二三四為內，主卦三四五為外。且如《觀》之《否》，互《艮》是也。

虎易按：「若爻動取互，又不同也，變卦二三四為內，主卦三四五為外」，此可為一家之言，我認為沒有多大應用價值，讀者可以參考。

《易林補遺》教例：012

乾宮：風地觀				乾宮：天地否（六合）		
本　　卦				**變　　卦**		
妻財辛卯木	▅▅▅▅▅			父母壬戌土	▅▅▅▅▅	應
官鬼辛巳火	▅▅▅▅▅			兄弟壬申金	▅▅▅▅▅	
父母辛未土	▅▅　▅▅	世	╳→	官鬼壬午火	▅▅▅▅▅	
妻財乙卯木	▅▅　▅▅			妻財乙卯木	▅▅　▅▅	世
官鬼乙巳火	▅▅　▅▅			官鬼乙巳火	▅▅　▅▅	
父母乙未土	▅▅　▅▅	應		父母乙未土	▅▅　▅▅	

《易林補遺》教例：013

《觀》之《否》互《艮》

艮宮：艮為山（六沖）		
本　　卦		
官鬼丙寅木	▅▅▅▅▅	世
妻財丙子水	▅▅　▅▅	
兄弟丙戌土	▅▅　▅▅	
子孫丙申金	▅▅▅▅▅	應
父母丙午火	▅▅　▅▅	
兄弟丙辰土	▅▅　▅▅	

主卦內，身爻有二：有卦之身，有世之身。二者大不同也。

卦之身，月卦是也。世之身，子午持世身居初之類是也。凡卦之身，用之為重。世之身，司事還輕。世若不空不破，不須論身伏之爻。世或空亡，禍福方憑身位。

之卦內之盈虧，變爻已定。互卦中之悔吝，體用為先。

看之卦之法，所重變爻。不變之爻，難分吉凶。

且如《觀》之《艮》卦，轉取三爻財化絕，五爻鬼化剋為重。其除四爻，俱不論也。

虎易按：「且如《觀》之《艮》卦」，指前例《觀》之《否》，互《艮》卦，讀者可參看前例。

又看互卦之法，並不取十二支為用，但取體用。

如《乾》、《兑》金，《震》、《巽》木，《坤》、《艮》土，《坎》水，《離》火。取入本宮，配成六親，以明禍福。惟互卦體用二爻，自能生剋，永不受本卦動爻來傷。

且如父占子病？八月丁巳日，卜得《晉》卦安靜：此卦六爻無子。兼看親宮子水，伏於初爻土下，又值空亡。日月二爻更無主象。必須互出《水山蹇》。

取外卦《坎》水，配為本宮子孫方為有救。又取內卦《艮》土配作《晉》卦父母，子被父傷。後果死也。

《易林補遺》019：				
時間：酉月　丁巳日（旬空：子丑）				
占事：父占子病？				
		乾宮：火地晉（遊魂）		
六神	伏神	本　卦		
青龍		官鬼己巳火	▅▅▅▅▅	
玄武		父母己未土	▅▅　▅▅	
白虎		兄弟己酉金	▅▅▅▅▅	世
螣蛇		妻財乙卯木	▅▅　▅▅	
勾陳		官鬼乙巳火	▅▅　▅▅	
朱雀	子孫甲子水	父母乙未土	▅▅　▅▅	應

《易林補遺》教例：014		
《晉》卦互《蹇》卦		
兑宮：水山蹇		
子孫戊子水	▅▅　▅▅	
父母戊戌土	▅▅▅▅▅	
兄弟戊申金	▅▅　▅▅	世
兄弟丙申金	▅▅▅▅▅	
官鬼丙午火	▅▅　▅▅	
父母丙辰土	▅▅　▅▅	應

虎易按：此卦子孫子水，伏藏於初爻父母未土下，伏而又空，伏被飛剋。《卜筮全書・飛伏生剋吉凶歌》曰：「飛來剋伏反傷身」。《增刪卜易・增刪黃金策・千金賦》曰：「逢空者，近病癒，久病凶」。依此而論，此例可能是久病。

又如夫占妻病？六月丙午日，卜得《睽》卦安靜：

此卦六位無財。親宮子水，伏在未土之下，伏被飛傷，又無用處。況日月之中皆無財象，本無救也。再看互出《既濟》。

取外卦《坎》水配為《艮》內妻財，縱有月建忌神，不能傷剋。

至戊申日，財遇長生，病果愈也。

虎易按：此卦妻財子水，伏藏於五爻兄弟未土下，伏被飛剋，又被日辰沖。《增刪卜易・用神、元神、忌神、仇神章》曰：「近病逢沖即愈」。以此而論，此例當是近病也。

《易林補遺》教例：015

《睽》卦互《既濟》

坎宮：水火既濟		
兄弟戊子水	▅▅ ▅▅	應
官鬼戊戌土	▅▅▅▅▅	
父母戊申金	▅▅ ▅▅	
兄弟己亥水	▅▅▅▅▅	世
官鬼己丑土	▅▅ ▅▅	
子孫己卯木	▅▅▅▅▅	

《易林補遺》占例：020

時間：未月　丙午日（旬空：寅卯）

占事：夫占妻病？

六神	伏神	本	卦（艮宮：火澤睽）	
青龍		父母己巳火	▅▅▅▅▅	
玄武	妻財丙子水	兄弟己未土	▅▅ ▅▅	
白虎		子孫己酉金	▅▅▅▅▅	世
騰蛇		兄弟丁丑土	▅▅ ▅▅	
勾陳		官鬼丁卯木	▅▅▅▅▅	
朱雀		父母丁巳火	▅▅▅▅▅	應

以上兩例，作者皆取互卦而為用，以互卦體用生剋而論吉凶，可作一家之言。我認為六親占法，不當以此為法。

細觀伏象之興衰，當察飛神之動靜。遠推年月，近看日時。

飛伏並年月日時，已注在前，此故不具。

此篇概論總綱，後具分門別類㊄。

此一章，總論興衰動靜，決寰中得失榮枯。人間事變多端，數語豈能悉具。故分門數，次第開詳。正所謂天生事業，無不收藏。學者須要一字精微，萬無漏洩。

注釋

①先幾：預先洞知細微。

②奧旨：奧義；要旨。

③臻（zhēn）：到；到達。

④闡（chǎn）發：闡明並發揮。

⑤之卦：即變卦，也稱為「支卦」。

⑥親宮：《京氏易傳》以八純卦為八宮首卦，並以八純卦分為八宮，每宮管八卦。各宮純卦之後的七卦，都是從純卦變出來的。因此同一宮之中的八個卦，以首卦稱為「本

宮」，也稱為「親宮」。如乾宮八個卦是《乾為天》、《天風姤》、《天山遯》、《天地否》、《風地觀》、《山地剝》、《火地晉》、《火天大有》，統稱為「乾宮卦」。

⑦不相侔（móu）合：不相同。

⑧已往：過去，從前。

⑨瘥（chài）：病癒。

⑩主：預示。如「主吉」，即預示吉。「主凶」，即預示凶。「主亨通」，即預示亨通。其他均倣此。

⑪斟酌（zhēn zhuó）：反覆考慮以後決定取捨。

⑫術者：也稱為「術士」。指以占卜、星相等為職業的人。

⑬星家：星象家。

⑭滅：誅，殺。

⑮罹（lí）：受，遭逢，遭遇。

⑯《黃金策·總斷千金賦直解》曰：「日傷，爻真罹其禍；爻傷日，徒受其名」。

⑰爭如：不如。怎麼比得上。

⑱目下：現在，目前。

⑲咸（xián）虛：全虛。

⑳脱卸：推脱。

㉑制伏：用強制手段降伏。迫使屈服。

㉒凶咎：過失，災禍，災殃。

㉓旦夕：早晚。比喻很短的時間。

㉔父化父兮文不實：語出《增注周易神應六親百章海底眼・六親爻變・父母變》。

㉕兄化官兮休下狀，占病難醫須見哭：語出《增注周易神應六親百章海底眼・六親爻變・兄弟變》。

㉖兄弟雷同難上榜，子孫如動不榮昌：《增注周易神應六親百章海底眼・占應舉》原文作：「父母文書是棟樑，推明旺相細鋪張，官鬼試官題目事，子孫如錦不榮昌。兄弟雷同難上榜，妻財美論豈高強，父化父兮多雜犯，父化官兮意不長」。

㉗及第：科舉應試中選。因榜上題名有甲乙次第，故名。隋唐只用於考中進士，明清殿試之一甲三名稱賜進士及第，亦省稱及第。

㉘泮（pàn）宮：古時的學校名稱。周代為諸侯的學宮。

㉙奸佞（jiān nìng）：奸邪諂媚的人。

㉚禎（zhēn）祥：吉祥，幸福。

㉛椿萱（chūn xuān）：比喻父母。

㉜迍（zhūn）：災難，禍殃。

㉝祝融：神名。帝嚳(kù)時的火官，後尊為火神，命曰祝融。亦以為火或火災的代稱。

㉞詞訟：訴訟；也指訴狀。

㉟宣敕（chì）：宣與敕。為國家任命或調遣官員的正式文書。也表示發佈命令。

㉟卒暴：急促；緊迫。

㊲縞（gǎo）素：白色喪服。縞與素都是白色的生絹，引申為白色。

㊳奸邪：指奸詐邪惡的事或人。

㊴慳吝（qiān lìn）：吝嗇。

㊵遠行世墓身難動：語出《增注周易神應六親百章海底眼•占出行》。

㊶叨（tāo）：承受。古漢語中，用於對受人恩惠及禮物，表示感謝的謙詞。

㊷迍邅（zhān）：處境艱險不利；困頓。

㊸無虞（yú）：沒有憂患，太平無事。

㊹疏失：疏忽；失誤。

㊺寡情：薄情，缺少情義。

㊻牙人：居間買賣，代銷貨物的人。

㊼凋零：凋謝零落，衰敗不振。

㊽妖邪：妖異怪誕。
㊾疏懶：鬆懈；懈怠。懶散。
㊿暌（kuí）違：分離。
51纖毫：極其細微。
52科甲：科舉。因漢唐時舉士考試分甲、乙等科。後世也稱科舉為科甲。明清是亦稱進士，舉人出身稱為科甲。
53遽（jù）：立刻；馬上。
54羈（jī）絆：束縛牽制。

校勘記

㈠「財」，原文作「才」，疑誤，據其文意按現代用字方式改作。本書「財、才」二字有混用的現象，後文遇此二字，據其文意直接改，不另說明。
㈡「水」，原文作「火」，疑誤，據其文意改作。
㈢「動」，原文作「況」，疑誤，據其文意改作。
㈤「爻支」，原文作「爻辭」，疑誤，據其文意改作。
㈥「以上」，原文作「已上」，疑誤，據其文意按現代用字方式改作。後文遇此字，據其文意直接改，不另說明。

㈦「又如」，原文作「又開」，疑誤，據其文意改作。

㈧「例如」，原文作「比例」，疑誤，據其文意改作。

㈨「伏神」，原文作「伏出」，疑誤，據其文意改作。

㈩「俸祿」，原文作「捧祿」，疑誤，據其文意改作。

⑪「卦中吉將號青龍，作事求財喜慶同，名利婚姻皆遂意，假饒憂事亦無凶」，原文作「卦中吉將號青龍，作事求財喜氣濃，名利婚姻皆遂意，假饒憂事也無凶」，疑誤，據《卜筮元龜・六神主事》原文改。

⑫「騰蛇終是有憂驚，怪夢邪魔恐是真，作事求人作舉意，且須守靜始安寧」，原文作「騰蛇終是有憂驚，怪夢邪魔恐見侵，舉用求人多進退，安然守靜始清平」，疑誤，據《卜筮元龜・六神主事》原文改。

⑬「朱雀臨身卦上來，文書發動定難諧，切忌失財並口舌，交憂百事帶心來」，原文作「朱雀臨爻卦上來，文書發動事難諧，詞訟火光並口舌，求謀交易盡心懸」，疑誤，據《卜筮元龜・六神主事》原文改。

⑭「白虎爻驚事不祥，多招疾病及災殃，見血刑傷兼孝服，須防官事及爭剛」，原文作「白虎爻驚事不祥，多招疾病亦災殃，見血刑傷兼孝服，關防謀害及爭剛」，疑誤，據

《卜筮元龜・六神主事》原文改。

⑮「勾陳百事主勾留，遲鈍昏沉合見憂，若為求官官未至，便為田地競爭愁」，原文作「勾陳事事主勾留，遁悶遲疑未甘休，若乃求官官未至，望求財物亦難周」，疑誤，據《卜筮元龜・六神主事》原文改。

⑯「玄武人皆道失財，俱防賊盜欲臨來，有屈陰謀相損事，亦應連看女人災」，原文作「玄武原來是暗神，逃亡淫盜每相侵，求財難托終無實，賭博交關不稱情」，疑誤，據《卜筮元龜・六神主事》原文改作。

⑰「附後」，原文作「開後」，疑誤，據其文意改作。

⑲㉙「冠帶」，原文作「官帶」，疑誤，據其名詞改作。後文遇此二字，直接改，不另說明。

⑳「反而」，原文作「反志」，疑誤，據其文意改作。

㉑「現住」，原文作「見住」，疑誤，據其文意改作。

㉒「衰象稀少旺象多」，原文作「衰詳稀少旺詳多」，疑誤，據其文意改作。

㉓「後具分門別類」，原文作「後具分門開類」，疑誤，據其文意改作。

㉔「終」，原文脫漏，據本書卷末體例補入。

易林補遺元集卷之一終㉔

易林補遺元集卷之二

禮部冠帶術士　張世寶　著
西吳庠生　黃裳　毛士來　同校閱

天時晴雨章第二

占雨取父母為主，水象為憑。
占晴取子孫為主，火象為憑。

欲識天時晴與陰，子孫父母定其真，次查水火陰陽理，動靜興衰變化尋。

此四句，乃天時之大旨也。

子位交重晴昱昱①，父爻發動雨沉沉。

子孫為日月。若不受他爻刑剋，又不臨月破旬空，如居身世，雖不動亦主晴明。旺動則久遠大晴，衰動則時下小晴，值日主一日之晴，值月主月內之晴。又加父動，宜辨興衰。父旺子衰，決非晴霽②。父衰子旺，原主光明。若兄弟再動，又助子威，天必久晴，兼主風發。

子化子或化兄，皆主久晴。化財後主陰晦，化鬼後主天變，化父即變雨也。父母者，為雨也。如無傷剋及不空亡，若臨身世，雖不動天時已變。旺動則大雨，衰動則細雨。值日則一日之雨，值月則月內之雨。

財如同動，卻看重輕。父衰財旺，縱雨不多。父旺財衰，淋漓未止。鬼又動，此雨倍加。若父化父，雨必連綿。父化鬼，雨未止而添雷。父化兄，則風雨交作。父化財或化子者，雨變晴天。

雨逢水動晴逢火，晴見陽多雨見陰。

天時原以水為雨，火為晴。水動則有雨，水化水或化金，其雨轉盛而連綿。化土雖雨不多，化木雨後生風，化火則變而為晴矣。火爻動則晴，火化火晴能久遠。如化木，晴久生風。化土日後起浮雲，化水晴變為雨。

又以陽為晴，陰為雨。純陽水靜則久晴，純陰火靜則久雨，陽化陰即晴變雨，陰化陽即雨變晴。

卦遇《乾》、《離》朱雀動，九天紅日照《乾》、《坤》。

問陰晴，以外卦為主，內卦為次。先推外卦，可別晴陰。

凡水火二爻及朱雀玄武，皆管目前晴雨。惟內外卦體，能期久遠天時。

外卦若屬《乾》與《離》象，必主久晴，朱雀動又主晴明。

爻逢《坎》、《兌》加玄武，四野淋漓水滿村。

外卦若臨《坎》、《兌》二象，必然久雨。若化出《乾》、《離》，雨即變晴之兆。

又論玄武之爻，定有雨意。

《震》卦鬼興雷灌耳，《坎》家父動雨驚心。

官鬼為雷為冰雹。若在《震》宮動，其雷愈大。再加白虎，雷必傷人。鬼居《坎》內發者，便為冰雹。

土鬼交重，又臨世位，必見黄沙。

如父動《坎》宮，終見傾盆之雨。

《巽》宮兄發為風報，《坤》、《艮》兄搖起霧雲。

兄弟為風、為霧、為露、為雲。在《巽》宮動者，其風異狂。在《艮》動，則興雲勢。

《坤》內動，則煙霧迷空。若在《乾》、《離》，則為霜為露。

六沖霧散清光透，六合雲迷雨便臨。

卦值六沖，定主雲消霧散，縱動水爻，終無大雨。

爻逢六合，雨意將成，再加水搖，雨當即至，縱有火動，決不久晴。若得合處逢沖，便為晴論。

應剋世爻晴可望，世爻剋應雨將傾。

世爻為地，應爻為天。又以內卦為地，外卦為天。

故此應剋世者晴，世剋應者雨。世若逢空，亦無雨至。

應如空者，天不遂人，祈晴不晴，祈雨不雨。內外相剋亦然。

鬼變文書雷致雨，兄之福德見風晴。

鬼為雷，父為雨，鬼變父者，必先雷而後雨。

兄為風，子為日，兄化子者，待風發而天晴。

又云：雨變晴天父變財，《坎》之《離》象步清街，陰化陽爻水化火，後卦逢沖雲漸開。

父母化財及《坎》之《離》卦，陰化陽，水化火，或化出六沖，皆為雨變晴天也。

晴天變雨《離》之《坎》，子化文書水沒臺，陽變陰宮火變水，之成六合雨將來。

《離》卦變《坎》及子孫化父，陽變陰，火化水，或化成六合者，皆是晴天變雨也。

久雨但占何日止，當尋那日制文書，應來剋日天收雨，日月光華子值時。

久雨占晴，須得妻財當道，或子孫值日，便主晴明。

又論應為天界，如來剋日者，又為晴霽。

久晴又卜誰朝雨，父母相臨足可知，父靜見沖天定變，應爻值日可為期。

久晴占雨，須得父母值日，或沖動父爻，雨皆可望。又看應臨那日，便察雨來。

學者自宜通變。

地理風水章第三

未葬取父母為主，宜旺相以生身。

已葬取官鬼為憑，怕交重而剋世。

墳塋之卦忌相沖，化出沖時恐泛洪，合處逢沖皆大忌，子孫失位莫安塋。

擇地之卦，大忌六沖。惟《洞林秘訣》內，收用《乾》、《坤》二卦。六沖乃水走沙飛之地，豈可安塋？況世為主穴，臨下則吉，臨上則凶，八純世在最上之爻，焉能有穴？故八純與六沖，皆不用也。或變出六沖，及合處逢沖者，目下雖安，後必改遷。如不終見泛洪，必難久遠。

又論子孫為後嗣，為祭主，若不上卦，必主覆宗③，無人祭掃。

世爻福德為墳主，一位騰蛇作穴中，此等爻無空破絕，葬之後代定興隆。

世爻為主山，子孫為後代，二爻為正穴，騰蛇為次穴。此四等爻象，皆不可值旬空、月破，並臨絕地。如不犯此，葬必興隆。

二陷蛇傷無穴地，世空子絕少兒童。

二爻逢空月破，必無正穴，騰蛇再絕，傍穴皆無。

世爻與子孫，若臨空絕者，難招子息也。

生墳父象宜安旺，葬墓官爻忌動空。

父母為墳地，未葬之時，不宜空破，若得靜旺最吉。

官鬼為伏屍，已葬之後只宜安靜，動則亡者不安，空則屍骸毀爛。

父靜子興身世旺，桂馥蘭芬家業榮，子得五爻生與合，官臨吉曜受皇封。

父雖為墳塋，宜靜不宜動，動則恐傷子息。

子為後嗣，身為墳主，世乃坐山。皆得旺相者，後招百子千孫，家業榮華之兆。

五爻為天子，如來生合子孫，官鬼為功名，若帶青龍貴人，兒孫必貴，定沐皇恩。

後山不正虧玄武，朝向無情朱雀沖，右處損傷空白虎，左邊凹缺陷青龍。

玄武墳之後，又為靠山。朱雀墳之前，又為案山。青龍墳之左，白虎墳之右。此四獸皆宜得地。如有一爻空破，便知一處刑傷。

世居五六非成墓，應是賓山莫遇空。間作明堂宜旺相，明夷定有伏屍凶。

世爻為坐山，又為主穴，如臨五六之爻，定見絕嗣④之歎。如在四爻之下，後代繁華。

應爻為賓山，若遇空沖破絕，定對殘岩損壞之峰。

間爻為明堂，旺相則廣闊，休囚定窄狹。

官鬼為伏屍，若臨辰戌丑未正持世上，必被前人葬過，不可用也。

內剋外爻憂損失，內生外卦得亨通。外《離》受剋中房敗，外《震》逢生長房㊀豐。

凡占陰宅，以內卦為地，外卦為人。地若剋人，必遭損失。人如剋地，定見禎祥。地若生人，兒孫繁茂。人如生地，後代平常。

要知那房榮枯，須察外臨何卦。書云：「《乾》、《坤》父母眾房吉，《震》、《巽》二卦長房推，《坎》、《離》便作中房論，末房《艮》、《兌》看祥禧⑤。所屬何房利不利，進退成敗皆可知⑥」。

且如卜得《未濟》卦：

內屬《坎》水，外屬《離》火，《離》被《坎》傷，便曰中房不利。

又如《水地比》卦：

內《坤》外《坎》。水遭土剋，亦主中房不寧。

《易林補遺》教例：016

離宮：火水未濟

本　　卦

《易林補遺》教例：017

坤宮：水地比（歸魂）

本　　卦

又如《雷水解》及《風水渙》卦：
俱是木賴水生，《震》、《巽》有氣，可斷長房發福。
餘皆倣此推詳。

校勘記

㊀「房」，原文作「分」，疑誤，據其文意改作。後文遇此字，據其文意直接改，不另說明。

朝廷國事章第四

以世爻為主，應象為佐。
六合子旺為吉，六沖殺動為凶。

國泰民安，共際唐虞⑦之化育。河清海晏，全資文武之劻勷⑧。

云國之寧靖，民之太平，幸生堯舜⑨之世，沾其

《易林補遺》教例：018

震宮：雷水解

本　卦

《易林補遺》教例：019

離宮：風水渙

本　卦

化育。

而黃河澄清，海波寧息，皆藉文臣武將之力，匡扶而致治也。

欲知宗社之安危，須審易爻而較量。

宗社乃宗廟社稷⑩，云朝廷治則安，亂則危。審析易理爻辭，而可剖決吉凶矣。

親宮為邦國，大忌空亡。本卦作朝堂，最宜旺相。

本卦者，乃所占之卦名。親宮者，乃本宮之卦也。故為邦國朝堂，皆宜旺相興隆。大忌空亡墓絕。

初屬黎元⑪，吉曜當權培國本。二為士子，文昌得令煥文章。

初民為邦本，欣臨吉曜。二士屬文明，喜值文昌。

喜聚三垣，守令賢齊於渤海。

喜者，天喜是也。若值三爻，則府守邑令賢能，同於漢之龔遂⑫也。昔龔為渤海太守，化民賣刀買牛，故云。

貴臨四位，公侯績邁於汾陽。

貴者，貴人星也。若臨四爻，則卿相公侯之政績，過於唐之郭令公子儀⑬。郭以文武全才輔佐肅宗，克復西京，中興偉績，賜爵汾陽王，故云。

福德司權，君子進而小人退。

福德者，即子孫。用爻值之，則正人在位，邪佞潛蹤。

青龍當道，干戈偃而文教彰。

青龍者，至吉之神。凡若臨之，則干戈偃息⑭，文教丕興⑮。

聖主躬占，當以世爻安帝座。臣民問卜，還將五位定君王。

云當今躬卜者，當以世爻而安帝座。臣庶推占，仍以五爻而為天子。各得其理，斷無舛誤。

不臨剋害刑沖，昇平四海。如值生扶拱合，玉帛萬方。

剋害刑沖，別章各有起例。若用爻不犯者，決主四海承平，萬民樂業。卦內相生相合，

若拱若扶者，則殊方絕域，皆來朝貢也。

宗廟管上爻安靜，則家邦鞏固。

宗廟者，專主社稷。若得比和安靜，則皇圖鞏磐石之安。

歲星關世運光芒，則國祚⑯綿長。

歲星即太歲也，關乎治亂，光芒旺相也。若然值此，則國祚攸遠⑰無疆也。

木位遇長生，會見前星煥彩。

木爻屬東方，為青宮太子之象。前星者，亦太子之星。煥彩，言其得位。如遇長生有氣，則德被長生。

金官逢制陷，乃知逆節潛藏。

金爻屬西方，主兵革之象。鬼殺為叛逆之人，如有制服，或值空亡墓絕，則不久潛消耳。

糧餉論妻財，休臨敗絕。

妻財為糧餉，興隆則國本充盈，衰敗則京儲匱乏。

城池看父母，莫變刑傷。

父母為城池，旺相則有金湯之固，刑傷寧無殘缺之虞。

禍福攸關於大象，變通洞燭機微。吉凶不離於五行，剖決精研衰旺。人能格物致知，報應捷於影響。

禍福吉凶關係，易之大象，不離卦之五行，千態萬狀，焉能悉載。筮者當察其衰旺，自宜變通活潑，相機而斷，無有不驗，若響之應聲也。

出師征伐章第五

以世應為主，福德為憑。

折馘⑱執俘，全憑勇略，觀時制變，各用機謀。傳受黃姜之三略六韜，布演孔明之八門九遁。雖識奇門之勝負，還憑易卦之吉凶。

彼我命將出師，各用謀臣參贊，故先賢授韜略之法，國師布遁奇之陣，神策異謀，決使全勝。

三略者：黃石公⑲上略、中略、下略也。

姜子牙⑳六韜者：文韜、武韜、龍韜、虎韜、豹韜、犬韜。

八門者：休、生、傷、杜、景、死、驚、開是也。

九遁者：乃陽數九遁，陰數九遁也。

運籌於帷幄之中，決勝於千里之外。功成名就，則青史班班，以貽㉑後世。

倘逞勇無謀，識量褊淺㉒，機關一失，小則陷身失職，大則破國亡家㊀。禍從此始，豈云小可哉？故曰：「雖識奇門之勝負，還評易卦之吉凶」。

奇者：三奇，乙丙丁是也。

門者：八門，已注篇首。《坎》是休門，《艮》是生門，《震》是傷門，《巽》是杜門，《離》是景門，《坤》是死門，《兌》是驚門，《乾》是開門。

附：八卦八門九宮九星對照圖

雖曰八門，豈為定例，自有超神接氣起例而推此

門，時時改易，變化無窮。再與九星配合，以定吉凶。

九星者：天心天柱居於金，天沖天輔居於木，天蓬居於水，天英居於火，天芮天禽天任居於土。

凡決交征之勝負，須要奇門易卦二者皆精，方與此事，乃得萬舉萬全。獨用奇門者，倘然彼此皆知，二敵俱從吉門而進，豈得並勝乎？況奇門者，所用接氣超神為主，其中前後難評。倘若差之毫釐，謬以千里。況兵家得失，所係匪輕，務宜精細參詳，不可魯莽推測。

其中更有《太乙統宗》，天之數也。《奇門遁甲》，地之數也。《大六壬》，神人之數也。三數總歸八卦，諸般不離五行。軍中雖用《奇門遁甲》，並《大六壬》等數者，曾如易卦，興衰動靜，生剋瞭然。不但推軍務之一端，而更指萬民之趨避。易卦者，上應天時，下通人事。彰往察來，慎損益盈虧之理。開物成務，驗休咎存亡之機。術者必要精詳，庶無差忒㉓。

鬼煞司權，縱往開休生不吉。福神當道，雖行傷死杜無殃。

「煙波釣叟歌」云：「八門若遇開休生，諸事逢之總稱情」。

凡卜出兵之卦，最嫌官鬼交重。鬼如動者，縱往吉門，決難取勝。若得子孫旺相發動，或持世爻，雖踐凶門，亦無所害。

鬼值《坤》宮卻嫌死戶，子臨《兌》卦惟利驚門。傷戶云凶，《震》動將星征反勝。休門曰吉，《坎》興大殺戰還輸。《艮》內發青龍，生方大利。《乾》中搖白虎，開處非宜。《離》福交重，景上行來能喜悅。《巽》官發動，杜門戰去甚暌違。

將軍兵卒，要知忌入何門，利行何向，須推鬼值何宮，官臨何象，莫入其門。又看子居誰卦，福在誰爻，宜由此戶。

且如《坤》宮鬼動，大忌死門。《兌》卦子搖，驚門可進。傷門為禍害，《震》宮有將星，福德乃為佳。

將星起例：正月午、二月卯、三月子、四月酉，五月又到午上。只此四位，周而復始。

休戶作禎祥，《坎》卦有大煞，鬼爻難獲福。

大煞起例云：正犬、二蛇、三月馬，四未、五寅、六卯當，七辰、八亥、九忌鼠，十牛、十一在申方。十二金雞為大煞，國家遇此豈安邦？

福帶青龍搖《艮》內，如進生門，大獲全功。鬼臨白虎動《乾》中，縱入開門，未能得勝。《離》家子動，宜步景門。《巽》上官興，杜門莫往。

乙丙丁奇，得無不利。庚辛癸煞，見無不凶。

乙者，日奇。丙者，月奇。丁者，星奇。甲變三奇自然吉利，如變庚辛癸象，皆不為祥。要知卦配十干，須看範圍數內。《天祿訣》云：「壬甲從《乾》起，乙癸向《坤》求，丙向《艮》方取，丁出《兌》家遊，戊自《坎》中覓，己用《離》為頭，庚《震》及辛《巽》，天祿最為攸」。訣內《震》、《巽》、《坎》、《離》、《艮》、《兌》各屬一干，惟《乾》、《坤》二象，每屬二干。

又按[二]，陰陽之道，冬至後陽升[三]之時，《乾》者內甲外壬，《坤》者內乙外癸。夏至後陰升之節，《乾》者內壬外甲，《坤》者內癸外乙。

又論出兵。冬至後，卜得《乾》之《遯》卦：即甲變月奇。

虎易按：丙為月奇。本卦初爻甲子變丙辰、二爻甲寅變丙午。

《易林補遺》教例：020					
時間：冬至後					
占事：出兵？					
乾宮：乾為天 (六沖)			乾宮：天山遯		
本　　卦			**變　　卦**		
父母壬戌土	▅▅▅	世	父母壬戌土	▅▅▅	
兄弟壬申金	▅▅▅		兄弟壬申金	▅▅▅	應
官鬼壬午火	▅▅▅		官鬼壬午火	▅▅▅	
父母甲辰土	▅▅▅	應	兄弟丙申金	▅▅▅	
妻財甲寅木	▅▅▅	○→	官鬼丙午火	▅　▅	世
子孫甲子水	▅▅▅	○→	父母丙辰土	▅　▅	

又如《乾》之《履》卦：

即甲變星奇。

虎易按：丁為星奇。本卦三爻甲辰變丁丑。

設若《乾》之《否》卦：

即甲變日奇。

虎易按：乙為日奇。本卦初爻甲子變乙未，二爻甲寅變乙巳，三爻甲辰變乙卯。

如此卦爻，得之大勝。

《易林補遺》教例：022						
時間：冬至後						
占事：出兵？						
乾宮：乾為天（六沖）				乾宮：天地否（六合）		
本　卦				**變　卦**		
父母壬戌土	▅▅▅▅▅	世		父母壬戌土	▅▅▅▅▅	應
兄弟壬申金	▅▅▅▅▅			兄弟壬申金	▅▅▅▅▅	
官鬼壬午火	▅▅▅▅▅			官鬼壬午火	▅▅▅▅▅	
父母甲辰土	▅▅▅▅▅	應	○→	妻財乙卯木	▅▅　▅▅	世
妻財甲寅木	▅▅▅▅▅		○→	官鬼乙巳火	▅▅　▅▅	
子孫甲子水	▅▅▅▅▅		○→	父母乙未土	▅▅　▅▅	

《易林補遺》教例：021						
時間：冬至後						
占事：出兵？						
乾宮：乾為天（六沖）				艮宮：天澤履		
本　卦				**變　卦**		
父母壬戌土	▅▅▅▅▅	世		父母壬戌土	▅▅▅▅▅	
兄弟壬申金	▅▅▅▅▅			兄弟壬申金	▅▅▅▅▅	世
官鬼壬午火	▅▅▅▅▅			官鬼壬午火	▅▅▅▅▅	
父母甲辰土	▅▅▅▅▅	應	○→	父母丁丑土	▅▅　▅▅	
妻財甲寅木	▅▅▅▅▅			妻財丁卯木	▅▅▅▅▅	應
子孫甲子水	▅▅▅▅▅			官鬼丁巳火	▅▅▅▅▅	

又論夏至後，卜得《否》之《歸妹》：

甲被庚傷。

虎易按：「甲被庚傷」。五爻甲申變庚申，六爻甲戌變庚戌，所以稱為「甲被庚傷」。

《易林補遺》教例：023							
時間：夏至後							
占事：出兵？							
乾宮：天地否（六合）				兌宮：雷澤歸妹（歸魂）			
本　　卦				**變　　卦**			
父母甲戌土	▅▅▅▅	應	○→	父母庚戌土	▅▅ ▅▅	應	
兄弟甲申金	▅▅▅▅		○→	兄弟庚申金	▅▅ ▅▅		
官鬼甲午火	▅▅▅▅			官鬼庚午火	▅▅▅▅		
妻財癸卯木	▅▅ ▅▅	世		父母丁丑土	▅▅ ▅▅	世	
官鬼癸巳火	▅▅ ▅▅		×→	妻財丁卯木	▅▅▅▅		
父母癸未土	▅▅ ▅▅		×→	官鬼丁巳火	▅▅▅▅		

《乾》之《巽》卦：

甲遭辛剋。

虎易按：「甲遭辛剋」。四爻甲午變辛未，所以稱為「甲遭辛剋」。

《易林補遺》教例：024							
時間：夏至後							
占事：出兵？							
乾宮：乾為天（六沖）				巽宮：巽為風（六沖）			
本　　卦				**變　　卦**			
父母甲戌土	▅▅▅▅	世		妻財辛卯木	▅▅▅▅	世	
兄弟甲申金	▅▅▅▅			官鬼辛巳火	▅▅▅▅		
官鬼甲午火	▅▅▅▅		○→	父母辛未土	▅▅ ▅▅		
父母壬辰土	▅▅▅▅	應		兄弟辛酉金	▅▅▅▅	應	
妻財壬寅木	▅▅▅▅			子孫辛亥水	▅▅▅▅		
子孫壬子水	▅▅▅▅		○→	父母辛丑土	▅▅ ▅▅		

凡得此等卦爻，不宜出戰者也。

伏吟反吟犯者，急須回避。大煞劫煞動時，切莫交征。

欲識伏吟反吟之法，

當明卦按十二地支，亦看範圍數內。《地福訣》云：「子向北方《坎》，丑寅《艮》上山，卯起東方《震》，辰巳《巽》風間，午見南《離》火，未申《坤》地關，酉在《兑》方取，戌亥屬《乾》垣」。

如占交戰，最忌伏吟反吟。伏吟者有二，有卦犯伏吟，有爻犯伏吟。

卦犯者：如《乾》見《乾》、《坎》見《坎》之類，八純卦是也。

虎易按：「卦犯者：如《乾》見《乾》、《坎》見《坎》之類，八純卦是也」，作者認為八純卦皆為「卦犯伏吟」。

《御定奇門寶鑒・釋反吟伏吟》曰：「伏吟者；伏匿不能變動而呻吟也」。「惟其動也，而後加臨對宮，有反覆不寧之悔。加臨本宮，有伏匿不變之悔。悔者；悔其忘動，故曰：反吟、伏吟。若以六甲序為伏吟，是以靜而致悔矣，豈遁甲之旨也耶」。

作者的弟子程良玉作《易冒・反伏章》曰：「俗傳八純為伏吟，未濟、既濟為反吟者，豈通人之論哉」。

《御定卜筮精蘊・反吟伏吟》曰：「伏吟者，化而不化者也，唯《乾》、《震》相化者有之」。

我認為，伏吟應該以「卦變，但變爻的地支不變」為標準定義，才是比較合理的。按此標準，安靜的八純卦，就不宜作為伏吟卦。讀者可以參考，在實踐中去應用。

爻犯者：如寅變寅、辰變辰之類，《隨》變《夬》，《需》變《屯》卦是也。

反吟者亦有二，有卦犯反吟，有爻犯反吟。

卦犯者：下《巽》上《乾》，《姤》卦之類。或《乾》變《巽》，《巽》變《乾》皆是也。經云：「《歸妹》變《隨》為例，《小畜》之《姤》皆同」。

爻犯者：卯變酉，酉變卯之類。《晉》之《鼎》，《漸》之《謙》卦是也。

行兵之際，又忌大煞、劫煞交重。大煞起例已注章首。

劫煞起例云：「正月逢亥二月申，三月隨蛇四月寅，五月循環又到亥，周而復始定其神」。此煞與天獄煞同。

出征者，以上反吟、伏吟、大煞、劫煞，犯一不祥，無犯方美。

易卦之中，大忌六爻興二鬼。奇門之內，最喜三奇遊六儀。

軍中之卦，最嫌官鬼爻興。倘遇二官皆動，禍不可當。縱然一鬼，動變鬼爻，亦有患害。

奇門之法，卻喜三奇，若在六儀之上，其美倍加。六儀者，甲子、甲寅、甲辰、甲午、甲申、甲戌是也。

又開甲午、甲戌，利見星奇。甲子、甲申，日奇喜遇。甲寅、甲辰、月奇更吉。

雖曰三奇遊六儀，亦謂三奇得使者也。經云：「三奇得使誠堪取，六甲遇之非小補，乙逢犬馬丙鼠猴，六丁玉女騎龍虎㉔」。

譬如夏至後，《乾》之《泰》：

虎易按：乙為日奇，本卦四爻甲午變乙丑，五爻甲申變乙亥，六爻甲戌變乙酉。

《遯》之《艮》者是也。

虎易按：丙為月奇。本卦四爻甲午變丙戌，五爻甲申變丙子。

此等卦中，再得子孫臨日月，一應興兵佈陣，必有禎祥。

卦若興隆，七縱七擒皆逐意。門如旺相，百戰百勝總如心。旺衰能辨乎盈虧，動靜可知乎興息。

八卦旺衰，又不取《乾》、《兌》金，

《易林補遺》教例：025						
時間：夏至後						
占事：出兵？						
乾宮：乾為天 (六沖)				坤宮：地天泰 (六合)		
本　卦				變　卦		
父母甲戌土	▅▅▅▅▅	世	○→	兄弟乙酉金	▅▅　▅▅	應
兄弟甲申金	▅▅▅▅▅		○→	子孫乙亥水	▅▅　▅▅	
官鬼甲午火	▅▅▅▅▅		○→	父母乙丑土	▅▅　▅▅	
父母壬辰土	▅▅▅▅▅	應		父母壬辰土	▅▅▅▅▅	世
妻財壬寅木	▅▅▅▅▅			妻財壬寅木	▅▅▅▅▅	
子孫壬子水	▅▅▅▅▅			子孫壬子水	▅▅▅▅▅	

《易林補遺》教例：026						
時間：夏至後						
占事：出兵？						
乾宮：天山遯				艮宮：艮為山 (六沖)		
本　卦				變　卦		
父母甲戌土	▅▅▅▅▅			妻財丙寅木	▅▅▅▅▅	世
兄弟甲申金	▅▅▅▅▅	應	○→	子孫丙子水	▅▅　▅▅	
官鬼甲午火	▅▅▅▅▅		○→	父母丙戌土	▅▅　▅▅	
兄弟丙申金	▅▅▅▅▅			兄弟丙申金	▅▅▅▅▅	應
官鬼丙午火	▅▅　▅▅	世		官鬼丙午火	▅▅　▅▅	
父母丙辰土	▅▅　▅▅			父母丙辰土	▅▅　▅▅	

《震》、《巽》木，《坎》水、《離》火，《坤》、《艮》土也。自有八節而生八卦，各按其時。

立春至春分，《艮》旺《震》相。春分至立夏，《震》旺《巽》相。

立夏至夏至，《巽》旺《離》相。夏至至立秋，《離》旺《坤》相。

立秋至秋分，《坤》旺《兌》相。秋分至立冬，《兌》旺《乾》相。

立冬至冬至，《乾》旺《坎》相。冬至至立春，《坎》旺《艮》相。

凡占出戰，以內卦為我，外卦為他。

若得內旺外衰，更遇吉神發動，東征西討，威鎮華夷。

奇門亦有旺衰，亦皆按於八節。

立春後生門太旺，春分後傷門當道。只嫌大象少加，反取木能生火，景門用之。

立夏後，杜門雖旺，亦不為

旺相胎沒死囚休廢表

狀態 對應卦 節氣	旺	相	胎	沒	死	囚	休	廢
立春至春分	艮	震	巽	離	坤	兌	乾	坎
春分至立夏	震	巽	離	坤	兌	乾	坎	艮
立夏至夏至	巽	離	坤	兌	乾	坎	艮	震
夏至至立秋	離	坤	兌	乾	坎	艮	震	巽
立秋至秋分	坤	兌	乾	坎	艮	震	巽	離
秋分至立冬	兌	乾	坎	艮	震	巽	離	坤
立冬至冬至	乾	坎	艮	震	巽	離	坤	兌
冬至至立春	坎	艮	震	巽	離	坤	兌	乾

祥。故取火相，景門用之得勝。

夏至後，正值景門大吉。

立秋後，雖令死門，不宜前進，當取金相驚門。

秋分後，驚門之令，進無不亨，水相開門亦吉。

立冬後，開門正旺，休作相門，二方俱美。

冬至後，休旺生相，二門俱能迪吉。

六爻安靜，宜守不宜攻。二卦交重，利征不利止。

卦爻安靜，更無暗動者，應又不剋世爻，只宜堅壁不出。

二卦者，內外也。若內動外搖，速宜出戰，停留則長彼之智矣。

內誠本寨，外是他營。

內卦與本宮，皆為本國，又為我之營寨。

他宮與外卦，咸作他邦，更作彼之營寨。

內卦興則吾營堅固，外卦弱則彼寨蕭條。

世為主帥之謀，應為賊魁之計。

夫交兵對敵，必分彼我，方決輸贏。故以世為主將，應作賊魁。

如世旺，則主將心忠力勇。若旺動，則耀武揚威，勤以廝殺。世若衰微，則職卑智陋。

世若衰動，謀孤勢寡，勉強施為。

如應值旺相，彼必強梁善略。應若休囚，則彼懦弱無能。

故經云：「一卦中間，主宰莫非乎世應㉕」。

安營立寨，推八卦之顯幽。臨陣交鋒，闡各爻之生剋。

行兵出戰，先要擇地安營。易卦之中，自有九宮八卦也。如《乾》宮利於西北之地，《巽》卦利於東南之方。餘皆倣此。

各爻者，一卦之間，上下六爻。竟不知有變出六爻，有伏出六爻，又有互卦作用之爻。六爻之內，有彼生我，我生彼。有我剋彼，彼剋我。須詳彼此吉凶，以決輸贏之理。

世剋應爻，帥勇兵強堪剿伐。應傷世象，賊多凶熾㉖莫攖鋒㉗。

如世剋應爻者，則我決勝。世若旺動，而帶福神剋應，剋鬼者，則席捲長驅，勢如破竹，一戰而奏凱矣。世只旺剋，而不帶吉神動助，反被日辰動爻剋世者，雖能取勝，未獲全功。若世衰應旺，彼雖受剋，只可禦敵而已。未得奇謀善策，大專征伐。

若世化子孫，應化官鬼者，宜以假途滅虢㉘，又不可復戰邀功。若子孫伏於世下，而沖應剋應者，必須暗渡陳倉㉙。

如應剋世者，必定彼贏，暫且按兵守候。應若旺而剋世者，其勢決熾。應旺而動剋世，或同旺相鬼煞來剋者，彼必合謀而夾戰，機關叵測。應上若加兄弟，非常詭譎㉚。加玄武，必定偷營。加白虎，猖獗突甚。

殺不剋身，縱值交重無大害。殺如傷世，雖居安靜且休征。

夫殺者，大煞也。有劫煞，也有亡神，又有小白虎，大白虎。官鬼亦作殺神也。

若諸殺或旺或動，不剋身世者，決無大害。

若不旺不動，而能剋害於身世者，魆然㉛生禍，謹慎提防。若諸殺或旺或動，來剋身世者，其禍驟來，決非小可。若殺並日辰沖剋靜世者，名為暗動，必有陰謀竊劫之患。

欲察何時來害，須推鬼煞生旺之期。故經云：「福來而不知，禍來而不覺㉜」。正此之謂也。

大煞，劫煞，例注在前。

亡神殺例云：正月起亥，順行十二位是也。

小白虎，即庚辛日起白虎是也。

大白虎者，正月起申，順行十二位是也。

世陷我軍有難，應空賊寇罹危。

凡世為主將，惟伏雄強。對壘折沖，豈宜空陷。若值旬空，或臨月破者，則兵疲將弱，力竭計窮，大失軍機之兆。

若應值空亡，彼必勢傾謀拙，孤力無助，破在旦夕矣。

日月扶持合世爻，屢建搴旗㉝之功烈。子孫旺動生身位，每揚拔幟之威風。

日辰月將，易為凶，易為吉。生合者無不吉利，沖剋者定見驚惶㉞。故經云：「六爻上下，吉凶全係乎日辰㉟」。

如日辰月建雖不上卦，若生合世爻者，必得佳音美事。

若日月在卦生合世爻者，乃得勝捷駢駢㊱之報。

日月動，帶貴人、祿馬、青龍、天喜、福德，而生合世者，則九重㊲頒誥敕㊳，萬卒沐恩波。

帶子孫或動或旺，而生世、合世、持世者，主將能權能略，不剋不私。

若加龍德、羊刃等類，則聲震華夷，民安國泰。

加青龍、貴人諸神，則威揚朝野，海晏河清，乃主聖臣忠，文全武備之時也。

世應帶合相生，必屬允和而釋。內外比和皆旺，無分勝敗而歸。

夫世應而為彼我，相沖相剋，兩必交征，可分勝敗。

若爾我比和，兩相不剋不傷，則彼此干休，俱無戰意。倘世旺生應，我內雖怯㊴，而外張威，制彼求和。世衰生應，則己心灰冷，力竭計窮，自甘求息。如應爻衰旺而生世者，亦如是而已。

又內外兩宮合卦，彼此反覆無異。雖然交戰，必無輸贏。漸漸解散矣。

世在陰爻，豈宜先舉。身居陽象，不利後征。

凡拆爻屬陰，動為老陰，而主未來之事。又云：陰主遲滯。故世在陰宮，不可妄自爭先，先則有害，遲則有益。

單爻屬陽，發為老陽，而主過去之由。又云：陽主迅速。故世居陽象，兵貴神速，速行大利，遲則大害。

此係大理，故不瑣瑣耳。

父乃旌旗㊵，舒卷當憑乎動靜。財為糧草，盈虛可決於興衰。

營中旌旗，以父為用爻。旺相帶青龍，則繡金華麗。加朱雀，則畫彩鮮明。旺而又動，則高張大纛㊶，導引飄颻㊷。若衰墓而逢白虎，則腐壞敝舊。空而又絕，或少或無，縱有必然損破。但得安靜，則世態咸寧矣。

諺云：「三軍未發，糧草先行」。故卦中之妻財，作軍馬之糧草。如財爻旺相，是兵糧豐盛，馬草盈餘。

玄武與謹防偷竊，兄弟與決然搶奪。若財爻衰墓，糧不多而草不肥。卦內無財，若得子化財爻，必去鄰邦㊃借貸。此象若空若絕，糧草或失或無。

子作先鋒，旺則強而衰則弱。兄為伏寇，現則有而空則無。

子孫為我之雄兵，是當先鋒之論。若逢旺相，必智勇兩全之將。若帶吉神而能剋應者，則冒險沖鋒，爭先首捷，唾手可成功矣。子孫倘遇衰墓，則柔懦㊸無謀，難充斯任。

兄弟乃奸佞之神，即為埋伏之賊。若逢沖動，必有埋伏之兵，須防暗害。欲知何時有犯，必推生旺日時為期。若絕若無，則不必慮矣。

父母興隆，機關炯炯㊹。妻財發動，兵甲紛紛。

子孫為兵之用，父母為子之忌。若父母旺而興，則機關迭出，詭策多端，是為傷兵之兆。若子旺父衰，則將勇兵強，可作可為也。

官鬼為彼之用，妻財為鬼之助。彼本不興兵，財爻一發，則鬼逞豪強。故士卒㊺縱橫，兵戈擾攘㊻。惟要財靜，則官鬼孤立無助，自然太平矣。

兄象單興，恐有絕糧之患。父爻獨發，豈無傷卒之憂。

兄弟專主奸險之事，若在卦中獨發，旺帶白虎，則彼行兇馨劫㊼。衰臨玄武，必被陰謀抽竊。若得日辰剋制兄弟，雖見行劫，決不失脫，乃伏木牛流馬㊽之固耳。

父母能剋子孫，若在爻間單動，則我兵大忌。又旺帶凶煞，決被刑傷。若休加吉神，則彼勢稍稍，亦非小視哉。

福化文書，兵必驕而後悔無及。子之兄弟，將雖弱而大獲全功。

父母為子之大忌，若子變父者，乃是用變忌神，而剋伐猶雪獅之向陽，初張威勢，日漸日蘇，大有刑傷，噬臍㊾無及矣。

兄弟為子之元，幸得子化兄者，乃是用化元神而扶助，如猛虎之添翼，越有精神，百戰百勝，大獲全功矣。

福遇青龍，必出忠良之將。子臨白虎，當差猛勇之軍。

若子遇青龍，必赤膽忠心之捷將。又加祿馬貴人，必智勇謀略之士耳。

子為兵卒，若臨小白虎，雖然衰弱，亦是壯強之卒。若臨大白虎，必是驍勇猛烈之雄兵。

劫煞乃是凶星，怕臨鬼動。亡神謂之惡曜，忌並官興。

官鬼謂之賊魁，若休衰，可戰易剿。若旺相，必是強梁謀勇之賊。若遇發動，則不可抵擋㈤，豈可再加凶煞並行乎？

凶煞者，即劫煞，大煞，亡神也。列㈥注在前。

若官鬼發動，構同諸煞來剋身世者，決主彼勢猖獗，我軍大有損傷。

殺陷鬼搖，雖凶不振。官空煞動，縱亂勿憂。鬼煞並興，兵馬云屯㊿成大戰。官凶俱絕，干戈頓息慶清平。

征戰爻中，最忌鬼煞二神。若煞神空絕，官鬼縱然發動，難成大害。若官逢空絕，各煞雖是興隆，亦無重禍。若鬼煞俱動，則鬼隨煞勢，煞趁鬼威，云屯蟻聚，大肆鏖戰㊿¹。

若得官煞二神衰而又靜，或空或絕者，方是弓藏冑解，太平之世矣。

或剋世沖世者，必被刑戮㊿²不輕。

鬼煞剋身，吾兵難敵。交重伐應，彼寇易誅。

鬼者，官鬼也。煞者，大煞，劫煞之類也。

鬼煞二神若來剋世，吾兵大傷。若鬼煞靜而又衰，來剋旺世者，是旺不受剋，料無大害。鬼煞旺相，而剋衰世者，此為旺能剋衰，吾兵大被戕戮㊺。

若鬼煞旺動剋應者，彼已受制，易以剿伐。

細究何爻剋應，再查那象傷官。用此奇方妙計，自然剿惡鋤強。鬼空惟取應，應陷可從官。

要識行兵之法，須求剋應傷官。應若受傷，彼遭屠戮。鬼如被剋，賊必生擒。且如火爻臨應或臨鬼，須求水來制火，用黑旗為號，並臨水戰，自然得勝也。餘皆倣此。

鬼若空亡，卻評應象。應如落陷，必看官爻。

子爻旺，鬼爻休，鬼雖剋我，我無憂。應爻強，世爻弱，世縱傷他，他難伐。世遇生扶子象旺，則將勇兵饒。應遭剋破鬼爻空，則賊衰寇退。

子能制鬼。若子孫旺，官鬼休，則彼先已被制，豈能剋世乎？譬諸劇盜㊿正欲劫人，已被官捕搜擒，何暇㊾行劫，我何憂哉？

如應爻旺，世爻衰，雖然㊆剋應，奈彼猖獗，難以取勝。旺不受剋，正此之謂也。

若日辰月將生世合世，旺子又來扶助，則我兵精糧足，機深勢大，決勝千里。

若應衰受剋受沖，官鬼又落空亡，彼必喪膽，倒戈拔寨而逃遁矣。

金為兵甲值官興，魆防戰鬥。土作城池臨鬼發，遍動干戈。

夫兵戈鎧甲，皆用金以造。若臨官鬼，或旺或動，彼必堅甲利刃，異謀奇釁，出其不意，魃然[56]沖突，勿為小覷[57]。夫土者，旺於四季，列分四隅，又作城垣臺堡。若鬼帶土發，則干戈擾擾，彌山漫野，無地無之。

密密刀槍，為金官之空動。飄飄旗幟，因火父之旺沖。

刀劍本屬金，又屬官鬼。若值空亡，又逢發動，是必振揚也。故經云：「金空則鳴[58]」。必是刀槍光耀日，金鼓振轟雷，密密重重，圍營衛寨，乃提防有備耳。旌旗，父母為之用爻，又屬《離》火。若值旺相，更遇日沖，故曰火發則焰，乃是黃幡懸豹尾，彩幟畫麒麟。飄飄颻颻，導軍引陣，號令嚴明，軍機整肅耳。

水乃江河，木為舟楫。二爻皆旺，水戰偏宜。兩像並傷，乘航欠利。

水為江海源流，木作舟船之本，水戰各有所用。若水旺則盈，水絕則竭。木隆則船大，木衰則舟楫[59]，木絕則無舟。二爻旺而又發，萬事齊備，利用操舟。若二爻衰而又絕，一物無成，難以覓渡矣。

火名營寨，土是城垣。此象興隆，最宜陸戰。其爻空絕，不利出征。

營壘以火為用，城臺賴土生成。火空營險，土空城陷。二爻若值旺相動沖，可使西域沙漠之勝。

兩象若遇衰休空絕，必有華陰小道之危。

火鬼傷身，須防劫寨。土官剋世，恐墮陷坑。

官鬼帶火剋世者，須慎火攻而劫寨。

鬼殺以土傷世者，恐防墮塹之危機。

火動則利遷營寨，父空則宜改旌旗。

軍營以火為用，火若發動，動則變化，故營寨必利遷移為吉。若被刑沖，或加玄武，或加兄弟，必遭侵劫，急宜遷改。

旌旗以父為用，若值旬空月破，必然損傷，急須改換。

土官動剋世爻，他興炮石。火鬼發傷身象，彼用火攻。

官鬼興隆，帶土來剋世者，須防彼制擂木炮石來攻。

若鬼動加火同來剋世者，他必舉火燒屯⑥⓪。旺則太甚，衰則稍可。

鬼藏世下剋世爻，切慮自兵謀主。子伏身中合應象，謹防我將降夷。

世下之伏鬼而剋世者，則家兵弒⑥①主。若世旺鬼衰，奸心已蓄，無隙可乘。世衰鬼旺，則逆節潛謀，乘虛而入，放張飛受范疆之刺。

若世下之伏子而合應者，則軍心已離，各懷去意。如世衰應旺，則他國強梁，我軍卑弱，故匈奴迫李陵之降。若日辰生子，又加雀虎臨之，必被陰譖陽唆⑥②，背義從人耳。

內外鬼興傷世，禍由內應外通。前後子旺生身，利在前攻後擊。

內官乃己之人，外鬼為彼之兵。

若逢發動而剋世者，禍從己人糾合他人，是為內應外合而戕害。若世旺鬼衰，雖然發動，難以傷剋。

若世變子或鬼變子，乃鬼受制，則謀無決裂，是無大害。經云：「有人制鬼，鬼動無妨㈧」。

本卦子孫，之卦子孫，旺而生世者，先攻後取，順意行軍，皆獲全功。

若內官旺相，外鬼與隆，則彼此相抗㈨，難以勝斷。

鬼值㈩長生帝旺，寇興世亂之時。官居墓庫空亡，國泰民安之象。內外無鬼，夷虜不來。世應俱空，戰征已絕。

如戰征之事，以世為主將，子作兵卒。以應為彼，官鬼為賊。

如官鬼值長生帝旺之鄉，則盜寇縱橫，酋夷肆虐[63]。

若卦中內外無官，或逢墓絕，世應皆空，則干戈偃息，國泰民安矣。

勝敗我先知，非⑴伊測度。吉凶神已告，據理推詳。

注釋

①昰（chǎn）：日光照。

②霽（jì）：雨後或雪後轉晴。

③覆宗：覆滅宗族。

④絕嗣：沒有子孫傳宗接代。

⑤祥禧（xǐ）吉祥喜慶。

⑥所屬何房利不利，進退成敗皆可知：語出《新鍥斷易天機・占地理・洞林秘訣云》。

⑦唐虞（yú）：唐堯和虞舜的合稱。

⑧劻勷（kuāng ráng）：輔佐，幫助。

⑨堯舜（yáo shùn）：唐堯和虞舜的合稱。據說都是上古的賢明君主。

⑩宗廟社稷（jì）：宗廟：祭祀祖先的場所；社稷：古代帝王諸侯所祭的土神和穀神。代表封建統治者掌握的最高權力。也借指國家。

⑪黎元：百姓，民眾。

⑫龔遂：字少卿，生卒年不詳，山陽郡南平陽縣（今山東省鄒城市）人。初為昌邑國郎中令，侍奉昌邑王劉賀。劉賀行為不端，龔遂多次規勸他。劉賀繼位後，驕奢淫逸，龔遂屢次勸諫，劉賀仍不改正，最終在位二十七天遭廢。劉賀屬臣二百多人都遭誅殺，只有龔遂與中

尉王陽因多次規勸免於一死，但剃髮判處四年徒刑。漢宣帝繼位後，龔遂擔任渤海太守。龔遂平定盜賊叛亂、鼓勵農桑，很有政績。後升任水衡都尉，最終卒於任上。參閱《漢書・卷八十九・循吏傳第五十九》。

⑬郭令公子儀：郭子儀（697年—781年），華州鄭縣（今陝西華縣）人，祖籍山西太原。安史之亂爆發後，郭子儀任朔方節度使，率軍勤王，收復河北、河東，拜兵部尚書、同中書門下平章事。至德二年（757年），郭子儀與廣平王李俶收復西京長安、東都洛陽，以功加司徒，封代國公。乾元元年（758年）八月，進位中書令。乾元二年（759年）五月，因承擔相州兵敗之責，被解除兵權，處於閒官。寶應元年（762年）初，太原、絳州兵變，郭子儀被封為汾陽王，出鎮絳州評定叛亂，不久又被解除兵權。廣德元年（763年），僕固懷恩勾結吐蕃、回紇入侵，長安失陷。郭子儀被再度啟用，任關內副元帥，再次收復長安。西元765年，吐蕃、回紇再度聯兵內侵，郭子儀在涇陽單騎說退回紇，並擊潰吐蕃，穩住關中。大曆十四年（779年），郭子儀被尊為「尚父」，進位太尉、中書令。建中二年（781年），郭子儀去世，追贈太師，謚號忠武。參閱《舊唐書・卷一百二十・列傳第七十》、《新唐書・卷一百三十七・列傳第六十二》。

⑭干戈偃（yǎn）息：戰爭止息。

⑮文教丕（pī）興：文化教育大興。

⑯國祚（zuò）：國運。皇位。

⑰攸遠：遙遠；久遠。

⑱折馘（guó）：古代戰爭中，殺死敵人割其左耳，以數計功。

⑲黃石公：（約公元前292年－公元前195年），秦漢時隱士，別稱圯上老人、下邳神人，後被道教納入神譜。《史記·留侯世家》稱其避秦世之亂，隱居東海下邳。其時張良因謀刺秦始皇不果，亡匿下邳。於下邳橋上遇到黃石公。黃石公三試張良後，授與《太公兵法》，臨別時有言：「十三年後，在濟北穀城山下，黃石公即我矣」。張良後來以黃石公所授兵書助漢高祖劉邦奪得天下，並於十三年後，在濟北穀城下找到了黃石，取而葆祠之。後世流傳有黃石公《素書》和《黃石公三略》。參閱《史記·留侯世家》。

⑳姜子牙：（約前1156年—約前1017年），姜姓，呂氏，名尚，一名望，字子牙，或單呼牙，也稱呂尚，別號飛熊。商朝末年人。出生地主要有東海說和河內說。姜子牙後輔佐了西周王，稱「太公望」，俗稱太公。西周初年，被周文王封為「太師」（武官名），被尊為「師尚父」。姜子牙是齊國的締造者，周文王傾商，武王克紂的首席謀主，輔佐武王伐紂，牧野之戰紂兵大敗，紂王登臺自焚而死，從此商亡周立。參閱《史記·齊太公世家》。

㉑貽（yí）：遺留。

㉒褊（biǎn）淺：心地、見識等狹隘短淺。

㉓差忒（tè）：差錯，誤差。

㉔三奇得使誠堪取，六甲遇之非小補，乙逢犬馬丙鼠猴，六丁玉女騎龍虎：《煙波釣叟賦》原文作：「三奇得使誠堪使，六甲遇之非小補。乙逢犬馬丙鼠猴，六丁玉女騎龍虎」。

㉕一卦中間，主宰莫非乎世應：《卜筮全書・天玄賦・總論提綱》原文作：「一卦中間，主宰莫逃乎世應」。

㉖熾（chì）：火旺。引申為兇猛，激烈；氣焰高漲。

㉗攖（yīng）鋒：觸碰鋒鏑（dí）。鋒鏑：刀刃和箭鏃（zú）。借指兵器。

㉘假途滅虢（guó）：《左傳・僖公五年》記載：晉國向虞國借路去攻打虢國，在滅虢後的回師途中，把虞國也滅了。後以「假途滅虢」泛指以向對方借路為名，行滅亡對方之實的計謀。

㉙暗渡陳倉：比喻用造假像的手段，來達到某種目的。

㉚詭譎：（guǐ jué）：狡詐；狡黠；陰謀詭計。

㉛魆（xū）然：突然。

㉜福來而不知，禍來而不覺：《卜筮全書・通玄妙論・逢沖暗動》原文作：「福來而不知，禍來而未覺」。

㉝搴（qiān）旗：拔取敵方旗幟。

㉞驚惶（huáng）：亦作「驚皇」。震驚惶恐；驚慌。

㉟六爻上下，吉凶全係乎日辰：語出《卜筮全書・天玄賦・總論提綱》。

㊱駢駢（pián）：聯綴並行貌。

㊲九重：此處指帝王。

㊳誥敕：亦作「誥勅」。朝廷封官授爵的敕書。

㊴怯（qiè）：膽小；畏縮；害怕。

㊵旌（jīn）旗：旗幟的總稱。《周禮・春官・司常》：「凡軍事，建旌旗」。此處指軍旗。

㊶大纛（dào）：古時軍隊或儀仗隊的大旗。

㊷飄颻（yáo）：隨風飄動。

㊸柔懦（nuò）：優柔懦弱。

㊹炯炯（jiǒng）：明察貌。

㊺士卒：甲士和步卒。後泛指士兵。

㊻擾攘（rǎng）：混亂；騷亂。

㊼罄（qìng）劫：全部劫走。

㊽木牛流馬：三國時代，諸葛亮所製造運輸兵糧的工具，有機關可以自動。參閱《三國誌・卷三十五・蜀書》。

㊾噬臍：（shì qí）：自齧（niè用嘴咬）腹臍。喻後悔不及。
㊿雲屯：如雲之聚集。形容盛多。
51鏖（áo）戰：激烈地戰鬥；苦戰。
52刑戮（lù）：受刑罰或被處死。
53戕戮：（qiāng lù）：殘害斬殺。
54劇盜：兇惡強悍的盜賊。
55何暇（xī xiá）：哪裡有閒暇。
56魆（xū）然：突然。
57勿為小覷（qù）：不可小看。覷：看，窺視，偷偷地看。
58金空則鳴：語出《卜筮全書・天玄賦・國朝章》。
59舟楫（zhōu jí）：船和槳的合稱。也指船隻。
60屯：村莊。
61弒（shì）：古代統治階級稱子殺父、臣殺君為「弒」。
62陰譖（zèn）陽唆：背地裡無中生有地說人壞話，以及明裡挑唆。
63肆虐：恣意殘殺或迫害。

校勘記

㈠「破國亡家」，原文作「破國忘家」，疑誤，據其文意改作。
㈡「又按」，原文作「又接」，疑誤，據其文意改作。
㈢「陽升」，原文作「陽令」，疑誤，據其文意改作。
㈣「鄰邦」，原文作「鄰封」，疑誤，據其文意改作。
㈤「則不可抵擋」，原文作「則不可抵當」，疑誤，據其文意按現代用字方式改作。
㈥「列」，原文作「烈」，疑誤，據其文意改作。
㈦「雖然」，原文作「然雖」，疑誤，據其文意改作。
㈧「鬼動無妨」，原文作「鬼動何妨」，疑誤，據《卜筮全書·黃金策·家宅》原文改作。
㈨「抗」，原文作「坑」，疑誤，據其文意改作。
㈩「值」，原文作「架」，疑誤，據其文意改作。
⑪「非」，原文作「匪」，疑誤，按現代用字方式改作。

易林補遺元集卷之二終

易林補遺元集卷之三

禮部冠帶術士　張世寶　著
西吳庠生　黃裳　毛士來　同校閱

年時豐歉章第六

以身世為主，財福為憑。

福財旺相慶豐年，兄鬼交重饑饉①連。

問年時，若得子孫妻財旺相，或臨身世及太歲者，其年五穀豐登。若遇兄弟官鬼皆動，或臨太歲持世，便主凶荒。

水火靜安無旱潦②，陰陽交會庶民③歡。

水動曰雨，火動曰晴。此二爻若得安靜，自然風調雨順。六爻內再得陰陽均妥，必主國泰民安。

陽多火動文書絕，此歲方言亢旱天。陰廣水搖無福德，其年可斷水淹田。

卦值純陽，再加火動，父母又臨空絕，此歲定然亢旱。雖見陽多火動，若化水化陰，又不如是。

凡卦值純陰，水爻再發，更無子孫，或父母又動，其年必定洪水。如化出陽爻火象，定知先水後乾。

金官騎虎憂征戰，木鬼風狂葉價先，巳午焦枯紅焰起，土官時疫遍流傳，水爻值者愁淹沒，玄武臨之盜賊喧，若被蟲侵福化鬼，螠蝗④擾害土金官。

凡卜年時，最嫌官鬼，靜則無殃，動則有禍，看臨何象，便知何事將來。

鬼屬金興，人防喘漱⑤，又加白虎，必起刀兵。

官居木動，多見狂風，桑葉又增其價，人民多罹⑥瘋災，田禾虛耗。

巳午鬼搖，心經受病，人防卒暴⑦之災，瘡痍⑧目疾，更慮火光之患，田禾枯槁⑨，化水無妨。

若臨土動，脾胃受傷，天行時疫⑩，半遂秋成。

如遇水搖，民多腫脹，洩瀉⑪腰疼。山恐泛洪，田遭水害。鬼居玄武，賊寇蜂興。

惟有金土臨官，及福神化鬼，禾主蟲侵之患。

勾陳若坐空亡位，地白田荒豈謬言。

勾陳為田土，若落空亡，自然欠熟。

財絕兄興傷穀食，子空鬼動損春蠶。

妻財為糧食，如臨絕地，又加兄動，必主無收。

子孫為蠶花，如犯旬空，更添鬼發，定損春蠶。

初同財位生扶旺，萬物興隆五穀全。二與世爻空破絕，群黎百姓受迍邅。

初爻為萬物，財爻為五穀。二者皆得生扶旺相，凡天生地產之物㊀，無不昌盛。稻黍稷麥之類，皆得全收。

世爻為地氣，二爻為黎民。二者若逢空亡破絕者，小則饑饉，大則災殃。

官兄值此居荒處，財子臨方豐熟邊。譬若夏天占《節》卦，荒居北地熟東南。

要識何方豐歉，須查所值之爻。看兄弟官鬼臨於何象，便知此處凶荒。旺動尤甚，休囚稍可。妻財子孫值在誰爻，方決其方豐熟。

且如《節》卦：

財居火位，福在木爻，便言東南大熟。兄在水爻，北方不利，荒歉乘之。又推官臨丑戌之鄉，東北，西北二處，多染時災。

騰蛇入火多痧痘，若見金鄉妖怪纏。太歲逢凶隨處惡，流年⑫遇吉遍方安。

騰蛇本屬火，再臨火地，主人間痲痘相傳。

《易林補遺》教例：027		
時間：夏天		
占事：年時？		
坎宮：水澤節 (六合)		
本　　卦		
兄弟戊子水	▅▅　▅▅	
官鬼戊戌土	▅▅▅▅▅	
父母戊申金	▅▅　▅▅	應
官鬼丁丑土	▅▅　▅▅	
子孫丁卯木	▅▅▅▅▅	
妻財丁巳火	▅▅▅▅▅	世

蛇臨金位，定見妖邪。

凡卜年成禍福，須憑年建。太歲者，一年之主也。若帶兄官，白虎，大煞，劫煞發動，或來剋世，便主八方凶變。如臨財福，青龍，貴人，天喜，天赦動者，必然各郡咸寧。

校勘記

㊀「物」，原文作「昒」，疑誤，據其文意改作。

身命造化章第七

占自己以世爻為主，占他人以用象為憑。

卜平生之得失，世莫休囚。占一世之榮枯，身宜旺相。

凡占自己身命，先察世爻。若值休囚墓絕，平生作事乖張⑬。如逢旺相生扶，一世亨通，非貴即富。

主卦乃胎元根本，限行少壯之初。之卦為體骨精神，運轉中年之境。

所占者為主卦，內外二象為本。旺則家資豐厚，衰則產業輕微。

又論大限行法：初爻管五年，一至五歲。二爻管五年，六至十歲。三爻管五年，十一至十五。外三爻分十五年，共三十歲。三旬之外，卻以變卦為憑，變即之也。之卦內三爻，分管十五年，三十一至四十五。外三爻又管十五年，共至六十歲。

倘占卦靜無之，卻取互卦六爻，照前行限。

桑榆墓景⑭，伏卦稽查。小限遊行，世爻起法。

六旬之上，以致終身，皆評伏卦。又不取六爻分於六限，只將體用二宮，管其禍福。八旬之下，內卦推之。自耄⑮至終，細觀外象。

又論小限行法，必從主卦世爻論起。且如世在二爻，即二爻為一歲也，二歲在初爻，三歲在六爻。自上至下，周而復始。

人年六旬之外，專憑小限而推。

虎易按：「六旬之上，以致終身，皆評伏卦」，「又論小限行法，必從主卦世爻論起」，作者對六旬以上的推演，採用了兩種方式，一是採用伏卦，二是採用主卦，「人年六旬之外，專憑小限而推」，均採用小限推演的方法，讀者可以參考，在實踐中去應用體驗。

大限則五年一度，小限則一載一宮，並看流年，方窮壽算。最喜生而帶合，切嫌剋又加沖。

凡大限，小限與流年，皆喜相生相合，各嫌相剋相沖。

又看限與流年，生合用爻則吉，剋沖主象則凶。

世空則身不遐齡⑯，應陷則妻無永壽。

世為自己，空則無壽。惟有九流術士遇者無妨，反主空手得利，終難積聚。

應為妻室，陷則遭傷。縱不傷，亦無相夫之德。

財子雙全身象旺，富而且榮。兄官兩備世爻衰，貧而且賤。

身命卦中，若得妻財子孫全備，世又興隆，定主一生富貴。

若見兄弟官鬼發動，世又休囚，決定終身偃蹇⑰。

子旺則官刑不犯，財興則貿易常亨。兄動傷妻，損余囊之積蓄。父搖剋子，益自己之年齡。交鬼為災，重官作訟。

六親之爻動，則各有分別。

子動傷官，永無鞭撻⑱。

財搖剋父，旺必興家。

兄動損妻，財無積聚。

父搖剋子，旺壽必長年。

官動能傷兄弟，還宜細辨陰陽。陰官常染災迍⑲，陽鬼多招官事。

隨官入墓，纏災惹禍豈能安。助鬼傷身，好色貪財終受累。

身世命爻，隨官入墓者，多生災疾。妻財值日，發動助鬼，剋世傷身，必因財致禍，為色添憂。

世得生而且吉，身遭剋以為凶。月破世爻，必犯夭亡之命。歲沖身位，豈無疾厄之愆⑳。

世乃用爻，宜生不宜剋，宜合不宜沖。日辰沖者猶輕，月建破之最重。縱有生扶，必無長壽。流年若來沖世，亦主生災。

六沖則事事虛浮，家資零替㉑。六合則般般穩實，技藝興隆。

卦犯六沖，定主生涯冷淡，家業蕭條。

爻如六合，必然作事亨通，諸般和悅。

得富得榮，木架子孫於春月。發財發福，金乘妻祿於秋天。家廢資財，冬遇水兄而剋世。名登儒業，夏逢火父以生身。

凡占卦，須察四時衰旺，方定吉凶。財福旺則吉，兄鬼旺則凶。且如正二月，子臨木位，久享榮華。七八月，財至金鄉，廣招福祿。亥子月，水兄剋世，當廢家資。四五月，火父生身，必登文榜。

庶民鬼值身中，多災多訟。仕宦官居世上，越貴越榮。

庶民問卜，切嫌世值官爻，卦若逢之，非官即病。士夫遇者，疊疊陞遷。

爻若無官，財還耗散，卦如無子，嗣必伶仃。兄空則手足無情，父陷則椿萱㉒有損。

官鬼能傷兄弟，卦無鬼者，兄必專權，財遭劫奪。文士占之，功名不顯。

子為後嗣，無則兒女凋零。

兄弟雖為惡客，空則手足無情。

父母為尊長，空則有傷，父母動則有害子孫。

世剋衰財，縱富焉能豐厚。身傷弱鬼，雖榮豈得清高。

兄弟當權，妻財無氣，目下縱然充足，後來終致潛消㉓。

子孫持世，官鬼休囚，雖居職位，難得超遷。

鬼眾財無，富貴終非攸遠。財多鬼缺，榮華亦似浮雲。祿馬俱無，一世虛名虛利。財官皆備，終身發產發家。

財官二象為祿馬之爻，故不宜無，亦不宜眾，又不宜空，又不宜動。

若無財而多鬼，或無鬼而多財，皆主目前享福，不能永久豐餘。

如祿馬俱無，雖有得而倍失。財官兩見，遇靜旺而興家。

福德當權，似春花之遇日。財神落陷，如秋草之逢霜。

子孫為福德，若臨日月，或值世身，內處則安中加樂，外交則錦上添花。

妻財為衣祿，如犯旬空，或遭月破，必然生計蕭疏㉔，資囊空乏。

財臨帝旺長生，不忮㉕不求而發福。財值空亡死絕，無家無室以飄蓬㉖。

財者祿之主也，如逢生旺，財祿不謀自至。若居空絕，空缺難支。

家園窘迫㉗，皆因死敗臨身。道業興隆，只為旺生持世。

世爻臨死敗墓絕，從來家業蕭條。如逢旺相生扶，自後生涯茂盛。

限臨財福，逢凶曜不為凶。年遇兄官，見吉星非作吉。

大限小限，流年流月㈠，如臨福德妻財，便為佳慶，縱有白虎、騰蛇、亡神、劫殺，亦不成凶。

限中若遇兄弟官鬼，就作凶殃，雖帶天乙、青龍、天喜在位，終不為祥。

二限中煞逢戰鬥，官災疾病綿綿。六爻內福遇生扶，家業資財湧湧。

大限小限，若逢惡煞相沖相剋，多主官符㉘疾病。

主卦之中，子孫更逢生旺，廣增產業錢財。

惡煞逢沖，縱困而不困。凶神無制，雖榮而不榮。

凡兄弟、官鬼、白虎、騰蛇，皆為惡煞。在卦動者，本不為祥。若遇刑沖，反為吉兆。

凶煞如無剋制，縱有青龍、財福，亦不為榮。

世命雙空，一世多成多敗。身限兩陷，百年勞力勞心。

世爻與本命同值旬空，平生起倒不常，終難穩足。

卦身與限爻如臨空地，便主身心勞頓，事業少成。

世居白虎官爻，災中染疾。身住青龍子象，樂處加歡。

鬼臨白虎持世，爻內又無子孫，終身病隨復病，帶疾之愆。要知何處染疾，細詳誰卦臨官發動。

《乾》為頭，《坤》為腹，《坎》作耳，《離》作目，《兑》是口，《巽》是股，《艮》即手，《震》即足。

再察五行值鬼，便知五臟生災。水為腰腎金為肺，火主心胸木主肝，土爻脾胃休逢鬼，旺重衰輕仔細看。

又論人生四體，卦列六爻。初足二腿三腰腹，四為背助及心胸，五為頸㊁面分其位，六為頭頂發相同。看官臨在何爻動，便決災生此處中。

復陳福德青龍持世，更遇扶持，處世清安獲福，美處加歡。

勾陳為遲鈍㉙之星，騰蛇乃虛浮之煞。玄武發臨天賊，常被穿窬㉚。朱雀動帶官符，多招詞訟。

以上所言，皆論鬼臨世上，靜則事輕，動則尤甚。

帶勾陳為人遲鈍，遇騰蛇作事虛浮，玄武常憂失脫，朱雀多犯官非，龍因酒色以招殃，虎為剛強而惹禍。

火官剋世，憂逢回祿㉛之驚。水鬼傷身，慮患溺波之險。

鬼在卦中，不拘動靜，如來剋世，無不為殃。火鬼慮遭火患，金官恐犯刀砧㉜，水官莫往江湖，土鬼休登山陸，木鬼恐樹林之害。午官慮驟馬之虧，巳被蛇傷，寅遭虎噬，戌當犬咬，丑犯牛亡。華蓋休交僧道，咸池莫愛邪淫。

世被誰爻沖剋，方知誰輩之欺淩。身叨㉝何象生扶，便識何人之陰庇㉞。

動來剋世之爻，便為侵害。父母剋，被椿萱之貽禍㉟。兄弟剋，遭手足之侵淩。財剋，受妻奴之損。子傷，忍兒女之虧。鬼剋犯官刑，子動方能解。再查何象動來生世，即賴維持。父生蒙尊長之恩，子生得卑幼之力，兄生叨手足之情，財生賴妻奴之助，官生仗貴宦相扶，鬼生感神祇㊱護祐。

遊魂世動，利往他途，身靜歸魂，休離本境。內旺外衰憂出外，內衰外旺莫歸宗。

凡遊魂卦，便宜出外。縱不遊魂，世爻動者，亦可登程。歸魂之卦，只可安居。若卜返鄉，最宜世靜，亦然。

伏看內為止，外為行。

內卦旺守舊則吉，外卦旺行後反亨。

生合之方，行當獲吉。剋沖之向，去必遭凶。

但看何爻生用，利往其方。誰來沖剋主爻，莫奔此路。

且如兄占弟命？卜得《臨》卦：

土作用爻，土賴火生，宜行南地。主遭木剋，忌往東方。丑被未沖，西南莫去。丑得子合，往北不過遇喜悦之人，無分凶吉。若卦內木爻又動，北更不宜取，金制木之鄉，過酉反利。餘卦倣此。

如問雙親，父母忌空財忌動。若觀子侄，福神宜旺印宜衰。占手足而觀兄象，卜妻奴以看財爻。世己應他，各取用爻之定例。衰凶旺吉，皆為總斷之根因。

占父母、叔伯、尊長之類，皆宜父旺則吉。猶嫌財動，反利官興。

卜兒女、婿侄、卑幼、僧道等，統要子興。逢父限則凶，遇兄年反吉。

問兄弟、朋友者，咸怕兄空，父搖成吉，鬼動成凶。

詢妻妾、奴婢、及情人者，皆用財爻。遇子為祥，見兄成咎。

探夫主及文武官員身命，共察官爻。旺增榮耀，衰減光輝。子動云凶，財興曰吉。

卜自身，世為主象。問他人，應作用爻。旺相逢生則為吉斷，休囚遇剋便作凶詳。

誠能依此推之，庶無一毫差謬矣。

《易林補遺》教例：028		
占事：兄占弟命？		
坤宮：地澤臨		
本　　卦		
子孫癸酉金	▅▅　▅▅	
妻財癸亥水	▅▅　▅▅	應
兄弟癸丑土	▅▅　▅▅	
兄弟丁丑土	▅▅　▅▅	
官鬼丁卯木	▅▅▅▅▅	世
父母丁巳火	▅▅▅▅▅	

校勘記

㊀「流年流月」，原文作「流年按月」，疑誤，據其文意改作。

㊁「頸」，原文作「脛」，疑誤，據其卦理及文意改作。

六親壽命章第八

以用爻為主，父母為憑。

要決椿萱之壽算，父母當詳。欲知手足之天年，弟兄可取。問室㊲須憑財象，占夫必用官爻。卜自身世家尋察，觀男女子位稽查。各定用爻，可推修短㊳。旺靜遇生扶，千秋可祝。衰動逢沖剋，數載難延。

凡占身命，當察用爻。若得旺相安靜，必享遐齡。雖動又變生扶，亦為多壽。縱旺而逢墓絕，反不長年。

主若休囚，再加沖剋，必見夭亡。用雖衰動，變出生旺之鄉，或遇日月動爻扶助，反益年華。

動化生方無忌象，壽並龜齡㊴。靜居相地有元神，命同鶴算㊵。

用爻變生，又無剋制，壽必高年。

雖靜而不化生扶，如有元神者，穩臻老邁。

落陷臨空，體似風中之寸燭。日扶月助，身如谷內之喬松。

用象落空，或臨絕地，理合少亡。若得絕處逢生，將危復救。

主不空亡，更逢日月二建及動象來生，多增壽考㊶。

衰中被害，雖無病以遭亡。旺處受傷，縱有災而未喪。

用爻無氣，又逢忌象交重，或動出變傷，或日辰沖剋，體雖康健，也主傾亡。

用爻旺相，縱被剋傷，決非損其壽考。

不論尊卑之壽，皆憑父母之爻。縱卜兒童，亦不可臨於空破。既占卑幼，切非宜動出交重。

父母為壽算，旺益多年，空無遠歲。

惟占兒女，父母雖為忌客，亦不宜空，但宜靜不宜動。

人間那年數盡，用查空值何旬。陽生陰合得綿長，天剋地沖難救度。

終壽之年，必是用臨歲旬空內。歲旬空者，即是甲子至癸酉年，戊亥用爻便為空也。主爻雖不犯空，流年天剋地沖，亦當絕也。

且如丙辰年、七月己丑日，子占父壽？卜得《革》卦安靜：

《易林補遺》占例：021			
時間：丙辰年　丙申月　己丑日（旬空：午未）			
占事：子占父壽？			
	坎宮：澤火革		
六神	**本　　卦**		
勾陳	官鬼丁未土	▅▅　▅▅	
朱雀	父母丁酉金	▅▅▅▅▅	
青龍	兄弟丁亥水	▅▅▅▅▅	世
玄武	兄弟己亥水	▅▅▅▅▅	
白虎	官鬼己丑土	▅▅　▅▅	
騰蛇	子孫己卯木	▅▅▅▅▅	應

此卦用爻正旺，更得丑日來生，理應多壽，直至戊寅年、子月、癸卯日卒[42][一]。此年正值甲戌旬，父臨歲旬空內，又死於月建，元神又被寅年卯日來傷，故當絕命。

虎易按：丙辰年占，至戊寅年卒，又過二十三年。作者用此例，提示了「歲旬空」的概念，讀者在運用於長遠之事的預測時，可以參考。

又如戊辰年、六月戊戌日，夫占妻壽？卜得《豐》卦安靜：

《易林補遺》占例：022

時間：戊辰年　己未月　戊戌日（旬空：辰巳）

占事：夫占妻壽？

	坎宮：雷火豐		
六神	本　　卦		
朱雀	官鬼庚戌土	▅▅　▅▅	
青龍	父母庚申金	▅▅　▅▅	世
玄武	妻財庚午火	▅▅▅▅▅	
白虎	兄弟己亥水	▅▅▅▅▅	
騰蛇	官鬼己丑土	▅▅　▅▅	應
勾陳	子孫己卯木	▅▅▅▅▅	

此卦財爻有氣，日月剋兄，故此無咎。直待丙子年、七月、庚辰日卒[二]。財雖不值歲旬空，正遭太歲天剋地沖，又被日月會成水局剋制火，財豈非絕也？

注釋

①饑饉（jī jǐn）：災荒；荒年。五穀收成不好叫「饑」。蔬菜和野菜吃不上叫「饉」。

②旱潦（lǎo）：旱澇。

③庶民：百姓；平民。

④蝖蝗（xuān huáng）：金龜子和蝗蟲。

⑤喘漱：氣踹咳漱。

⑥罹（lí）：受，遭逢，遭遇。

⑦卒暴：急促；緊迫。

⑧瘡痍（chuāng yí）：創傷，也比喻遭受災禍後凋敝的景象。

⑨枯槁（kū gǎo）：乾枯，枯萎。

⑩時疫：流行的傳染病。

⑪泄瀉（xiè xiè）：病名。中醫上指一種腸病。泄為大便多水而不凝結的排出，瀉指大便稀清如水，迅速排出。多因腸道功能不佳，使糞便含大量水分的疾病。

⑫流年：術數用語。星象命理家稱人一年的運氣為流年。

⑬乖張：不順，背離，失當。

⑭桑榆暮景：比喻晚年。

⑮耄（mào）：年老。古稱大約七十至九十歲的年紀。

⑯遐（xiá）齡：老年人高壽的敬語。

⑰偃蹇（yǎn jiǎn）：困頓，窘迫。

⑱鞭撻（biāntà）：用鞭子抽打。

⑲災迍：災難；禍患。

⑳愆（qiān）：過錯，罪過。

㉑零替：蕭條衰落。

㉒椿萱（chūn xuān）：比喻父母。

㉓潛消：暗中消除。

㉔蕭疏（xiāo shū）：蕭條；不景氣。

㉕不忮（zhì）：不嫉妒，不忌恨。

㉖飄蓬：比喻漂泊不定或漂泊的人。

㉗窘（jiǒng）迫：指經濟困難。

㉘官符：指官司刑法的文書。

㉙遲鈍（dùn）：反應遲緩；腦子不靈敏。

㉚穿窬（yú）：挖牆洞和爬牆頭。指偷竊行為。

㉛回祿（lù）：相傳為火神之名，引伸指火災。

㉜刀砧（zhēn）：刀和砧板。指宰割工具。借指宰殺。

㉝叨（tāo）：承受。

㉞陰庇：覆蔭庇護。

㉟貽禍：使受害；留下禍害。
㊱神祇（qí）：指天神和地神，泛指神明。
㊲問室：此處指占問妻室。
㊳修短：長短。
㊴龜齡：古人以龜為長壽之靈物，因以「龜齡」比喻長壽。
㊵鶴算：鶴壽，長壽。
㊶壽考：壽數，壽命。
㊷卒：古代指大夫死亡，後為死亡的通稱。

校勘記

㈡「卒」，原文作「作」，疑誤，據其文意改作。

易林補遺元集卷之三終

易林補遺亨集卷之四

禮部冠帶術士　張世寶　著
西吳庠生　黃裳　毛士來　同校閱

倩媒說合章第九

占婚以間爻為主，問媒以應象為憑。

嫁聚當求媒妁①人，應為月老忌沖刑，無功必遇空而陷，有力須逢旺與生，剋制世爻心不善，生扶身象意多能。

卜媒人，應為主象。切不可臨於空沖破絕之鄉，最喜遇扶合旺生之地。應剋世爻，心懷刁詐②。如來生世，卻是良媒。

財官不失方諧合，世應臨空豈得成。三合其人能讚美，六沖此客欠調停。

凡求媒妁，兼占成與不成，卦得財鬼俱全，方能成就。又如無鬼，事決不諧。世應若臨空地，縱有財官，亦難相合。若得卦逢六合，定主成婚。

如見六沖，姻緣未就。
合處逢沖，將成有變。

占婚又不觀其應，二間為媒細審情。
單占月老，當看應爻。如在婚姻卦內推之，又不憑其應象，反取間為媒妁。旺須有力，空則無能。

婚姻嫁娶章第十

以內外世應為主，陰陽財鬼為憑。

易道無窮，須把陰陽為首。人倫③有五，還將夫歸為先。純陽恐男子之鰥④，無財如此。純陰慮女人之寡⑤，無鬼亦然。
凡論婚姻之事，先看陰陽，次憑財官。
卦若純陽或無財者，定見傷妻。
純陰之卦，或缺官爻，夫當早喪。

夫唱婦隨，卦必陰陽得位。男情女喜，爻當財鬼俱全。
內卦為夫，外卦為婦。又以世為夫，應為婦。

若得內陽外陰，或世陽應陰，二者皆為得位。婚姻遇之，百年和合。

若內陰外陽，或世陰應陽，皆是陰陽交錯，夫妻半遂其心。

又如世應陰陽得位，內外純陰純陽，或內外陰陽得位，世應純陰純陽，皆為半吉。

若內外世應皆值純陽純陰，不成夫婦。自古純陰不生，純陽不化，須得一陰一陽方成配偶。

復論鬼為夫，財為婦。有鬼無財，有夫無婦。有財無鬼，有婦無夫。卦若財鬼俱全，夫婦方能諧老。

男婚須財象興隆，晨昏共悅。女嫁得官爻旺相，朝夕同歡。

男占婦，以財為主，決不可無。女占夫，用鬼為先，其理倣此。

世作男家，旺則榮華之宅。應為女室，衰還貧乏之門。鬼是夫身，空無遠壽。財成妻體，陷不遐齡。

世為男家，應為女宅。世旺應衰，便曰女貧男富。世衰應旺，當云女富男貧。

又云：鬼居此卦為男家，財值其宮為女宅。

卦旺官衰，男家雖富而夫貌不充。卦衰官旺，夫宅雖貧而男容且秀。

卦旺財衰，女舍豐而女姿欠美。卦衰財旺，女家寒而妻色精姘。

官作夫君，喜生不喜絕，絕則夫亡。財為妻室，宜旺不宜空，空須婦喪。

間曰良媒，逢空少力。子云後代，遇絕無兒。

兩間之爻，皆為媒妁⑥。近世則男家月老⑦，近應則女舍冰人⑧。臨空犯絕，媒必無能。遇旺逢生，中須有力。

子孫之象，宜靜不宜動，動則刑夫。宜旺不宜空，空須無子。若臨絕地，又主無兒。絕中如得生扶，反主兒孫多育。

財爻變鬼變沖，妻遭久疾。鬼象化官化破，夫染陳災。

財為妻體，切不宜沖。或化鬼爻，便生殘疾。

鬼為夫主，忌犯刑沖。再化官爻，夫當有疾。

要知疾在何方，看鬼在誰卦誰爻，可斷帶疾之處。詳見「身命章」中。

合內又生，必享天長地久。沖中再剋，定應死別生離。

且如用寅亥合，用未午來，用酉見辰，皆是得生得合，自然百歲和諧。

又如用午見子，用卯酉沖，便是有沖有剋，此婚終見分離。

旺財與旺應生身，妝奩⑨厚實。衰世並衰官剋應，聘禮輕微。

應為妻宅，財乃嫁資，二者旺而生世，倍得妝奩。

世作男家，鬼作夫主，若值休囚剋應，自然聘禮輕微。

男心少就，只因世陷世沖。女意多更，切為應空應動。

世爻若值空亡，或遭沖破，男家無意求成。

應若臨空，或沖或動，女家無心匹配。

卦爻相合，必男婦之成歡。貞悔相沖，定夫妻之不睦。

卦得六爻相合，綿遠和諧。

若遇六沖，定然反目。

前沖後合，初離別復聚歡情。前合後沖，始諧和終遭變易。

未配之前，若卜沖中化合，決不相諧。

成親之後，如得先沖後合，初見生離，後還復就。

若卦占六合，被日辰沖開，世應財官或化六沖，皆主始初歡悦，後來定不和諧。

孤辰值鬼，夫必無兒。寡宿臨財，妻當少子。

男怕孤辰憂臨官鬼，女嫌寡宿忌值妻財，二者逢之，後無子息，非惟兒女遭傷，更主夫妻相剋。

父旺少兄妨兒女，妻強無鬼損公姑⑩。子搖固曰刑夫，財興有解。兄動雖云剋婦，子發無妨。

父搖兄不搖，決傷兒女。財動鬼不動，定損公姑。子動傷夫，財動生官反吉。兄興害室，子孫並動無妨。

龍值財爻，形骸⑪秀麗。蛇臨妻位，情性虛浮。白虎乃悖逆⑫之星，玄武是風流之宿，朱雀巧詞饒舌，勾陳持重寡言。帶咸池則多情多欲，臨驛馬則勤往勤來。

財為妻性，看值何爻，便知美惡。

帶青龍，貌如西子，性主慈祥愷悌⑬，柔順貞廉。

值騰蛇，虛浮之性，多心機而少信實，言語惑人。

逢白虎，心懷妒悍，性亦剛強。

犯玄武，為人慳吝⑭，放蕩無端。

逢朱雀，急躁多言。

遇勾陳，事行遲鈍。

值咸池，則內亂人倫，外尋花柳。

加驛馬，則朝行東北，暮返西南。

凡配婚姻，須得永年和合。惟憑奇偶，自然頃刻昭彰。

女卜男婚章第十一

以官爻為主，應象為憑。

女卜男婚當用官，財興子靜是良緣。

女占夫，以官爻為主。官旺為佳，鬼空莫用。又嫌子動傷官，所喜財與助鬼。

妻看內爻夫看外，世為女體應為男。

女占男，反取內為婦，外為夫。又以世為婦，應為夫。

夫擇婦兮陰應美，婦擇夫兮陽應歡。陰陽得位方和合，縱然交錯樂長年。

夫娶婦，世陽應陰為得位。女嫁男，世陰應陽為得位，或內陰外陽者亦同。若得陰陽得位，喜悅無窮。縱然陰陽交錯，也主歡諧。

女家擇婿章第十二

以子孫為主，官鬼為憑。

將女招夫繼子詳，必須兼看結婚章。內陰外陽稱大吉，鬼旺財生夫婦昌。

贅婿⑮者，比同繼子也，卻與婚姻章同看。

卦中內外或世應，必須得一陰一陽，方為匹配。

如遇純陰純陽，決不可就。倘若財鬼不全，又不宜也。

父母忌神愁發動，子孫用象怕空亡。世應雙空難送老，六沖之卦豈綿長。

父母為忌神，不動為吉。

子孫為贅婿，空則非宜。又不宜動，動則猶恐妨夫。子孫雖動，而財亦動者，助鬼無妨。

又論世為己，應為婿，皆不可空。世空者，自有遺歸之意。應空者，婿無久戀之心。世應皆動，後必有更。但遇六沖，纖毫莫用。

合處逢沖，及變出六沖者，皆主始得和諧，後當分析。

後嗣有無章第十三

以子孫為主，不遇絕空剋破為佳。

欲知向後生兒否，切憂福德犯空亡。不論陰陽衰與旺，卦有其神定吉昌。

靜廢伏藏遲可立，交重出見早成行。

問後嗣者，須看子孫。若落空亡，再尋伏象。伏子再空，卻看動爻化出變出。更無，必有絕嗣之歎。

子孫不論陰陽衰旺，如在卦中，又不值旬空月破，決然有子有孫。

要問得兒遲早，須觀子象興衰。旺相或動而來速，休囚或靜以來遲。

又云：出見早生，伏藏遲育。

兄弟值年方慶賀，福臨胎養一般詳。

子如衰絕者，待兄弟值年可生。子若旺相者，臨胎養之年可得。卦若無子者，候子孫值年方育。

且如辛丑年、正月、申日，問何年得子？卜得《鼎》卦：

此卦子孫太弱，理合來遲。

值待乙巳年受孕，又遭小產。然雖兄弟值年，蓋為子臨絕地，故此難招。再候丙午年年生合用爻，方得成宗之子也。

《易林補遺》占例：023
時間：辛丑年　庚寅月　甲申日（旬空：戌亥）
占事：問何年得子?

	離宮：火風鼎		
六神	**本　　卦**		
玄武	兄弟己巳火	▅▅▅	
白虎	子孫己未土	▅　▅	應
螣蛇	妻財己酉金	▅▅▅	
勾陳	妻財辛酉金	▅▅▅	
朱雀	官鬼辛亥水	▅▅▅	世
青龍	子孫辛丑土	▅　▅	

又如甲申年、二月、子日，問何年得子？卜得《師》卦：

此卦子居旺地，決主早生。

《易林補遺》占例：024		
時間：甲申年　丁卯月　子日		
占事：問何年得子？		
坎宮：地水師（歸魂）		
本　　卦		
父母癸酉金	⚋	應
兄弟癸亥水	⚋	
官鬼癸丑土	⚋	
妻財戊午火	⚋	世
官鬼戊辰土	⚊	
子孫戊寅木	⚋	

果應乙酉年懷胎，丙戌年得子。蓋為子孫屬木，木胎在酉，木養在戌，故此酉年懷胎，而戌年育也。

又如己亥年、四月、丑日，問子有無？卜得《大畜》卦安靜：

此卦六爻無子，喜伏在《艮》卦，申金子孫，在

《易林補遺》占例：025			
時間：己亥年　己巳月　丑日（旬空：寅卯）			
占事：問子有無？			
	艮宮：山天大畜		
伏神	本　　卦		
	官鬼丙寅木	⚊	
	妻財丙子水	⚋	應
	兄弟丙戌土	⚋	
子孫丙申金	兄弟甲辰土	⚊	
	官鬼甲寅木	⚊	世
	妻財甲子水	⚊	

三爻辰土之下，飛能生伏，必有其兒。還嫌子不透出，故見遲生。

直待戊申年，子臨太歲，方得有成家之子也。

虎易按：「卦若無子者，候子孫值年方育」，此例己亥年占，戊申年得子，距占卦時已經九年，應期是子孫爻值太歲之年。

世空本體多柔弱，應空室命少兒郎。

世爻為自己，若落空亡，便主精陽不足，還須醫藥調和。

應爻為妻室，如臨空地，便推妻命無兒，理宜娶妾。

世應皆不空亡，子獨陷者，此乃天命無兒，非人力所能致也。

衰子化空或化絕，縱然得後復遭傷。

卦雖有子，令值休囚，又之父母，或化絕或化空者，縱得其兒，後遭刑剋。

懷胎虛實章第十四

以子孫胎爻為主，青龍天喜為憑。

夫卜妻胎辨子孫，子占母孕弟兄尋。他人代問推龍喜，父母求之看福神。此定用爻宜上卦，若逢空地孕非真。

夫問妻胎，及尊長父母輩占，皆取子孫為用。

若子占母孕，不看子孫，反評兄弟。

他人代卜，當察應爻及青龍天喜是也。

凡占胎孕，若得用爻上卦，不值空亡，便言實喜。用如落陷，又無青龍天喜動者，決是虛胎。

忌神旺動胎難保，第二爻辭怕鬼侵。胎空子破官爻動，禍作災生喜不臨。子旺龍交天喜照，身安體泰腹懷妊⑯。自古淳風⑰收《大畜》，今來《渙》卦內藏人。

問妻胎，以子孫為主，父作忌神。占母孕，以兄弟為憑，鬼稱忌客。卦中雖有用爻，若被忌神動者，難保其胎。

第二爻又為胎，忌臨官鬼。二爻若值空亡，用象又逢月破，官爻再動，定主生災，決非懷孕。若得子孫旺相，及青龍天喜交重，必主懷胎孕婦，自然康泰。

淳風先師所收《大畜》之卦：

《易林補遺》教例：029

占事：問子有無?

艮宮：山天大畜

伏神	本卦		
	官鬼丙寅木	⚊	
	妻財丙子水	⚋	應
	兄弟丙戌土	⚋	
子孫丙申金	兄弟甲辰土	⚊	
	官鬼甲寅木	⚊	世
	妻財甲子水	⚊	

人若占之，必為喜兆。

愚意又收《風水渙》卦：

渙字腹內有人，故懷六甲。試無不驗。

安護胎息章第十五

以胎爻為主，福德為憑。

若欲安胎，喜子孫之靜伏。如求定產，忌官鬼之交重。

凡卜安胎之事，須看子孫，靜旺尤吉，雖動化生無咎。倘之敗絕，或化父母者，胎必難安。其中最喜鬼空為妙。官如發動，定見迍邅。

子破焉能足月？胎空豈得成人？六沖則墮胎⑱目下，六合則全孕懷中。

子孫爻為孕，第二爻為胎。二者如有一爻值旬空月破者，必主墮胎。

卦值六沖，目前小產。爻逢六合，月足胎全。

鬼象亂興，必求神而可療。子爻不破，須服藥以方安。

官鬼為神司，動出交重，速宜請禱⑲。欲定何神作祟，細詳「鬼祟章」中。

《易林補遺》教例：030		
占事：問子有無？		
離宮：風水渙		
本　　卦		
父母辛卯木	▅▅▅▅▅	
兄弟辛巳火	▅▅▅▅▅	世
子孫辛未土	▅▅　▅▅	
兄弟戊午火	▅▅　▅▅	
子孫戊辰土	▅▅▅▅▅	應
父母戊寅木	▅▅　▅▅	

子又為醫藥，不臨空破，卻要求醫。

要問安胎定日，財生胎合鬼沖傷。欲推小產到時，父值鬼臨子敗絕。

安胎者，須得子孫值日，自然制鬼生財。或逢日合二爻，胎當安逸。

又論小產到日，與生產大不相同，反取父官值日，或子孫臨死絕敗時，小產可知也。

虎動龍空方坐草⑳，子沖胎破卻臨盆。

小產到日法有數端：白虎動，青龍空，沖胎爻，沖子象，俱決可生。

產母吉凶，財與初爻詳的確。兒胎動止，子同二位察分明。

初爻為產母，喜臨旺相，忌值官爻。

妻財為孕婦，大怕空亡，更憂變鬼。

子孫與胎爻，皆宜靜旺，忌犯空沖。

收生保產章第十六

以應爻為主，財象為憑。

收生之婦應爻尋，次把妻財作用神。喜見生身生產母，忌逢剋世剋兒孫。

穩婆㉑取應爻為主，次看財爻。

此二爻內，若得一爻生世，生子又生初爻，方為大吉。

如來剋世剋子，或剋初爻，必有所害，不可用之。

初為孕婦無傷吉，鬼發兄搖禍必深。財破應空誰讚美，單占如此定原因。

初爻為產母，世爻為主人，子爻為兒女，皆不可受應爻財爻之沖剋。

財應二象如剋初爻，恐傷產母。如剋子孫，恐傷兒女。如剋世爻，不過心懷欺詐，相沖亦然。

卦中兄弟官鬼，皆靜則吉，動必有殃。

若遇應空財空或月破，斯人無力，還宜更換。獨占坐婳㉒此論。

生產卦中推此婦，五爻二間斷其人。自占如剋身和世，坐婳常懷害己心。夫問若傷財與應，穩婆每恐損妻身。初爻不受其爻害，任用毫無惡計侵。

生產卦中，兼看穩婆者，又不取財應二爻為用，反將五爻為穩婆，間爻亦為穩婆。

孕婦自占，世為本體，如被五爻或間爻剋制，身受其傷。

夫占妻產，又取財與應爻為主。倘遇五爻與間爻傷財剋應，並伐初爻者，切莫用之。

六甲生產章第十七

以子孫長生為主，世臨胎養為憑。

夫問妻胎財莫陷，子為兒女要興隆。交單是男重拆㊀女，復論誰爻包在中。陽象包陰生少女，陰包陽象產嬰童。

夫占妻產，財作妻身，不落空亡，便為大吉。子孫為兒女，若遇旺相生扶，便曰兒無關煞。要決是男是女，先看動爻。卦中陰動變陽為男，陽動變陰為女。倘然陰陽皆動，或六爻安靜，難以定之。便取陰包陽是男，陽包陰是女。如或陰陽又不相包者，方取子孫。值單為男，臨拆為女。惟有交重二爻，動必有變。交雖屬陰，變為少陽成男。重雖屬陽，變為少陰成女。

設若卦又無子者，便取伏卦子孫，陽即是男，陰即是女。若伏子再空，又推互卦，卻不用十二支取斷，只取內外二宮，配成本卦六親。如再無子，此孕必虛。若配子孫，又看《乾》、《坎》、《艮》、《震》為男，《巽》、《離》、《坤》、《兑》為女。復陳主卦之中，如有兩重子象，正臨旺相，又遇生扶，必受雙胎之孕，男女照前定之。

又論陰包陽與陽包陰之事，其法有二：有六爻內總象相包，有內外二卦各自相包。凡遇陰在上下，陽在中間，如《小過》、《恒》、《咸》、《謙》卦之類，即陰包陽也。但逢陽在上下，陰在中間，如《小畜》、《中孚》、《益》卦之類，即陽包陰也。又各自相包者，內外二卦也。且如《坎》卦陰包陽，《離》卦陽包陰，此乃各自相包也。

且如五月丙午日，占男女若何？卜得《未濟》卦安靜：

《易林補遺》占例：026			
時間：午月　丙午日（旬空：寅卯）			
占事：占男女若何?			
	離宮：火水未濟		
六神	本　卦		
青龍	兄弟己巳火	⚊	應
玄武	子孫己未土	⚋	
白虎	妻財己酉金	⚊	
螣蛇	兄弟戊午火	⚋	世
勾陳	子孫戊辰土	⚊	
朱雀	父母戊寅木	⚋	

此卦有內外二子皆臨相地，況得日月生扶，該懷雙孕。內卦陰包陽是男，外卦陽包陰是女。此卦陽在先而陰在後，

果得雙胎，先生男，而後女也。

又如四月辛未日，問男女？卜得《歸妹》卦：

《易林補遺》占例：027				
時間：巳月　辛未日（旬空：戌亥）				
占事：問男女?				
		兌宮：雷澤歸妹（歸魂）		
六神	伏神	本　卦		
螣蛇		父母庚戌土	⚋	應
勾陳		兄弟庚申金	⚋	
朱雀	子孫丁亥水	官鬼庚午火	⚊	
青龍		父母丁丑土	⚋	世
玄武		妻財丁卯木	⚊	
白虎		官鬼丁巳火	⚊	

此卦陰陽既不相包，六爻內又無子象，伏出《兌》家亥水，更值旬空。難分男女。豈知互成《既濟》：只取互卦外宮《坎》水，正配《兌》家子孫，《坎》曰中男，果得男子也。

要知甚日才分娩，遠看何旬胎遇空，近取動爻臨白虎，弟兄值日喜匆匆。世居胎養方能至，子入長生到亦同。內外三爻無福德，日時遇此面相逢。孫藏墓庫宜開鎖，福陷空亡喜值沖。

占生產到日，先看何旬，胎值空亡，世爻臨胎養之日到也。

若卦無子者，待子孫值日方來。

如卦有子象，正值休囚，待兄弟值日，或子遇長生方到。

若子臨絕處，遇生扶日可到。

子若落空，待日辰沖子方生。

子如投墓，得日辰沖墓方來。

若遇白虎動，近日當生。

卦值六沖，到期甚速。

《易林補遺》教例：031

《歸妹》互成《既濟》卦

坎宮：水火既濟

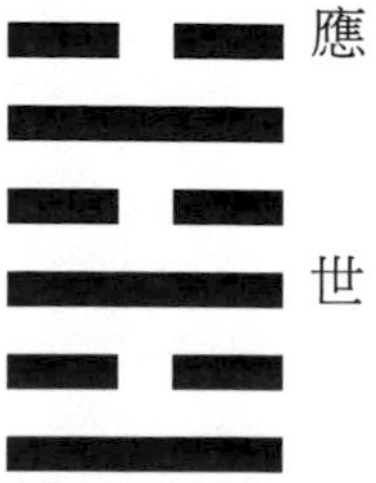

坐草臨盆㉓嫌動鬼，胎前產後忌搖兄。財臨月破焉寧室，子犯旬空難紹宗㉔。

夫占妻妾，財是用神，若臨月破旬空，當有產難。

財雖上卦，變出兄爻，或卦中兄動，日月又不生扶，亦當妻患。

財如旺相，鬼不交重，便主臨盆有慶，坐草無虞。

子孫為兒女，如臨空絕，雖育難招。

子雖上卦，倘遭父動來傷，豈得長成？

產婦自占憂世絕，隨官入墓禍重重。吉神旺相扶身吉，凶象交重剋世凶。

占自身，以世爻為主，逢生則吉，遇剋則凶。

凡犯隨官入墓，助鬼傷身，必遭產厄。

鬼若空亡，又得吉神生世，終見康寧。

如逢鬼煞動來沖剋，禍難逃矣。

校勘記

㊀「拆」，原文作「析」，疑誤，據其文意改作。

選擇乳母章第十八

以應爻為主，財象為憑。

凡求乳母應爻詳，次察妻財莫受傷。應象臨官多病疾，財神變鬼豈安康。

占乳母，先看應爻，次觀財象，切不宜臨在旬空月破之中。

應如值鬼，或財變官爻，此婦多生病疾。

卦無亥子終無乳，爻有兒孫定有祥。更怪應來沖剋子，若然生福永無妨。

凡占有乳，專看水爻。卦無水象，其乳必無。雖有水爻，若變土者，必主先有後無。水若化金化旺，必然先少後多。卦中若得重重水透，又見金興，乳必有餘。

子孫為男女之爻，莫居空絕。如逢生旺，子必有成。

應爻沖剋福神，兒遭婦害。子得應爻生合，撫子㊀有方。

六沖上下無緣分，父母爻興子受殃。鬼若發時終有禍，兄如動出耗非常。應鬼咸池同伐世，倘遭暗計主須防。

但遇六沖，決然不用。縱然合處逢沖，或變出六沖者，皆當有始無終。

卦中父母之爻，大不宜動，動則赤子遭迍。

官鬼交重，多主咭唔㉕。帶朱雀易惹閒非，同玄武潛竊衣資，白虎災延此婦，騰蛇驚及嬰兒。

兄弟動，多費資財，倍加衣飾。

又論世為家主，應為乳母。應如帶鬼及咸池，動來剋世，主莫貪淫，恐遭暗計。

校勘記

㊀「子」，原文作「字」，疑誤，據其文意改作。

嬰童否泰章第十九

以子孫為主，不遇絕空剋破為佳。

嬰童卦取子孫爻，不落空亡便可招。化絕化空兼化剋，雖觀花吐未成桃。如臨絕地逢生助，縱見災危命必饒。

占兒女，子孫為用爻。兄占弟，即兄弟為用爻。用若臨空，決難長大。卦雖有用爻，化出空絕，或化忌神，或臨月破，目前雖育，豈得成嗣。用如逢絕，卻遇生扶，只恐多災，決非傷命。

父母最嫌逢發動，弟兄最㊀喜值重交。財興此子身還弱，官動其男病未消。

父占子，父母為忌神，宜靜不宜動。兄弟為元神，宜興不宜絕。卦內妻財動，則洩子孫之氣，兒體欠安。官鬼為仇神，動則多關多煞，靜則無病無憂。如兄占弟，又不如此定之。兄占弟者，兄為用爻，鬼為忌象，父作元神，子當洩氣，財作仇神。各有喜忌之分，不可一途而取。

助鬼傷身兒不旺，倘生殘疾數難逃。

卦逢助鬼傷身，用象又臨絕地，元神不動，定遭疾厄纏綿。用之兄弟加朱雀，長大憂從賭客交。主象旺生龍貴照，定然日後顯英豪。用爻無氣，況臨朱雀變為兄弟，長成之日，倘交無益之人，變化呼盧之子。主象如逢生旺，又帶青龍貴人，後來必成大器，顯祖揚宗。

校勘記

㊀「最」，原文作「能」，疑誤，據其文意改作。

出繼男女章第二十

以用爻為主，應象為憑。

欲將男女更名姓，須向爻中福德查。父發鬼搖災又訟，兄興子旺錦添花。兄將弟繼求兄旺，父動生兄福轉加。

將男繼出，女亦同推。

若得子孫旺相，兄又來生，繼之得吉。子若逢空，終難長大。

如逢父母或官鬼動出，必患多災，況生口舌。

雖見父動，而兄又動者，此子貪生忌剋，反獲佳祥。

若兄將弟繼，不看子孫，反取兄是用爻，莫居空絕。若得父母動來，轉添吉慶。惟獨官爻動，則更忌。

卦得歸魂宜暫繼，遊魂多變莫從他。相沖相剋居難久，相合相生繼不差。應位若逢空破者，此人非是育兒家。

歸魂乃歸鄉之象，但可繼名，不宜長久。遊魂乃還改之徵，去後終多變易。

凡占以世為我，應為他。若世應皆動，必有更張。又不宜相剋。世剋應還可，應剋世非宜。

若遇六沖，毫無緣分，切莫繼之。

若得世應相合，必能久處。再遇相生，尤加和悅。倘然合處變沖，始相得而終見分離。

應位若臨旬空月破者，此人救己且不贍㉖，而奚暇於挈㉗人乎？

承繼續嗣章第二十一

以子孫為主，應象為憑。

凡人承繼男和女，僧道傳徒理亦同。但喜子孫逢旺相，不宜父鬼遇交重。兒臨月破多災疾，應值旬空少始終。

凡繼男女，及僧道傳徒，皆以子孫為用爻。逢旺逢生則吉，遇空遇破則凶。父母動，子命不長。官鬼興，災生不測。應若空亡，決難久遠。

世應兩爻憂盡發，正之二卦忌相沖。福神沖世終非吉，日辰剋子斷然凶。六合後嗣年代遠，遊魂欲變兩三重。

繼子傳徒，切不宜世應皆動，動則有更。又不可世應皆空，空須不久。卦值六沖，定主父南子北，豈得相諧。變出六沖，終無結秀。子孫爻大不宜沖世剋世，又不可被日月來傷。如得六合之爻，便得永年和悅。合處逢沖，後當改變。若犯遊魂之卦，決主往來不定，多見變遷。

更名頂籍章第二十二

以世爻為主，官鬼為憑。

欲頂他人籍與名，六沖定見歎籲聲。世空世破咸非就，官絕官亡盡不成。

凡改姓名，及頂他人戶籍，皆忌六沖。

世若逢空，決難成就。日月沖世，事必難成。

世縱不空，而官空或絕者，或卦無鬼者，皆主不成。

更此官名宜鬼旺，頂其店業要財興。兄臨雀動傷身世，猶恐傍人舉鬥爭。世不空沖官不陷，事當圓就永無更。

在官頂補姓名，尤要官爻旺相，又不可鬼剋世身。頂人藝業，還求財象興隆。

不拘公私更改，兄爻獨發難成。縱然亂動，兄帶朱雀動來剋世，或應帶朱雀來剋世者，

必有傍人舉首，爭奪成非。

世爻與官爻，若皆不空沖破絕，事事皆成，無謀不遂。

平生學藝章第二十三

以妻財為主，世應為憑。

業無大小賢愚，豈不從師。事有敗成去就，還須問卜。凡習三教之流，師同伯叔。如得椿萱旺相，法必訓嚴。但學百工之匠，處比弟兄。若然手足空亡，教非精巧。

人為三教之徒，須評父母。如逢旺相，或來合世生身者，必獲全傳。

或習諸般技藝，先觀兄弟，次看應爻。此二象若一空亡，便無承受。

金銀銅鐵之工，值《乾》、《兌》酉申而最吉。竹木蘆藤之匠，得《震》、《巽》寅卯以為佳。造販魚鹽酒醋，利入《坎》宮。裁成綢絹綾羅，喜臨《離》象。採石樵山須見《艮》，土工泥作要逢《坤》。

卦爻各有所屬，工匠各有所宜。

業金工者，財爻利值酉申，身世喜居《乾》、《兌》。

業木作者，喜遇卯寅財象，世臨《震》、《巽》之垣。

水利偏宜《坎》位，絲行最喜《離》宮。

登山者《艮》家為吉，土作者《坤》卦為祥。

將本營生，子動財明終發達。空拳技藝，財搖鬼旺必興家。身佐官僚，世怕鬼爻沖剋。名開行次，身宜福德生扶。

凡人習業，各有所分。

將本者，財為主象，子作元神。

空拳者，官是用爻，財為助主。

在官人役，雖宜官鬼興隆，沖剋世身大忌。

牙行㉘生理，最要子孫旺，則廣招千里，空則門綱雀羅。卦中雖有子孫，應若逢空，亦無客至。

凡習經書，父須生旺。若求官職，鬼莫空無。祝巫㉙大利官興，僧道惟宜子旺。

習儒業者，父母為用。求功名者，官鬼為用。祝巫者，迎神召將，照馬關亡之類，亦用官爻。惟僧道之流，子孫為用。

凡用爻皆宜旺相，各忌空亡。旺則事事有成，空則般般不就。

諸般道術，一應生涯，皆把財為衣祿，養命之源。兼推子乃福神，發家之主。

諸般藝業，皆宜財福興隆。財若空亡，利資必絕望矣。

無鬼必無頭無緒，遊魂必遊去遊回。世犯旬空，自有更張㊀之意。應遭月破，師無傳授之心。蹇遇六沖，彼我無情難習業。幸逢六合，師徒相得卻成功。

一應從師習業，不宜卦內無官鬼。若逢空，事無頭緒。卦值遊魂，往返不定。

又看世為己，應為師，皆不可值旬空月破，又不宜卦值六沖。

世應若不空亡，又遇爻逢六合，定主師徒相得，事必成功。

欲擇明師，未知曲直，當占易卦，便見虛真。

校勘記

㊀「張」，原文作「長」，疑誤，據其文意改作。

五經定肄章第二十四

以父爻為主，五行為憑。

五經無不看文書，金作春秋木作詩，水是書經火禮記，土爻為易少人知。

凡讀書經，須評父母，旺則有成，空則無益。

只卜一經，單推父母，不論五行。

混卜何經，卻要五行分別。父臨申酉，宜讀春秋。母在火爻，利宗禮記。木視毛詩最妙，土觀周易為佳。水看書經，各遵其理。

易經若也為儒業，土象興隆最及時。父母若登申酉位，必在春秋折桂枝。

總卜讀經之事，要知功名發在何經。父屬土爻，必在易經高捷。如居金位，春秋定占高魁。其餘倣此。

財子同興難及第，平生虛費枉從師。父官兩旺修文吉，名播京畿㉚作總司。

從經之士，最忌妻財子孫發動，偏宜父母官鬼興隆。

父化父，後有改經之變。父化官，必成顯達之榮。父化財，必始勤而終怠。化生則文墨轉佳，化絕定心慵意懶。

求師訓迪章第二十五

以文書為主，八卦為憑。

延師習學，應爻莫下空鄉。教子修文，父象休行絕地。財動則其年少益，父空則此歲無功。

應爻為西席，父母為文章，此二象皆要興隆。

應陷應沖，皆主半途而廢。父空父絕，必然訓誨無功。財若動時，一年虛廢。

四刑四極四沖爻，常往常來常改易。

四刑四極四沖者，總是六沖之卦。從師遇此，定然彼我無緣，必難終始。

主卦雖然相合，倘如變出六沖，春夏雖然相聚，秋冬定見分張。

東家多退悔，世必空亡。西席有更張，應還發動。世應皆動皆空，彼我無終無始。

凡占以世為主，應為賓。世空主不敬賓，自當疏慢㉛。應動賓非向主，彼必更張㈠。世應俱動，各有變心。世應俱空，兩無眷戀。若得相生相合，定然賓主㉜和諧。

父旺持身，倍加學問。兄強立世，多廢修儀。

父母旺相，日進其功。更來生世生身，尤多教益。

如逢兄弟發動，或值世爻，束修㉝倍費。

卦若遊魂，自後他心能有變。應如月破，將來彼體豈無災。

卦若遊魂，彼必坐身不定。

應臨月破，或應或命隨官入墓，其人定見災殃，或遭詞訟。

內外得《乾》、《坤》、《離》卦，經書闡錦繡奇文。

《乾》乃六龍之象，《坤》、《離》又作文章，故此儒士遇之，便能上進。或內或外，三中得一為佳。

如卜純《乾》，純《坤》，純《離》者，卦名雖吉，只怪六沖，故不用也。

凡熟此篇，便知其意。

校勘記

㊀「張」，原文作「長」，疑誤，據其文意改作。

求館開設章第二十六

以世應為主，財福為憑。

覓館招賢怕世空，應空豈得遇東翁。父空書館㉞終非美，財陷修儀甚不豐。世應不空須有望，變成沖散定無終。無官之卦休尋訪，無館之年為六沖。

凡覓館谷，世為自己，應為東家，父為書館，子為書生，財為束修，鬼為薦館之人，兄乃同胞之士。

世空不遇尊從，應空無東款納，父空難逢美館，財空修禮輕微，子空門弟不多，鬼空無人舉薦，兄空無人搶奪，身空居處不安。諸空稍可。惟獨世應不空，終須有望。

凡值六沖之卦，或無官鬼，定無館也。

如合處逢沖，或變出六沖，雖見成就，其年定主不終。

遊魂遷改他圖吉，歸魂仍舊勝西東。那日扶持生合世，便教賓主兩相逢。

問遷更，遊魂大利。占守舊，反要歸魂。

要知那日成功㈠，還評父母。

卦中無父，但逢值日方成。如有父爻，旺求墓合之時，衰取旺生之日。

又看何日生世合世，亦可成功㈡。

校勘記

㈠㈡「功」，原文作「關」，疑誤，據其文意改作。

相資寓所章第二十七

以父母為主，世應為憑。

習學修文就館中，相資卻與寓居同。父宜旺相身宜旺，世莫空亡應莫空。鬼忌動興財忌動，貞嫌沖破悔嫌沖。

凡占就彼相資附學、寓居同斷。

皆要文書旺相，不宜世應空亡。世空身有阻，縱去無功。應空彼不容，縱容無益。父若空亡，經書虛費。財動恐傷文書，鬼動倘招災禍。

卦值六沖，決難諧就。如合處逢沖，及變出沖者，始雖相得，後必改更。

無官來往皆難就，無父經書盡沒功。

一卦無官，不能成就。六爻無父，枉費勤勞。

更論《乾》、《坤》、《離》卦體，三中得一妙無窮。六爻安靜無饒舌，一卦遊魂不始終。

常人寓處，不論卦名，財動父空，俱不足論。只忌六沖鬼動，世應空亡。惟有書館如前斷。又取卦名，方知有益無益。

或內或外，《乾》與《坤》、《離》得逢一象者，文添錦繡。

若六爻安靜，並無閒擾來干。卦見遊魂，心常改變。

應剋用爻休寓此，外生內象卻亨通。

世為本家，應為別宅。又以內卦為本方，外卦為他處。

凡卜相資附學，不可不辨用爻。

若問兒孫，子為主象。如占自己，當看世爻。

用受應爻或外卦來剋，必被欺淩。如來生合用爻，大得維持之力。

雀臨兄動閒非起，武帶官搖盜賊逢。白虎居官災病染，青龍值父顯光榮。

附學寓居，最嫌官鬼，靜則無咎，動則生憂。臨朱雀必有閒非，化兄弟反當欺詐，兄臨雀動亦然。

鬼加玄武之爻，須防失脫。逢白虎憂染災迍，遇騰蛇多驚多怪，見勾陳須防跌蹼㉟，作事遲疑。惟值青龍，當分生剋，生世則文中顯貴，剋世則喜處生悲。

不惟青龍一獸，但若官動剋世，又有五行金鬼來傷，恐被刀傷斧割。木官來剋，須防梁折樓坍。水憂上漏下濕，土愁壁壓垣傾，火防回祿，已恐蛇傷。鬼爻不動不剋世，皆不言也。

復推財帶咸池，休貪美色。助鬼傷身亦然。

惟有父值青龍，文增光彩。

應舉科名章第二十八

以文書為主，官鬼為憑。

儒童進學兼科甲，獨忌文書空與傷。有父無官還及第，有官無父豈為良。

凡占進學并科甲，取父母為用爻。如臨旺相，必占高魁㊱。縱值休囚，若得變爻或日月生扶，亦當進取。倘若父值旬空月破之鄉，名難登榜。

又論未試之前，及試後在邇㊲，未及閱錄之先，占者雖憑父母，又重官爻，大忌子孫發動。

閱卷之後，將出案時，惟憑父母，不用官爻。卦中有父無官，也須得第。卦內有官無父，未得崢嶸。

鬼興助印名書榜，財動傷文空返鄉。官值世爻財靜旺，父臨月建定幫糧㊳。

凡占儒業，父作文章。鬼與生父，似時雨滋苗。財動傷文，如秋霜殺草。

若得官爻持世，或值太歲日辰，財又旺而不動，卦無兄弟交重，父母再居旺地，考占優等，幫補㊴馳名。

官父縱然旺相，又遭兄動財空，雖居首等，未得幫糧。

若還中後占廷試㊵，方取官文二位強。財子靜安無阻滯，兄爻獨發未能昌。

凡占鄉試㊶、會試㊷，先察文書，次推官鬼。

如卜殿試㊸，及考入翰林㊹，先看官爻，次評父母。

故此官文二象，皆要興隆。若值空亡，未能高顯。

大忌子搖，次嫌財動。

兄爻獨發，定見阻撓。

兄鬼同興，不須畏忌。

卦如無父無官鬼，伏出其爻反吉祥。日月若臨官印者，福財縱動也無防。

文書官鬼，皆是用爻。卦中缺一，須看伏神。伏若再傷，又評日月。如有此爻，定然日吉。

日值文書，何憂財動。月臨官鬼，誰怕子興。卦內父官有氣，又逢福財白虎皆搖，身雖榮貴，即便丁憂㊺。

仕宦陞遷章第二十九

以官爻為主，世象為憑。

官職陞遷子莫剛，惟求官鬼動為良。值生值旺當遷轉，臨陷臨空且守常。鬼化子家憂調降，官連財位沐恩光。

凡占陞遷，須評官鬼。子乃忌神，不宜發動。官為主象，最利交重。若臨生旺，定主高陞。如值空亡，未能遷轉。

官化子孫，非降即調。卦中財靜，子動亦然。若還財子同興，轉助官爻，又不降調。

官若化財，平陞品級。官化進氣，官爻又主重超美職。

財之福象加爵祿㊻，妻變兄爻減俸糧。卦得歸魂還復任，遊魂遷轉在他方。

妻財為俸祿，財化子孫，加銜錫祿㊼。變成兄弟，罷俸減糧。

若卜歸魂，還當復任。歸魂化歸魂，理應致仕㊽。

如遇遊魂，官又旺者，必陞別省。遊魂化遊魂，陞後再陞遠處。

世空未得高陞任，財動還須佐帝皇。鬼變退神宜致仕㊾，化居墓絕早還鄉。

世爻為自身，本官自卜，當察世爻。世若空亡，未能遷轉。

他人代卜，又不取世爻為主，專看官爻。若得財動生官，自然顯達。鬼爻若化退氣，或變入墓絕之中，莫望陞遷，還歸田里。

欲知何月官陞處，遇值逢生喜報祥。

欲決何時遷轉，惟評官鬼旺衰，旺則高陞在邇，衰則待生旺之期。

若六爻無鬼，後查那月臨官，便知還陞，決矣。

注釋

①媒妁：說合婚姻的人。媒，謂謀合二姓者；妁，謂斟酌二姓者。一說男方曰媒，女方曰妁。

②刁詐：狡猾，奸詐。

③人倫：封建社會中人與人禮教所規定的君臣、父子、夫婦、兄弟、朋友及各種尊卑長幼關係。《孟子・滕文公上》曰：「聖人有憂之，使契為司徒，教以人倫：父子有親，君臣有義，夫婦有別，長幼有敘，朋友有信」。

④鰥（guān）：無妻或喪妻的男人。

⑤寡（guǎ）：古代婦人喪夫，男子無妻或喪偶，都叫寡。

⑥媒妁（méi shuò）：媒：指男方的媒人。妁：指女方的媒人。籠統地說，都可以泛指媒人。

⑦月老：月下老人；媒人。

⑧冰人：舊時稱媒人。

⑨妝奩（zhuānglián）：女子梳妝用的鏡匣，借指嫁妝。

⑩公姑：指公婆。

⑪形骸（hái）：形體；指外貌；容貌。

⑫悖（bèi）逆：違反正道，犯上作亂。

⑬愷悌（kǎi tì）：和樂平易。

⑭慳吝（qiān lìn）：吝嗇。

⑮贅（zhuì）婿：指就婚、定居於女家的男子。以女之父母為父母，所生子女從母姓，

承嗣母方宗祧。秦漢時贅婿地位等於奴婢，後世有所改變。

⑯懷妊（rèn）：懷胎，妊娠。

⑰淳風：李淳風（602－670），岐州雍人（今陝西省寶雞市岐山縣）。唐代傑出的天文學家、曆算學家，數學家。精通天文、曆法、數學、陰陽學等。其最著名的著作有《乙巳占》、《麟德曆》和《推背圖》。參閱《舊唐書・列傳第二十九・李淳風》

⑱墮（duò）胎：胎兒墮落；流產。今多指人工流產，通稱打胎。

⑲請禱（dǎo）：請求向鬼神禱告。祈禱。

⑳坐草：婦女臨產；分娩。

㉑穩婆：舊時稱以接生為業的婦女。

㉒坐嫗（yǔ）：指幫助生育，或者撫育孩子的老婦。嫗：養育，撫育。

㉓臨盆：指分娩。舊時分娩坐於盆中，故稱。胎兒已降臨至盆腔。

㉔紹宗：繼承宗室。

㉕咭咶（jī huài）：絮叨，嘮叨。

㉖不贍（shàn）：不足，不夠。

㉗挈（qiè）：扶持；提攜。

㉘牙行：舊時提供場所、協助買賣雙方成交，而從中取得傭金的商號或商行。

㉙祝巫：即巫祝。古代稱事鬼神者為巫，祭主贊詞者為祝；後連用以指掌占卜祭祀的人。

㉚京畿（jī）：國都及其行政官署所轄地區。

㉛疏慢：輕忽，怠慢。

㉜賓主：賓客和主人。

㉝束修：古代入學敬師的禮物。也指學生致送教師的酬金。

㉞書館：私塾。

㉟跌蹼（pǔ）：喻指挫折和災難。

㊱高魁（kuí）：科舉考試第一名。泛指科舉名列前茅。

㊲邇（ěr）：近。

㊴幫糧：代指考試成功，錄取為官。古代官員的俸祿，一般是折算成糧食發放的，所以稱為「幫糧」。

㊵幫補：候補。

㊶廷試：科舉制度會試中式後，由皇帝親自策問，在殿廷上舉行的考試。通常稱殿試。

㊷鄉試：明清兩代，在省城舉行每三年一次的考試，考中的稱舉人。

㊸會試：明清科舉制度，每三年會集各省舉人於京城考試為「會試」。

㊹殿試：科舉考試中最高一級。皇帝親臨殿廷策試。也稱廷試。

㊺翰林：官名。指清代翰林院屬官，如侍讀學士、侍講學士、侍讀、侍講、修撰、編修、檢討等。
㊻丁憂：遭逢父母喪事。舊制，父母死後，子女要守喪，三年內不做官，不婚娶，不赴宴，不應考。
㊼爵祿：官爵和俸祿。
㊽錫祿：賜祿。
㊾致仕：辭官退休。

易林補遺亨集卷之四終

易林補遺亨集卷之五

禮部冠帶術士　張世寶　著
西吳庠生　黃裳　毛士來　同校閱

襲求武弁章第三十

以官爻為主，世象為憑。

動業贊皇猷①，鷹揚渭水。簪纓②繩祖武③，虎拜楓宸④。

大凡襲爵承官，皆沐君恩祖蔭。欲識利名顯晦，還憑卦象推詳。獻策請纓，父象要興財忌動。從戎比試，世爻喜旺應宜衰。

獻策論者，專看文書。父旺必然高中，父空豈得成名。父若不興，最嫌財動。

若交鋒者，又憑世應。世旺應衰他必弱，世衰應旺彼當強。世剋應則大勝，應剋世則難贏。

受蔭襲封，喜遇貴乘祿馬。買官鬻爵⑤，忻逢龍聚財官。所忌者，六沖世陷，身空徒費力。所喜者，六合官興，財旺總如心。

軍中占襲職，民間卜買官，各忌世空官空，六沖之卦。若得官與世旺，定顯威風。官爻或世爻，若帶青龍貴人，及卦逢六合，威福更加。

鬼在酉申，耀武揚威膺世祿。官臨《乾》、《兌》，攘夷⑥安夏樹奇勳。

官爻或世爻，如臨《乾》、《兌》卦中，或在酉申爻內，俱當名振華夷。

內外卦得興隆，則功高譽遠。身世爻當衰弱，則力怯機疏。世旺逢生，勇冠三軍蒙上賞。官興得助，爵尊一品沛殊恩。世逢日月尅沖，戈戟叢中為下輩。身遇歲君生合，戰征場內作高魁。

武職行中，若得內卦外卦興隆，世爻身㊀爻旺相，定然勢㊁壓邊疆。世旺再逢太歲，或日辰月建生扶者，勇冠三軍。

世若休囚，卦不旺相，當推無力無能。又被日辰月建沖尅世爻者，提拔全無，反遭彈劾，豈得馳名于軍伍。

其中又看官爻，旺則聲名顯赫，空則劾削兵權。

世帶青龍，名馳朝野。官居白虎，威振華夷。

青龍為大貴之星，白虎乃兵權之煞。此二獸若得臨世臨官，定主威揚海內。

子動傷官，難遂參謀之策。財興助鬼，能成贊畫之功。鬼變福鄉循降調，官之財地漸陞遷。

鬼為官職，最嫌子動來傷，偏喜財興助鬼。官變子孫，非降即調。

鬼之財象，疊疊高遷也。

玩占易理玄微，可決戎官之休咎。

校勘記

㈠「身」，原文作「申」，疑誤，據其文意改作。

㈡原文作「世」字，疑誤，據其文意，改作「勢」字。

援監納吏章第三十一

納吏買官，皆以官爻為主，財象為憑。

援監選貢，各以官爻為主，財象為憑。

買官納吏選陰陽，僧道醫官共審詳。世值旬空非久遠，福神靜旺永無殃。

援監納吏，並一應奉例納銀求官者，皆把世爻與官爻為主。俱不宜空，空則不成，縱成不久。

子孫雖為福德，亦不可動，動則傷官。又不可無，無須少利。

身世之爻，若被鬼來沖剋，反受其殃。

如得鬼爻持世，再加財動來生，決主名成利就。

鬼剋身爻遭責罰，財生世象必榮昌。夫化子孫難出仕，妻之兄弟利源傷。

虎易按：「夫化子孫難出仕」，其中「夫」字，即為「官」字的代名詞。

身世之爻，若被鬼來沖剋，反受其殃。

如得鬼爻持世，再加財動來生，決主名成利就。

官爻若化子孫，又難出仕。

妻財如變兄弟，或卦中兄爻發動，不惟無所得，反主虧傷。

吏典財官宜旺相，貢生⑦父鬼忌空亡。太學⑧父興官旺處，定顯聲名播四方。

僧官、道官、陰陽官、醫官、吏典等類，皆宜鬼旺財興。

爻中有鬼無財，有名無實。有財無鬼，名利皆虛。

又論恩貢⑨、選貢⑩、歲貢⑪、監生⑫等類，雖用官爻，再憑父母，此二象俱不可空。若得父官有氣，定然名播京都。

選缺參房章第三十二

以官爻為主，世象為憑。

官員選缺吏參房，皆把官爻及世詳。應動兄興沖剋世，同胞攘阻⑬卻提防。

官僚選缺及吏典⑭參房，皆把官爻與世爻為主。此二象內，如有一爻犯月破旬空者，官不能得此缺，吏不能參此房。

世縱不空，若被應動剋世，或兄弟動來剋世，必有同袍搶奪，卻要謀為。

世爻若遇空沖絕，費盡勤勞怎得昌。不遇六沖官有氣，穩膺美秩姓名揚。

世若變為絕地，或被日主來沖，或卜六沖之卦，縱去謀為，決難成就。

世象不空，官爻不陷，應與兄爻縱動，不來剋世，所求必遂，並不更張。

參房獲利宜財旺，鬼象休來剋世方，選缺求名愁福德，隨官入墓倘遭殃。

論參房者，與選缺不同。若得官興財旺，定然所得非常。鬼剋世身，難逃罪責。

論選缺者，亦要官興，最嫌子動。鬼剋世身，不須畏忌。但遇隨官入墓，恐罹災患。

官員薦獎章第三十三

推薦以官文為主，旌獎以財鬼為憑。

官吏賢能，望憲臺⑮之薦獎。黎民良善，賴邑宰⑯之旌揚⑰。所喜者，鬼旺龍興。所忌者，世空子動。

凡占獎薦，各要官爻旺相，青龍得地。

大忌世值空亡，子孫發動。

臣沐君恩，必得歲君生世。下叨上薦，須求外鬼扶身。卦有二官，六部重推重舉。爻無一鬼，三司不獎不褒。

欲求恩寵，須看五爻為天子，太歲為朝廷。此二象內，若得一爻生世或生官，便沾天澤⑱。天子與朝廷之位，如值空亡，恩先莫望。縱不值空，如來剋世傷官，原不為福。如占舉薦，專看外卦官爻，外象如無，內官可用，內鬼再空，不須謀望。不論內外卦中，若有官來生身生世，決叨提拔之恩。如得旺官疊見，又來生合世爻，必得重重之薦。

六爻內如無鬼者，定無推舉之官。

推舉得官文旺動，穩望高遷。獎勞若財鬼衰空，虛圖給賞。

推薦者，若得官父兩全，便為佳兆。二中欠一，未得穩成。

獎勵者，雖用官爻，又宜財旺。財鬼如空，定無獎勸給賞之美也。

鬼化子爻，薦賢未聽。官之財象，獎勵能從。

薦與獎，皆以官為主。旺者來速，衰則來遲。

動化子孫，雖薦未能聽信。

財來助鬼，獎得如心。

如卜官憑，但願文書逢旺氣。若占到日，還尋父母遇生方。

又附占文憑到日，須看父母之爻。

候臨生臨旺之期，此憑決到。卦如無父，須待父爻值日，方得憑來。父若衰而又空，縱然候而未至。

欲求坊匾㊀方光輝，必藉官爻之旺相。世空絕望，子動難謀。財動還須囑託，鬼空不必祈求。六合則心懷喜悅，六沖則面染憂愁。

凡求牌坊匾額，光輝門閭，先看官爻，次推世象。二者若有一空，始終絕望。子孫動，亦不能求。財動生官，謀為遂意。

如求劄帖，又看文書，反嫌財動。父鬼不空，允能給發。

不拘匾帖，皆忌六沖。

上察官情之喜怒，皆由四象之興衰。下推人事之親疏，不出兩儀之造化。

校勘記

㊀「匾」，原文作「扁」，疑誤，據其文意改作。後文遇此字，據其文意直接改，不另說明。

上書啟奏章第三十四

以太歲五爻為主，文書官鬼為憑。

啟奏君王看五爻，生身合命寵應叨。歲君剋世龍顏怒，月將生官品爵高。

啟奏者，須看五爻為天子，太歲為君王。此二者如有一爻生合身世，所奏如心。五爻與太歲，如來沖剋身世，恐犯天威，休陳情悃⑲。又論官爻為本職。不值旬空月破，更得日月生扶者，必然破格超陞。

進拜表章兼上本，父旺官興御筆標。亦忌六沖財子動，次愁印綬⑳化財爻。更嫌鬼象之為福，父絕官空莫進朝。

拜表，上本，啟奏皆同。若得父旺官興，定蒙准奏。若值六沖，或財搖子動，或父變妻財，或官之福德，或父絕官空。以上數端，如犯一節者，莫奏朝廷。縱奏徒費心機，難迎聖意。

朝天面旨章第三十五

以太歲五爻為主，官鬼世象為憑。

面君官旺世無傷，折檻廷諍㉑也不妨。太歲五爻沖剋世，休趨殿陛㉒惹天殃。

面君者，先推世象，次察官爻。此二爻如臨旺相，不值空亡，又不受君爻沖剋，任去朝天，並無玷㉓剝。

世爻若被天子之爻沖剋者，朝必遭殃，守靜為上㊀。

日辰月建生身吉，剋世傷官盡不祥。卦值《晉》、《升》蒙上寵，爻成《屯㊁》、《蹇》豈為強。

世爻與官爻縱值休囚，得日月或動爻生助，或變出生扶，皆為佳兆。

若動爻與日月傷官傷世，俱作凶推。

朝王卜得《火地晉》，《晉》者以臣遇君之象。又取《地風升》，《升》者進而上也。故此，二卦曰吉。

若卜《水雷屯》、《水山蹇》，二卦皆為難也，遇者必凶。

逢沖莫去朝天子，遇合應來奏帝皇。無鬼不能沾雨露，世空豈得受恩光。

六沖之象，切莫朝天。六合之爻，理宜面聖。

爻雖相合，卦中無鬼，或值空鄉，渥恩㉔莫望。

卦縱有官，世居陷地，還嗟運蹇，豈沐天恩。

校勘記

㈠「上」，原文作「土」，疑誤，據其文意改作。

㈡「屯」，原文作「迍」，疑誤，據其卦名，按現代用字方式改作。

恩封誥命章第三十六

以文書為主，官鬼為憑。

欲知紫誥㉕贈何人，卦內還須分六親。父作皇封世作己，官為史部五為君。更將太歲為天子，《乾》卦當稱帝主尊。君位怕臨空與絕，五爻忌剋世和身。

凡占誥命，父母為用爻。不絕不空，終須有望。

又看世為自己，官為吏部，五爻為天子，太歲為朝廷，皆莫空亡。

君位之爻，切莫傷身剋世。

《乾》卦又為君王，或內或外，得此象者，必受恩封。

君爻生合何爻處，便見天恩錫那人。財象遇生封妻室，子爻逢合蔭兒孫。世身若得君相合，品級加增作大臣。

五爻與太歲生合父母，必贈椿萱。生合財爻，必封妻室。生扶福德，當蔭兒孫。生合世身，再加官爻旺相，自當品職高陞。

鬼發父興迎誥命，父空財動絕皇恩。官鬼休囚宜囑託，文書破絕莫勞心。來召來宣同此例，去朝去奏照其因。

卦內官文兩旺，定沐洪恩。父若空亡，難迎誥命。妻財獨發，剋制文書，難沾雨露。鬼值休囚，夤緣㉖為美。父臨破絕㈠，枉使機謀。君來宣召，臣去朝天，皆喜君爻生世，官旺為佳。各忌帝位剋身，鬼空不吉。

校勘記

㈠「父臨破絕」，原文作「父臨」，疑誤，據其文意改作。

文書消息章第三十七

以文書為主，官鬼為憑。

官印文書宜父動，民修票約忌財興。財臨身世徒書契，用不空亡準此情。

凡論文書票約，取父母為用爻。旺則有成，空則無用。

財爻發動，或值世身，空勞紙筆，枉費神思。

鬼是元神空不就，財為忌客動難成。父之沖剋真為假，母變生扶卻信憑。

卦無官鬼，或落空亡，皆主不就。

妻財發動，契必難成。財動官亦動，反能成契。

父母若被日月沖破，或化絕化財，此契不能見信於人。

父母若遇生扶，或變為有氣，此書縱假，而可為真也。

趨謁貴人章第三十八

以世應為主，外卦月卦為憑。

外卦原來是用爻，興隆出現得相交。無身無鬼皆非遇，主若傷賓情據拋。

凡去謁貴，最嫌外卦空亡。若得外卦出現旺相，人必相逢。

如外三爻皆動，定有變更。一二爻動，亦不如此論。又要取卦身與鬼官之爻。如缺一神，又不遇也。

復看世為主，應為賓。又以內為主，外為實。

如遇內外世應相生，或比和，或應剋世，外剋內，皆主相逢得意也。

惟獨世剋應與內剋外，主反觸賓，縱然相見，亦不相投。

世臨空地難成事，應落空亡白費勞。望客喜逢三合卦，見賓怕遇六沖爻。

趨謁之事，世應與官鬼皆莫空亡。三者如有一空，決不相得。

縱不逢空，若值六沖，決無美意。

若得三合六合之卦，自然賓主相諧。

若還應象交重，謂人不遇。

如求書貼憂財發，偏宜父母值重交。或去解非並脫訟，子孫爻動禍殃消。若還覓利抽豐㉗者，財官兩旺樂滔滔。

但去求文取帖，及送書遞柬，不宜父母空亡，更忌妻財發動。

如要解詞息訟，反宜官鬼休囚，又怕應來傷世。若遇子孫持世或發動，禍必蠲消㉘。

如去假公事以濟私情，或抽豐而利己者，須得財官兩旺，切嫌兄弟交重。

謀望成事章第㊀二十九

以世應為主，內外為憑。

成事須將世應查，世為本主應為他。空沖破絕臨其世，凡去謀為莫起牙。沖破絕空居應位，他心不合枉嗟呀㉙。

凡成事體，一應謀為，皆取世應為主。

或世或應，如臨絕地，或犯旬空月破日沖，皆難成就。

次將內卦為謀事之人，不宜空破。如臨旺相，定主亨通。

再得內剋外卦，或內外相生及比和，俱為美也。

六沖爻象難諧就，卦內無官事必差。世應若逢日辰合，任君不願也堪誇。

六沖之卦，事決不成。合處逢沖，成後復退。鬼若空亡及不上卦，皆不就也。

世應二爻自相會合，或得日辰合世合應，縱若心中不欲，也得允成。

陞官遷職兼興訟，官鬼交重名倍加。覓利還須財旺相，求書必得父光華。兄爻獨發般般忌，子象興隆事事佳。

官中謀望，所斷如前。

復喜官爻旺相，獨忌子搖。

如謀利息，財忌空亡。若干文書，不宜財動。

卦如無父，終不能成。

諸般謀事，各嫌兄弟交重。惟子動無不為佳，功名獨忌。

校勘記

㊀「第」，原文脱漏，據本書目錄體例補入。

謀役頂名章第四十

以官爻為主，世象為憑。

書辯捕兵民皂卒，謀差頂役世㊀爻詳。各忌六沖官害世，皆宜財鬼旺為強。

一應衙門生意，頂役謀差，若遇六沖，決難成就，縱成不久。

官鬼若傷身世，終遭罪責難逃。

若得財官兩旺，其中定見興家。

更愁身命隨官墓，世坐空亡誰贊襄㉚。無鬼莫來謀此役，官臨身世卻宜當。

但若身世本命，隨官入墓，禍不可當。世值空亡，焉能久遠。

卦中無鬼，所作不成，縱若成之，始終無益。

若得官臨身世，本命又遇生扶，宜充此役。

財空鬼弱兄爻動，但得虛名利不昌。世不逢沖官不絕，差成役就樂歡腸。

財落空中，官居衰地，事雖見就，必主無財。

卦中縱有衰財，或逢兄動，亦不為祥。

世象不沖不破，官爻不絕不空，便言謀事得成，求財得利。

校勘記

㈠「世」，原文作「共」，疑誤，據其文意改作。

審役輕重章第四十一

以官鬼為主，生剋為憑。

民當戶役㉛，有輕重之不同。卦出官爻，取旺衰之可驗。凡居旺相必高強，若得休囚方細小。剋世則厚而非薄，傷身則重而不輕。帶青龍而道吉，加白虎以言凶。

要知戶役輕重，須看官爻衰旺。旺則重大，衰則輕微。或空或絕，皆主無憂。鬼縱休囚，剋世還當繁重。官雖旺相，生世賠費還輕。

值青龍終無責罰，臨白虎必犯官刑。

月建臨官，應僉㉜魁首。日辰剋鬼，當審輕微。官爻值世占高名，福德加身登下榜。子化官則將輕作重，官化子則改禍成祥。兄弟動時多破費，子孫旺處少虧傷。用爻強弱端詳，解戶淺深預定。

官臨月建，至重之差。鬼值世爻，次重之役。鬼逢日月剋傷，輕徭可必。子孫持世或發動，其戶亦輕。

子變官爻，解輕賠重。鬼之子象，役大賠微。

兄弟發動或持世上，定多賠貱㉝。子孫旺相或值身爻，費財稍可。

扳人幫役章第四十二

以世應為主，官鬼為憑。

將役扳人忌應空，六沖無鬼彼難從。應爻剋世他無咎，鬼落空亡訟若風。

欲求幫戶，須觀應與官爻。應若空亡，誰來幫貼。世遭應剋，無力扳他。若卜六沖，決難遂意。

如無官鬼，豈得扳人。鬼象臨空臨絕，官心無主無為。

應被世傷官鬼剋，決能扳累獲全功。卦爻生合妻財旺，定來貼費兩和同。應上臨官臨月破，斯人受責受其凶。

世剋應爻，或官傷應位，必是如心。
世應相生相合，財逢生旺之鄉，不必官扳，自然津貼。
官爻值應，或應臨月破者，官必僉幫，違還遭責。

除名脫役章第四十三

以子孫為主，世象為憑。

官爻剋世兼臨世，用盡機謀脫不成。卦得六沖應脫役，子孫在世定除名。
凡求脫役，專看官爻。官如剋世臨世，欲退其役，難以推開。
若得六沖，或子孫持世，或子交重，皆主役㊀去名消。

世空自退無憂慮，應陷他非上籍丁。世應俱空官又動，傍人頂役兩無刑。
世值空亡，自當解散。應值空亡，他難頂替。
世應皆空，官又動者，自能解脫。彼不充當，必有傍人代役，已免其憂。

鬼爻立應兼傷彼，他必承當永不更。鬼若興隆財疊發，還須自己入公庭。
官爻臨應兼剋應，皆主他人代役。
官臨旺動，又不傷他，況遭財動生官，定難脫也。
官爻縱動，如來生助世爻，反有益我之情，必然得脫。

校勘記

㊀「役」，原文作「後」，疑誤，據其文意改作。

人宅六事章第四十四

以動爻為主，內外為憑。

一卦之中，可決一家之休咎。六爻之內，能分六事之盈虧。家庭消長，係於卦不係於爻。人口災祥，在乎爻不在乎卦。內曰宅居，喜逢旺相。外云人口，忌值休囚。要見吉凶，還詳生剋。

論卦衰旺之法：

立春後，艮旺、震相、巽胎、離沒㉞、坤死、兌囚、乾休㊀、坎廢。

春分後，震旺、巽相、離胎、坤沒、兌死、乾囚、坎休、艮廢。

立夏後，巽旺、離相、坤胎、兌沒、乾死、坎囚、艮休、震廢。

夏至後，離旺，坤相、兌胎、乾沒、坎死、艮囚、震休、巽廢。

立秋後，坤旺、兌相、乾胎、坎沒、艮死、震囚、巽休、離廢。

秋分後，兌旺、乾相、坎胎、艮沒、震死、巽囚、離休，坤廢。

立冬後，乾旺、坎相、艮胎、震沒、巽死、離囚、坤休、兌廢。

冬至後，坎旺、艮相、震胎、巽沒、離死、坤囚、兌休、乾廢。

旺相胎沒死囚休廢表

節氣 對應 卦 狀態	旺	相	胎	沒	死	囚	休	廢
立春至春分	艮	震	巽	離	坤	兌	乾	坎
春分至立夏	震	巽	離	坤	兌	乾	坎	艮
立夏至夏至	巽	離	坤	兌	乾	坎	艮	震
夏至至立秋	離	坤	兌	乾	坎	艮	震	巽
立秋至秋分	坤	兌	乾	坎	艮	震	巽	離
秋分至立冬	兌	乾	坎	艮	震	巽	離	坤
立冬至冬至	乾	坎	艮	震	巽	離	坤	兌
冬至至立春	坎	艮	震	巽	離	坤	兌	乾

凡占家宅，先觀內外二象。內卦為住居，外卦為人口。內卦旺相，則住宅興隆。外卦旺相，則人丁茂盛。如臨胎沒，稍主亨通。內卦若值死囚休廢，便言家庭不發。又取內外相生及比和，或外剋內卦，皆作佳祥。若內剋外，便言住宅不寧。內卦縱然旺相，若剋外爻，終不為福。內若休囚，外卦旺相，如剋外者，柔難制剛，不為剋也。

內外興隆無祿馬，終見亨通。宅人衰廢有財官，也須愁歎。

星辰不若五行，爻象曾如八卦。凡看人宅六事，內外二卦，皆臨旺相之鄉，爻內縱無官鬼妻財貴人福德者，也主興隆。

人宅二爻，俱值死囚休廢，或落空亡，縱有財官青龍天喜者，亦無佳兆。

先言二象，次辨六親。鬼是正廳，父為堂屋，子作廊廂披廈，財成倉庫廚房，兄斷門欄牆壁，間推甬道明堂。世作本家，應為朝向。遇沖遇剋，其間損耗必須更。逢合逢生，此處清安宜久住。

官鬼為正廳，又為家堂，又為家主。空則無廳，或無香火。鬼化鬼，必有二廳，或有兩堂香火。

父母為屋宇，為經書，又為尊長。空則房屋衰頹，或經書少習。父化父，必有樓房，或家多文集。若有子孫同發，便言經典。

子孫為廊廈、廂房、披屋之類，又為善願，又為卑幼。空無傍屋，或家不好善。子化子，側屋甚多，或敬神重佛。

妻財為倉、為庫、為廚房，又為財寶，又為妻僕。空則家無倉庫，或廚下蕭條，資財不聚。財化財，連廒㉟盛庫，財帛豐盈。

兄弟為門戶、牆壁，又為弟兄。如值水爻，或帶玄武，便為坑廁。空則門戶虧傷，或牆垣坍塌。兄化兄，必有重門相對，或雙腳牆垣。

間爻為月臺，太旺加官貴，方為甬道，空則無明堂。

世爻為本家，又為祈卜之人。空則門庭欠利，旺則家宅興隆。

應爻為朝向，又為對鄰。空則朝向不通，旺則對方助宅。

以上諸爻，看那象逢沖受剋，便知那處虧傷。何象遇合叨生，就決誰房益利。

既占闔㊱宅，當審六爻。初為兒女與雞鵝，井連基地。二推妻妾兼貓犬，灶及華堂。三曰弟兄香火豬，並眠床。四云門戶、萱堂㊲、羊，同外族。五是椿庭與宅長，眾人道路兼牛。六成祖輩與奴丁，墳墓棟樑加馬。

初爻為基址，為井、為溝、為小口，又為雞鵝鴨之類。

二爻為房屋，為華堂、為灶、為宅母、為妻妾，又為貓犬之類。

三爻為正門，為香火、為閨房、為臥床、為兄弟，又為豬畜。
四爻為門戶，為母、為外親，又為羊畜。
五爻為路，為父、為宅長、為眾人口，又為牛畜。
六爻為棟樑，為髟[38]眷、為牆壁、為墳墓、為祖父母、為奴婢，又為騾馬。

虎易按：附《斷易天機・占家宅・鬼谷辨爻法》，供讀者參考。

世乃來占之主，應當問卦之妻。倘若他人代卜，反將應象為尊。或令家人祝告，六爻所屬難分，只論五為家主之爻，二為宅母之命。看那爻臨於日破月破，斷此生災。觀何象值在旬空化空，言其抱患。

自己占，以世為主，以應為妻。

他人代占，以世為問卦之人，應為本主。若家人代占，以五爻為宅長，二爻為宅母。以上所言，皆論代占之事。雖不以六爻所屬之分，各有用爻分定。

鬼谷辨爻法

宗廟	家地	六爻	棟宇	奴婢
路	井灶	五爻	人身	子孫
大門	內門	四爻	門戶	妻財
中門	門	三爻	床席	兄弟
宅	人	二爻	灶	宅母
宅基	宅	初爻	井	宅長

惟有家主來占，方取六爻分宮而察。細看那一爻逢日沖、月破、旬空者，便決此人非災即訟。

且如家主自占？寅月、甲寅旬、辛酉日，占《姤》卦安靜：

《易林補遺》占例：028			
時間：寅月　辛酉日（旬空：子丑）			
占事：且如家主自占？			
	乾宮：天風姤		
六神	本　　卦		
騰蛇	父母壬戌土	▅▅▅▅▅	
勾陳	兄弟壬申金	▅▅▅▅▅	
朱雀	官鬼壬午火	▅▅▅▅▅	應
青龍	兄弟辛酉金	▅▅▅▅▅	
玄武	子孫辛亥水	▅▅▅▅▅	
白虎	父母辛丑土	▅▅　▅▅	世

此卦世在初爻，正臨空地。世爻為家主，初爻為小口。其年二月內，家主與次男皆生病疾。又看五爻為父，又逢月破之鄉。此年十月內，父患大災。應此卦也。

又如家人代占人宅？正月、甲子旬、壬申日，卜得《大壯》之《大有》：

《易林補遺》占例：029							
時間：寅月　壬申日（旬空：戌亥）							
占事：家人代占人宅？							
	坤宮：雷天大壯（六沖）				乾宮：火天大有（歸魂）		
六神	本　　卦				變　　卦		
白虎	兄弟庚戌土	▅▅　▅▅		╳→	父母己巳火	▅▅▅▅▅	應
騰蛇	子孫庚申金	▅▅　▅▅			兄弟己未土	▅▅　▅▅	
勾陳	父母庚午火	▅▅▅▅▅	世		子孫己酉金	▅▅▅▅▅	
朱雀	兄弟甲辰土	▅▅▅▅▅			兄弟甲辰土	▅▅▅▅▅	世
青龍	官鬼甲寅木	▅▅▅▅▅			官鬼甲寅木	▅▅▅▅▅	
玄武	妻財甲子水	▅▅▅▅▅	應		妻財甲子水	▅▅▅▅▅	

家人占者，不必取六爻分宮所斷。此卦五爻臨月破，理應宅長之災。豈知申日卜之，不為月破，此宅長反主一年康泰。又論第二爻為宅母，被日辰沖破，理合生災，雖臨月建，目下縱得平安，後至七八月果染災殃，有此驗也。

又察鬼臨何命，方知殃及何人。伏鬼同推，化官概論。子變官爻，災連兒女。財之鬼象，殃及妻孥㊴。

人犯病者，蓋因本命臨官鬼。且如鬼在子爻，便言屬鼠生人有疾。若卦無官，又尋伏鬼。

假令卜得《未濟》卦：

雖無鬼，伏出《離》宮亥水官爻，當決屬豬生人患病。

鬼若空亡，不須畏忌。

又論卦內動爻變出財兄父子，不必論之。若化官爻，便宜細究。

且如子孫化鬼，卑幼多災。父母化官，椿萱有患。財化鬼爻，妻孥不泰。兄弟化出，手足難安。官化官爻，家庭病訟交作。妻如來卜，便推夫主生災。世化鬼爻，當決來卜之人有疾。卦身化鬼亦然。化鬼若空，不必言也。

《易林補遺》教例：032

離宮：火水未濟

伏神	本卦		
	兄弟己巳火	▅▅▅▅▅	應
	子孫己未土	▅▅ ▅▅	
	妻財己酉金	▅▅▅▅▅	
官鬼己亥水	兄弟戊午火	▅▅ ▅▅	世
	子孫戊辰土	▅▅▅▅▅	
	父母戊寅木	▅▅ ▅▅	

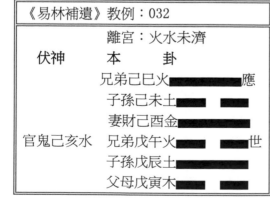

復查鬼剋何爻，便決何人受疾。官臨誰卦，當言誰體成殃。

卦內鬼爻發動，便作凶推。若剋初爻，子孫有病。如傷二位，妻妾生災。剋三爻，弟兄有疾。剋四爻，母受其殃。剋五爻，父遭疾厄。剋六爻，病於公祖，患及奴丁。剋世爻，來卜之人有痗㊵。剋應爻，妻室遭屯㊶。

若他人代占，鬼剋應者，莫言妻病，反推本主生災，非災即訟。鬼不動不言也。又看鬼值何宮發動，便知災至何人。

鬼在《乾》宮，當言父病。官居《坤》卦，便言母災。在《震》宮長男有疾，在《巽》卦長女遭殃。《坎》卦中男不泰，《離》宮中女不寧。鬼搖《艮》內，災至少男。官動《兌》宮，殃及少女。

要知何病，須看五行。

金官發動，病入肺經。吐痰氣急咳嗽，又主斧割刀傷。

木鬼交重，災由肝部。左癱右瘓，瘙癢痲風。又不可興工伐樹，動則有妨。

水鬼禍栽腎部，腰痛濕氣，洩瀉崩淋，又恐江湖染禍。

火鬼疾起心經，慮患癲癇瘡毒，眼赤尿黃，莫臨火境。

土動臨官，患從脾胃，切憂腫脹臉黃，時災瘧疾。切莫臨於岩墻之下。

青龍鬼發，喜處招殃。白虎官興，喪家惹禍，又恐血光。朱雀因怒氣得災，騰蛇為驚惶患病，勾陳防跌蹼，玄武莫貪花。驛馬臨宮，休登遠道。鬼居華蓋，勿往空門。帶咸池，莫酖㊷酒色。逢羊刃，忌執刀槍。酉鬼香醪少飲，丑官牛肉莫食，午鬼忌乘騾馬，卯官莫授車輿。巳慮蛇傷，戌防犬咬，寅恐虎狼之害，辰愁龍徹㊸之驚。鬼如安靜，亦不為美。

妻財動，則災至椿萱；父母搖，則禍延蘭桂㊹。鬼動弟兄之病，兄興妻僕之殃。

財爻動，便言父母之災。鬼若同興，反助椿萱之力，其財亦不為殃。父母動，雖曰子孫抱患，若得妻財同發，父自受傷，豈能剋制子爻也。官鬼動，理應兄弟遭迍。兄若空亡，亦不受鬼來傷剋。兄弟動，當決妻奴不泰。兄象自臨月破，焉得傷財，縱動亦不為咎。雖曰六親之相剋，還宜強弱細參詳。

內為宅，外為人，人宅皆空倘滅門。財為馬，官為祿，祿馬俱無難發福。

要知八卦空亡，且看地福訣內。書云：「子向北方《坎》，丑寅《艮》上山，卯起東方《震》，辰巳《巽》風間，午見南《離》火，未申《坤》地關，酉在《兌》方取，戌亥屬《乾》垣」。

內卦為宅，空則住居不利。外卦為人，空則長幼不安。

外卦若空，第五爻又空者，並無動爻與日月生扶，非但生災，人口多遭損失。

內卦若空，第二爻又空者，或又被動爻與日月相傷，非惟不利，住房還主傾頹。

內空外不空，宅敗人無厄。外陷內不陷，人亡宅不傾。內外皆空亡，況值休囚，又無救助者，定主家破人亡。

且如癸卯年、寅月、壬午日，家主來占一年人口六事？卜得《咸》卦，二爻五爻動：

此卦內三爻太旺，房屋新創整齊者。外三爻是《兌》，正值休囚。況在甲戌旬占，《兌》酉又居空亡㈢，五爻為人口，亦值空亡。雖云動不為空，豈知化出申爻亦空也。外卦與五爻，皆絕於月建寅中，同敗於日辰午內，又被動爻與日辰剋制，人口

《易林補遺》占例：030

時間：癸卯年　甲寅月　壬午日（旬空：申酉）

占事：占一年人口六事？

	兌宮：澤山咸				震宮：雷風恒		
六神	**本　卦**				**變　卦**		
白虎	父母丁未土	▅▅　▅▅	應		父母庚戌土	▅▅　▅▅	應
螣蛇	兄弟丁酉金	▅▅▅▅▅		○→	兄弟庚申金	▅▅　▅▅	
勾陳	子孫丁亥水	▅▅▅▅▅			官鬼庚午火	▅▅▅▅▅	
朱雀	兄弟丙申金	▅▅▅▅▅	世		兄弟辛酉金	▅▅▅▅▅	世
青龍	官鬼丙午火	▅▅　▅▅		╳→	子孫辛亥水	▅▅▅▅▅	
玄武	父母丙辰土	▅▅　▅▅			父母辛丑土	▅▅　▅▅	

之爻毫無救助。

其家一十一口，此年春季同染瘟疫之災。正二三月內，連喪十人，只留一口。卦驗如此，宜細評之。

又論妻財為馬，官鬼為祿。故此家宅卦中，財官不可無也。無祿者，資財耗散。無馬者，妻妾不寧。二者俱無，家園零替。

龍云喜，虎云喪，交重持世至家鄉。雀曰非，武曰賊，發動臨官來屋室。

小青龍從甲乙日起，大青龍正月從寅上順行十二位。若發動，或持世，或臨財，皆主喜慶。

小白虎從庚辛日起，大白虎正月從申上順行十二位。若發動，或持世，皆主凶喪，帶鬼發尤盛。

小朱雀從丙丁日起，大朱雀正月從巳上順行十二位。若發動，或持世，或臨鬼，皆主是非。

小玄武從壬癸日起，大玄武正月從亥上順行十二位。若發動，或持世，或臨鬼，皆主失脫。

小勾陳從戊日起，大勾陳正月從丑上順行十二位。若發動，事主遲留，若臨官，田禾欠熟。

小騰蛇從己日起，惟獨大騰蛇正月從辰上逆行十二位。若發動，或臨鬼，皆主虛驚，又興怪夢。

青龍白虎同興，丁口有增有減。玄武騰蛇並陷，門闌㊺無盜無驚。

青龍為喜，白虎為孝，二爻同發，定然紅白相交。

武為盜賊，蛇乃虛驚，二象俱空，家無失脫虛驚也。

騰蛇逢巳午之鄉，驚從火變。勾陳遇卯寅之地，戶退田園。

騰蛇臨火鬼交重，家防回祿，如有嬰童幼女，兼痘疹之侵。

勾陳臨木鬼發動，主退田禾，定不豐熟。

青龍居應居財，必有懷胎之喜。朱雀臨官臨世，豈無舉訟之非。

應爻為正妻，財爻亦為妻，又為妾，又為婢女。故論青龍臨應臨財者，不拘動靜，其年定見懷胎。

朱雀為閒非，又為詞訟。若臨官爻世爻者，不拘動靜，必有訟非之累。

羊刃興而兄弟發，則財破妻災。白虎動而子孫空，則蠶虧畜損。

羊刃與兄弟，皆是剋財之神，二爻皆動，定主財散囊虛，妻災僕病。

白虎為刀砧，子孫為蠶畜，子若空亡，再加虎動者，定主春蠶虧損，六畜傷殘。

火官當道，回祿宜禳㊻。木子司權，春蠶許育。

鬼乃禍殃，火為紅焰，火官發動，恐犯火災。不剋身世，請禱可免，鬼如剋世，難免火焚。

而子孫為蠶花，如臨木火之爻，倍得春蠶之利。

官鬼如無如陷，為家堂而少力，宅長多迍。父母若動若沖，因屋室以無安，兒孫有恙㊼。

官鬼為家堂，又為家主。若不上卦及落空亡，便曰家無香火。縱有亦主崩頹㊽，宅長又多病疾。

父母為屋宇，大忌逢沖發動。沖則房屋不寧，動則子孫多恙。

雀武鬼爻三動，乃作凶推。須憂物失非侵，更恐盜扳訟累。虎蛇兄象三空，稱為吉兆。亦免妻殃僕患，況除怪異悲聲。

朱雀為是非，玄武為盜賊，官鬼為詞訟。若此三爻皆動，亦恐生非，亦防失脫，更慮盜賊指扳㊾。

白虎為悲喪，騰蛇為妖怪，兄弟為劫財。如此三象皆空，一年無怪無哀，況得妻安僕泰。

子孫動則廣進家資，父母興則多傷禽獸。

子乃生財之客，或動或旺，普獲資財。禽獸亦看子孫，若被父動來傷，血財不利。

官爻愁旺動，九流為業反生財。白虎怕交重，五服⑩在身非作咎。

鬼為惡煞，雖不宜旺宜動，空拳覓利之人，遇之反吉。

白虎為喪服，亦不宜動，如有舊孝在家，動亦無忌。

《坎》府蛇行驚防波險，《兑》宮雀噪禍慮紅顏。《離》象鬼興風燭至，《坤》家官動土神妨。

騰蛇為虛驚，看臨何卦，便識來蹤。

如在《坎》宮發動，莫往江湖。

若居《艮》卦交重，休登山嶺。

《震》憂霹靂，《巽》慮狂風。

《乾》行高處，或寺觀內之驚惶。

《坤》往墓中，或荒郊間之恐懼。

《離》遭火燭之虛驚，《兑》犯紅顏之頓駭。

在內動，則家中仔細。在外動，則路上謹防。

再查朱雀為是非，動臨何卦之中，便覺何由起釁。看在那爻之上，方知那事成非。

雀搖父母，若不為尊長之非，定不免文書之事。
雀值子孫，非因卑幼，禍從僧道之門。
雀動妻財，不受陰人之氣，定因財帛生非。
雀居兄弟，禍起蕭牆，若免家庭之撓括[51]，難逃朋友之喧嘩。
雀臨鬼動，或化官爻，必遭公訟之牽連，又恐飛來之橫禍。
復陳官鬼之爻，亦不宜動。《離》宮鬼發，切忌火光。《坤》卦官興，須憂動土。其餘六象，一例而推。

六沖主改屋分居，或出行最利。六合能交關[52]合夥，或進喜偏宜。

家宅之卦，若值六沖，定主遷移，或興改造，如不必有遠行之兆。若與弟兄親族同居，當有分開之變。六沖者不過改遷之事，不可便以不利而言。若得六合之卦，謀事可成，宜添人口。如欲交關合夥，無不遂心。但若合處逢沖，又主分更之變。

世動有遷更之變，身空無久遠之居。

世爻為宅主，固不宜動，又不宜空。或動或空，皆主住居不久。

火化水則灶須承漏，水化土則溝欠疏通。

火爻為灶，如化水爻，必灶前或上漏，或下濕。

水爻為溝渠，若化土爻，決主陰溝淤塞。土得沖破，反主流通。

金化火而鍋鑊㊸崩傷，木化金而家堂釘鉡。

金爻為鍋子，亦為香爐，化出火爻，若非鍋漏，即是香爐破損。

木爻為家堂，又為臥床，若之金象，必是神堂有鐵鉡，或床上有鐵釘。

事之否臧㊹，人之禍福，待臨值月期當見，候旺生時節方來。

要知禍到，當察凶爻。如望福來，還評吉象。

凡爻神臨於生旺之月，便見其因。吉神值月則吉，凶神值月則凶。

是吉是凶，不出五行之外。或悔或吝，咸從四象之中。

校勘記

㊀「休」，原文作「體」，疑誤，據其文意改作。後文遇同此意字，直接改，不另說明。

㊁「空亡」，原文作「空居」，疑誤，據其文意改作。

注釋

①皇猷（yóu）：帝王的謀略或教化。

②簪纓（zān yīng）：古代達官貴人的冠飾。後遂藉以指高官顯官。
③繩祖武：繼承祖先的事功。
④楓宸（chén）：宮殿。宸，北辰所居，指帝王的殿庭。漢代宮庭多植楓樹，故有此稱。
⑤買官鬻爵：指買官賣官。
⑥攘夷：抗拒異族入侵。
⑦貢生：指科舉時代，考選府、州、縣生員（秀才）送到國子監（太學）學習的人。
⑧太學：國學。我國古代設於京城的最高學府。
⑨恩貢：凡遇皇帝登極或其他慶典而頒佈恩詔之年，除歲貢外再加選一次，稱為「恩貢」。
⑩選貢：科舉制度中貢入國子監生員的一種。明代在歲貢之外考選學行兼優者充貢，稱選貢。
⑪歲貢：明清兩代，每年或兩三年從府、州、縣學中選送廩生升入國子監肄業，故稱。
⑫監生：明清兩代稱在國子監讀書，或取得進國子監讀書資格的人。
⑬攘阻：爭奪，阻擋。
⑭吏典：元、明、清府縣的吏員。
⑮憲台：舊時對上官的尊稱。後漢改稱漢御史府為憲台。後為同類機構的通稱，亦以稱御史等官職。

⑯邑宰（yì zǎi）：縣邑之長。即縣令。
⑰旌揚：表揚。
⑱天澤：上天或天子的恩澤。
⑲情悃（kǔn）：猶衷情。
⑳印綬（shòu）：印信和繫印信的絲帶。古人印信上繫有絲帶，佩帶在身。此處代指父母爻。
㉑折檻廷諍（shé kǎntíng zhèng）：漢槐里令朱雲朝見成帝時，請賜劍以斬佞臣安昌侯張禹。成帝大怒，命將朱雲拉下斬首。雲攀殿檻，抗聲不止，檻為之折。經大臣勸解，雲始得免。後修檻時，成帝命保留折檻原貌，以表彰直諫之臣。後世殿檻正中一間橫檻獨不施欄杆，謂之折檻，本此。後用為直言諫諍的典故。參閱《漢書・卷六十七・楊胡朱梅雲傳第三十七》。
㉒殿陛（bì）：御殿前的石階。
㉓玷（diàn）：白玉上的斑點。引申為過失，缺點。
㉔渥（wò）恩：深厚的恩澤。
㉕紫誥：指詔書。古時詔書盛以錦囊，以紫泥封口，上面蓋印，故稱。
㉖夤（yín）緣：本指攀附上升，後喻攀附權貴，向上巴結。

㉗抽豐：舊時利用各種關係和藉口，向人索取財物。

㉘蠲（juān）消：除去、清除、去掉。

㉙嗟（jiē）呀：驚歎；歎息。

㉙贊襄：輔助，協助。

㉚戶役（hù yì）：按戶分派的差役。

㉜僉（qiān）：同「簽」。簽署。

㉝賠貱（péi bì）：賠墊，賠補。

㉞沒（mò）：隱沒、消失。

㉟廒（áo）：收藏糧食的倉房。

㊱闔（hé）：全，總。

㊲萱堂（xuān táng）：古制，北堂為主婦之居室。後因以「萱堂」指母親的居室，並藉以指母親。

㊳彯（biāo）：頭髮下垂的樣子。

㊴妻孥（nú）：妻子和兒女。

㊵痗（mèi）：病。

㊶遭屯：遭遇艱難。

㊷酖（dān）：嗜酒，沉溺。
㊸徹（chè）：道。
㊹蘭桂：比喻子孫。
㊺門闌（lán）：門框或門柵欄。
㊻禳：（ráng）祈禱消除災殃、去邪除惡之祭。
㊼恙（yàng）：疾病，擔憂。
㊽崩頹（tuí）：敗壞衰落。
㊾指扳：被盜賊指證，或者牽扯為同夥。
㊿五服：古代以親疏為差等的五種喪服。
51撓括：煩惱紛亂。
52交關：結交，交易。
53鑊（huò）：古代的大鍋，形如大盆，用以煮食物。
54否臧（pǐ zāng）：成敗；善惡；優劣。否，惡；臧，善。

易林補遺亨集卷之五終

易林補遺亨集卷之六

禮部冠帶術士　張世寶　著
西吳庠生　黃裳　毛士來　同校閱

創造宮室章第四十五

以子孫為主，身世為憑。

興工最怕鬼重交，更忌官來剋世爻。助鬼傷身災定染，隨官入墓禍能招。

起造興工，大忌鬼爻發動。縱然不動，官來剋世尤凶。

如逢助鬼傷身，有妨家主。隨官入墓，造後豈得興家？

內興外旺年年發，父盛財安歲歲高。子動鬼衰身世旺，並無神煞作精妖。

內卦為宅，外卦為人。二者皆臨旺相，自然人宅興隆。內外若值休囚，豈能發達。卦若空亡，便為凶斷。

父母為屋宇，如逢旺相，又無財動來傷，房屋定然綿遠，後主榮華。

卦得子孫發動，官鬼休囚，世爻不受沖剋，動作之時，永無妨礙。

修方動土章第四十六

以子孫為主，身世為憑。

開闢興修兼斫伐①，身臨福德卻為奇。子孫旺相千祥至，官鬼交重萬禍欺。世旺逢生無禁忌，身衰受剋有方隅②。並占方向凶和吉，如此推之不改移。

凡動土、興工、創作、修砌、拆卸、壐掘、斫伐、更方、改向之類，皆要子孫持世，或旺相，或發動，便無妨礙。

子若休囚，又不臨世，卦中鬼爻又動，必有神煞為殃，切莫動作。

又看世爻，喜臨旺相則吉。縱逢衰地，亦得生扶，並無禁忌。

世若休囚，卻被鬼爻或日辰沖剋，決有方隅。

世落空亡，必多愆咎。鬼如落陷，殃禍無干。

凡遇助鬼傷身，隨官入墓，不可用也。

福住水爻宜動北，官居金位怕興西。卯寅值子當修《震》，巳午逢官忌造《離》。鬼在戌中《乾》莫改，殺臨辰上《巽》休趨，兄財父向皆無犯，獨有官方必不宜。

修方動土之事，所喜者子孫，所忌者官鬼。看鬼臨何卦何爻，此方莫動。查子值何宮何象，其向宜輿。

假令卜得《大壯》卦：

鬼在寅爻，《艮》方有煞。官居《乾》卦，西北有神。福在《震》宮，鬼亦屬木，故東方又不可也。子居申象，惟獨西南方永無禁忌。

又如《萃》卦：

鬼在《坤》宮，又居巳上，切忌西南與東南，皆莫動土。子臨亥水，又值《兌》家，西北與正西，與修不犯。

其中兄弟，妻財，父母之方，不須防避。惟有官臨之處，動必有殃。

子在之方，興之獲福。福德之方雖吉，卦中鬼動，或鬼剋世，亦不宜動也。

拆舊豈嫌財象發，興新偏忌父爻虛。造成屋室憂沖散，印綬無空更久居。

凡論房屋，父母為用爻。

《易林補遺》教例：033		
坤宮：雷天大壯（六沖）		
本　　卦		
兄弟庚戌土	▅▅ ▅▅	
子孫庚申金	▅▅ ▅▅	
父母庚午火	▅▅▅▅▅	世
兄弟甲辰土	▅▅▅▅▅	
官鬼甲寅木	▅▅▅▅▅	
妻財甲子水	▅▅▅▅▅	應

《易林補遺》教例：034		
兌宮：澤地萃		
本　　卦		
父母丁未土	▅▅ ▅▅	
兄弟丁酉金	▅▅▅▅▅	應
子孫丁亥水	▅▅▅▅▅	
妻財乙卯木	▅▅ ▅▅	
官鬼乙巳火	▅▅ ▅▅	世
父母乙未土	▅▅ ▅▅	

最嫌財動，惟占拆卸舊房，不嫌財發。父縱落空，不須疑慮。

凡創新房，父宜有氣，但嫌財值交重。財爻又不宜空，空則家資淡薄。

又論未造之先，並拆舊者，縱遇六沖無咎。

房屋既成，大忌六沖之卦，更怪父值空亡。卦不沖而父不空，方居久遠。

工匠巧拙章第四十七

起造以間爻為主，單占以應象為憑。

造室修船擇匠工，須憑應上定形蹤。弟兄值此奸愚拙，財福臨之精巧通。父母在時為作首，鬼能魘倒③祝符同。

凡擇五色工匠，皆看應爻。

應臨兄弟，此匠拙而且奸。

應若臨財臨子，其人細巧多能。

應臨父母，堪為眾匠之班頭。

應值鬼爻，預防魘倒。

多言朱雀歸其位，遲鈍勾陳立此工。性濁猖狂居白虎，才高伶利住青龍。空亡墓絕無功績，造不周圓犯六沖。

應臨朱雀，此匠多言，倘招口舌。

應帶勾陳，其人遲鈍，再見鬼爻，匠憂跌蹼。

臨白虎，其性剛而且狠毒。

遇青龍，心多智慧而技藝精通。

若應值螣蛇，匠主虛浮之性，又存魘倒之心。

應逢玄武，為人慳吝奸雄，如帶兄官，須防竊取。

應爻縱帶青龍財福，若落空亡，或臨月破，或被日辰沖擊，皆莫用之。

如卜六沖之卦，匠必無緣，難全始終。

應剋世爻兄或動，傷財費料弗依從。興工卦內非如此，間作斯人辨吉凶。

應如剋世，匠懷暗損之心。兄弟動來剋世，多費資財。

單選匠人，依前所斷。

凡占起造，卦內兼問匠人者，不取應爻，反憑二間。間若空亡，匠工無力。間剋世爻，匠來欺主。間爻臨鬼值螣蛇，須防魘倒。

涓選日時章第四十八

吉則用子孫為主，凶則用官鬼為憑。

動土修房及造船，安床栽種下春蠶。裁衣蓄髮加冠帶，舉殯除靈④安葬連。探客出行醫療病，分居入宅與更遷。諸般吉日嫌官動，又怕官爻剋世邊。

凡選一應吉日時，皆忌鬼爻發動。

鬼縱不動，剋世亦凶。鬼如不動不剋世，又不值作事之日，便為吉也。

虎動休迎棺槨至，兄興開肆損財源。六沖不用成親日，子動單憂赴任官。

諸般吉日，忌鬼為先。凡接壽停，又嫌白虎。如作生涯，不宜兄動。結婚承繼，皆忌六沖。

惟有赴任官員，不嫌鬼發，反忌子動官空。

寫像⑤安神同祭禱⑥，官爻靜旺卻為先。鬼空必主神非在，鬼動還愁聖不安。

凡寫佛像，並安奉神堂，及酬天賽願，看鬼爻。切不宜空，空則神祇不在。又不宜動，動則陰司不安。須得靜而又旺，便獲佳祥。鬼剋世爻，亦非宜也。

又論問卜，著龜靈日，亦看官爻。或動或旺必通靈，遇絕遇空無感應。

上學延師兼拜表，妻財發動事難圓。取徒繼子並收養，父母交重永不全。各定忌神愁旺動，還須鬼靜禍無干。

上學攻書，延師重傳，具揭奏本，進呈表章，修史鑄印，皆用父母爻為主。父不空而財不動，便作良時。

僧道傳徒，民間繼子，及牧養六畜，皆取子為用爻，最嫌父動。

但擇日時卦內，忌神不動，官不交重，鬼不剋世，乃為吉日良時也。

遷移居住章第四十九

以內外為主，衰旺為憑。

守住遷居，內外兩爻分得失。更方改向，福官二位察災祥。內爻為已住之堂，問守內衰終不發。外卦乃未居之地，占移外旺定然昌。兄官若並內三爻，非宜舊室。財福如登外三象，大利新房。

凡占守舊，須得內卦旺相，方為大吉，臨胎沒次之。若得妻財子孫在內，守住為高。

內卦如臨死休囚廢，又帶兄官，況無財福者，便宜火速移居，免遭愆咎。

若卜遷移，須看外卦。旺相帶吉神則吉，休囚值凶煞則凶。外若空亡還須守舊，內如落陷速要更新。內外居旺，舊新皆吉。內外俱衰，行止皆凶。

如占改向，最宜財福興隆，大忌兄官發動。雖然不動，兄鬼若臨此向則凶。

且如《大有》卦：

財福之方，宜朝東北、正北。鬼兄之向，莫對東南、正西。《離》卦有兄官，正南尤忌。《乾》宮帶財福，西北可宜。

又如甲子旬、壬申日占此卦：

《乾》宮雖有財福，臨空，不利西北。妻財雖在寅爻，沖破，不宜東北。惟有子孫之向正遇長生，只宜正北。

父為房屋之用爻，憂臨空陷。子乃宅神之本位，喜值興隆。鬼曰凶爻，無則家資被耗。財云吉象，動則屋宇遭傷。父帶吉星，或化子孫而聚福。文臨凶殺，或之官鬼以成殃。

《易林補遺》教例：035

乾宮：火天大有（歸魂）

本	卦	
官鬼己巳火	▅▅▅▅▅	應
父母己未土	▅▅　▅▅	
兄弟己酉金	▅▅▅▅▅	
父母甲辰土	▅▅▅▅▅	世
妻財甲寅木	▅▅▅▅▅	
子孫甲子水	▅▅▅▅▅	

《易林補遺》教例：036

時間：壬申日（旬空：戌亥）

乾宮：火天大有（歸魂）

本	卦	
官鬼己巳火	▅▅▅▅▅	應
父母己未土	▅▅　▅▅	
兄弟己酉金	▅▅▅▅▅	
父母甲辰土	▅▅▅▅▅	世
妻財甲寅木	▅▅▅▅▅	
子孫甲子水	▅▅▅▅▅	

不論移居守舊，皆取父母為用爻，空則不久。
子孫為宅神，旺須發福。
官鬼為凶星，亦不宜動，動則多禍多殃。又不宜無，無則資財耗散。
妻財為財帛，亦不宜空，空則生涯冷淡。又不宜動，動則房屋有虧。
父母之爻若值青龍、天喜、貴人者，或變子孫，乃是發家之屋。
父加白虎、亡神，或變官鬼，便作損耗之房。

所喜者，生世合世之方。所忌者，剋身沖身之向。更憂官鬼之鄉，又喜子孫之所。

混卜利行何處，專看世爻。遇合叨生宜往，逢沖受剋莫行。又忌鬼值之方，更喜福臨之向。空亡之位，豈可安居？墓絕之鄉，不宜移徙。

假令問往何方？占得《剝》卦：

此㊀卦世臨水象，大忌辰戌丑未剋世之方。所喜申酉來生，往西則吉。又看鬼臨巳上，莫至東南。福在水鄉，利行正北。丑方雖合，剋世不宜。

《易林補遺》教例：037		
占事：問往何方？		
乾宮：山地剝		
本　　卦		
妻財丙寅木	▅▅▅▅▅	
子孫丙子水	▅▅　▅▅	世
父母丙戌土	▅▅　▅▅	
妻財乙卯木	▅▅　▅▅	
官鬼乙巳火	▅▅　▅▅	應
父母乙未土	▅▅　▅▅	

又如六月、甲辰旬、乙巳日，卜得《无妄》卦：水來剋世，不利北方。火賴木生，宜行東北，豈知木值空亡，東亦不宜。細查官在申方，西南尤忌。只喜福居午上，宜徙正南。

《易林補遺》教例：038		
時間：未月　乙巳日（旬空：寅卯）		
巽宮：天雷无妄（六沖）		
本　　卦		
妻財壬戌土	▅▅▅▅▅	
官鬼壬申金	▅▅▅▅▅	
子孫壬午火	▅▅▅▅▅	世
妻財庚辰土	▅▅　▅▅	
兄弟庚寅木	▅▅　▅▅	
父母庚子水	▅▅▅▅▅	應

卦入六沖，居之不久。世投四墓，行之不成。鬼動則諸般招禍，世空則凡事不寧。

不論遷移守舊，若值六沖，皆居不久。

世臨墓庫，移徙難成。墓得沖開，反能還去。

不拘住舊更新，不論東南西北，鬼如發動，便作凶推。

世若空亡，縱吉不吉。卦象縱然旺相，又帶青龍福德者，若值世爻空，鬼爻發，永不為祥者也。

宜舊宜新，卻要探微索隱。當行當止，還須闡易參玄。

校勘記

㊀「此」，原文作「世」，疑誤，據其文意改作。

同居共寓章第五十

以世應為主，生剋為憑。

與人共住應爻詳，若值空亡不久長。扶世生身皆吉慶，倘來剋世主乖張。世空己變他無變，應破他傷己不傷。

占人同住，卻看世為我，應為他。應若空亡，他居不久。應如生世，必有益有情。應來剋世，我被他傷。

世值旬空，彼雖無變，我有更遷。

應臨月破，彼自遭殃，無傷於己。

應去生官官害世，彼唆殃禍至家鄉。火官在應防回祿，武鬼臨他引賊藏。官鬼發時憂訟害，子孫旺處得禎祥。

應與官爻同來剋世，或應生鬼象，鬼自來傷，皆主他唆殃禍，損我身家。

應值火官，憂他失火。

玄武鬼爻臨應，慮彼不良，或窩贓盜，或引賊來家。

六爻之內鬼如動者，便為不祥。

若得子孫發動，或持世者，定見康寧也。

兄動伐身多損耗，交重朱雀有非殃。六沖即便分南北，六合還須永遠昌。

兄弟動來剋世，暗耗資財。

朱雀爻興，多生咭咶。

六沖之卦，二邊不久各東西。

六合之爻，主客和同堪久住。

置產定居章第五十一

以福神為主，財象為憑。

置買田園屋與舟，創丁定居事同求。福神當道妻財旺，管取興隆利倍收。

凡占置買田地，山蕩，房屋，舟車等物，及成丁定居，事亦相同。

卦得子孫持世，或發動妻財旺相或生世剋世，定主廣收花利，財帛豐盈。

若財落空亡，又無福德，置產者終無利息，定居者家不榮昌。

內外相沖非永遠，兄官發動切須愁。應爻剋世防侵損，世值空虛不久留。

置產與創丁，皆忌六沖之卦。沖則不成，縱成不久，日辰沖世亦然。

又論兄與鬼，皆不宜動。兄動則無財無利，鬼動則多訟多非。若得鬼空兄陷，有利無殃。

應如剋世，常多侵擾之憂。世若空亡，產存不久。

朱雀鳴時招口舌，勾陳動者許更修。船遇騰蛇驚漸至，屋逢玄武賊頻偷。

朱雀值鬼與，置產多招口舌。

勾陳臨福動，房屋卻喜更修。臨鬼亦不可也。

騰蛇帶鬼為虛驚，又為精怪。田地山蕩，不必忌之。舟船遇此，驚恐不常。屋宇逢之，內藏魘倒。

惟有玄武臨官動者，不拘問屋問船，皆防賊至。

寄裝丁產章第五十二

以世應為主，福德為憑。

將產寄裝他戶下，能嫌世應犯其空。遠年共籍爻逢合，近日分顏卦值沖。

凡卜寄丁寄產，須觀世應之爻。世空或寄不成，縱寄不久。應空，彼不相容，雖容不美。世應皆空，決然不利。世應俱動，後必有更。

卦逢六合，永久和諧。合處逢沖，後來退悔。

如卜六沖之卦，必是口是心非，彼我無情。何能寄籍？

福旺鬼衰皆喜悅，兄安雀靜兩和同。世遭應害防吞占，應若扶身決始終。

寄裝之事，須得子孫旺相，或持世上，或值動爻，便無門戶。

鬼兄朱雀不動，終得安閒。

兄值動爻剋世，多遭破費。雖動不剋世，縱費還輕。應帶凶㊀神剋世，彼懷吞占之心。

世得應生，全賴維持之力。

鬼雀動興多戶役，文書空陷莫投從。旁爻剋世加兄動，後慮傍人舉首凶。

鬼臨朱雀交重，決與詞訟，或審差傜。

父母為產業，若落空亡，不宜寄此。

旁爻兄動剋世，必有他人舉首。若得子孫同發，不妨。

校勘記

㊀「凶」，原文脫漏，據其文意補入。

治家分合章第五十三

以用爻為主，財福為憑。

治國齊家權最重，分居合爨⑦數同排。弟兄當道兄宜旺，父母司權父怕衰。子媳掌家求福德，妻奴管舍伏妻財。自身專主推身世，各定爻神莫亂猜。

若問治家之主，各有用爻。兄如專主，兄弟宜逢生旺。父母當權，文書不宜空絕。用在兒女，子莫休囚。家托妻孥，財爻莫陷。自身作主，須看世爻。他人代卜，應莫空亡。

用旺變衰前獲福，用衰變旺後生財。用爻靜旺無沖剋，前後興隆謝上臺。

用神雖臨旺相，而變墓絕剋沖，或之退氣洩氣，始雖茂盛，終見蕭條。主象縱值休囚，化出生扶進氣，或之帝旺長生，前雖貧乏，後主榮華。用爻安靜旺相，又無沖剋刑傷，定見始終發達，家道興隆。用旺雖臨動處，更變生扶，此乃錦上添花，理合答謝天地。

六合年年增產業，六沖歲歲見多乖⑧。福財若動佳祥兆，兄鬼如興橫禍來。

若卜分居，或占合爨，先看用爻，次評諸象。爻當六合，添丁進產之榮。卦犯六沖，損物費財之禍。若得妻財子孫發動，或值世身，必多吉慶。兄弟動則資財耗散，官鬼動則詞訟干連⑨。

內外卦爻逢旺相，縱無吉曜稱君懷。死囚休廢臨其象，定主蕭條又作災。

星辰不若五行，爻象曾如八卦。雖看爻神之動靜，還推卦體之興衰。

內外二卦，如臨旺相之鄉，縱無財福吉神，也主興家發産。如臨胎沒，稍得從容。內外若遇死囚休廢，縱有吉星，也難發達，非惟無福，反有災愆。內外一旺一衰，事主半凶半吉。內外皆值空亡，定見破家蕩産。衰卦變生扶，先貧而後富。旺卦之沖剋，前富而後貧。

添丁納使章第五十四

以妻財為主，不遇絕空沖破為佳。

取奴財靜稱心懷，鬼動招殃兄動乖。財與應爻生世吉，應空財破豈能諧。

主占取僕，財乃用爻。亦不宜動，動須不久。又不宜空，空不助主。卦若無財，非為奴僕。

財爻縱然有氣，又不宜官鬼兄弟交重。鬼動則多災多訟，兄動則多是多非。若得鬼兄安靜，財與應爻又來生世合世，必是助主興家。

應若空亡，或財被日沖月破，其僕身在此，心向他人，有何力哉？

遊魂誠恐心常改，合處逢沖主僕開。前後卦中沖大忌，用臨驛馬去難來。

凡卜遊魂，此僕心常不定，不可用之。

如逢六合之卦，財爻不動不空，決然主僕相投，又能綿遠。若合處逢沖，始雖和而終必競，豈能久乎？若值六沖之卦，或變出六沖，皆主上下無緣，離心離德。

復查驛馬星，如值財爻或應爻動者，心在他，行後恐潛蹤滅跡。驛馬縱臨財，應不動無妨。

雇倩人工章第五十五

以應爻為主，不遇絕空沖破為佳。

雇工人把應爻推，若落空亡意漸隳⑩。生合世身方得力，不逢沖破滿年回。

凡雇人工，以應爻為主。應若落空，豈能助力？

應如旺相，又來生世或合世，或與世比和，皆得助主之力。

應爻若被日沖月破，或六沖之卦，皆不得滿年足月，半途而廢也。

兄官動以凶殃擾，財子興而吉慶隨。世剋應爻人必服，應傷世象主遭虧。

兄弟官鬼，二者皆不宜動，動則不寧。帶朱雀動，易惹是非。臨玄武動，倘遭失脫。雖動不剋世猶可，兄鬼動來剋世，其禍愈加。

妻財旺而生世者，必假其力以生財。

子孫持世或發動，則無憂而有喜。

世如剋應，可以服人。應剋世爻，反來欺主。若得相生，上和下睦。

布種田禾章第五十六

以妻財為主，福德為憑。

凡卜田禾當看財，如居空絕莫耕栽。官爻持世與㈠傷世，便作凶荒復細開。火患焦枯天亢旱，水多洪雨沒圩⑪階。土金二象螟蝗⑫出，木被風吹虛耗災。子動財興方大熟，鬼空兄靜永無乖。

若卜田禾，財為主象。財臨絕地，又不生扶，若陷空中，更無填實，子孫又不當道，必主無收。

官鬼若持世上，縱不持世，如值交重，或來剋世，如此三端犯一，便為荒歉。

鬼值火興，其年亢旱。官臨水動，洪雨連綿。臨金臨土，皆犯蟲侵。惟值木官，禾被狂風吹偃，穀粃⑬輕收。如無風害，必遭虛耗陰傷，秀而不實。

鬼爻不動，又不持世剋世，雖帶五行，不必言也。

若得子孫發動，妻財有氣，鬼兄安靜休囚，此等卦爻，方為大熟。

校勘記

㈠「與」，原文作「興」，疑誤，據其文意改作。

浼婦育蠶章第五十七

以應爻為主，財象為憑。

浼婦來家代育蠶，財為主象應為先。財中莫變兄和鬼，應上休臨父與官。

凡占蠶婦，先察應爻，次觀財象。財若空亡，或化兄弟官鬼，便曰薄收。

應爻若臨父母官鬼，反傷蠶畜，不可用之。應如剋世，設計中傷，終無利益。

旺相子孫多蠶繭，交重兄弟少絲綿。父搖有害憂人觸，子絕無收費葉錢。

子孫旺相，多獲絲綿。

兄弟動與，有虧資本。兄動子亦動，蠶反倍收。

父母交重，猶恐人來觸犯，宜慎蠶房。

子如遇絕，或值空亡，枉費葉錢，蠶花無望。

鬼動六沖皆不用，卦逢《震》、《巽》盡成歡。應空彼力無毫忽，財旺絲金獲萬千。

官鬼發動，必損春蠶。鬼動子亦動，卻辨興衰。子旺鬼衰，又無損害。子衰鬼旺，仍作凶推。

卦犯六沖，無緣莫用。

惟有《震》、《巽》為蠶娘，或內或外，得此卦中，其婦善能育飼。

又看三爻與應爻，皆為蠶婦。若犯月破旬空，婦必懶惰，眠起失時，或此婦即時有病。

蠶婦不臨空地，兄鬼不動，財福皆興，此等卦爻，十倍收成也。

養蠶作繭章第五十八

以福神為主，財象為憑。

凡看春蠶，須得福神旺相。欲成絲繭，惟求財象興隆。

子孫為蠶花，妻財為絲繭。二者不可空與無，大宜旺相。

鬼動福空，雖育半筐還損失。官衰子旺，任收十倍更盈餘。財福二爻臨木火，靜而尤美。兄官兩象值世應，動則尤凶。

凡育春蠶，所喜者財福二爻，所忌者兄官兩象。

鬼如發動，子又空亡，此蠶不拘多寡，殄滅⑭無遺。鬼象衰而且靜，子值旺鄉，全收蠶利。

子孫但臨木火，多獲絲斤。如臨金水之爻，蠶僵利失。子居辰戌丑未，只得半收。

又論子孫為蠶命之爻，不動不空靜旺，稱為大吉。

兄弟官鬼，不宜臨世應之爻，靜無大害，動興災。

有子官興，速去祈禳⑮終有益。無孫鬼動，縱來祭禱也無功。子變父官，滿室盈欄無結秀。官之財福，答天謝地有收成。

鬼雖發動，子無刑剋沖傷，若還祭賽⑯，終有收成。

子孫若受剋逢空，及不上卦，縱然請禱，亦無所收。

子雖得地，若變父母㊀鬼爻，或之墓絕，或被月建相傷，三眠四起雖有可觀，到老收成大失所望。

卦有子孫，又見鬼爻發動，未可便作凶推。鬼若變為財福，若去酬神，自獲蠶利。

子乃蠶身，無片言之辨。鬼為病症，有五類之分。水犯濕青，火當焦退，金為亮白，土主痿黃⑰，木被狂風。蛇遭驚恐，勾陳因動作之妨，白虎為喪家之犯。遇青龍，慮笙簫歌唱，逢朱雀，憂鬥打喧爭。玄武則穢氣⑱而沖，咸池則穢人而觸。子防鼠耗，巳受蛇傷。

鬼到《巽》宮，倘遭風報；官來《震》卦，恐受雷驚。《坎》中則被漏淋漓，《離》內則有傷火氣。

子孫之論其列在前，今推官鬼之爻。不宜發動，動必有傷。看值何爻，便知何病。水鬼主蠶烏爛，火官漸漸焦稀，金主白僵，土當黃死，木鬼為日月風而損。騰蛇，因驚嚇而傷。勾陳鬼，或曾更前改後，動犯有妨。白虎鬼，恐鄰家舉殯除靈，或有服之人進室，故損蠶花。青龍鬼，倘逢淫樂，及歌唱之聲。朱雀鬼，恐聞鬥毆，並喧嚷之非。玄武鬼，防穢氣之沖傷。咸池鬼，忌穢人之觸犯。子鬼慮鼠來吞，巳鬼憂蛇來啖⑲。

官臨《巽》卦動，蠶被風傷。鬼在《震》宮興，蠶遭雷嚇。《坎》內鬼搖，蠶房雨滴。《離》中官發，傷火難調。

鬼若靜時，莫將此斷。

初為蠶種，見則宜更。二作蠶苗，帶須受病。三曰蠶娘之位，犯必災生。四云蠶葉之爻，臨渠⑳價重。五是蠶筐，逢之有損。六當蠶繭，遇者無收。

雖臨官而安靜，稍見其殃。如值鬼以交重，定成此禍。

卦列六爻，皆為蠶體。但逢官鬼，禍必相隨。靜則其禍還輕，動則此殃最重。鬼若交重，便宜祭禱。要知何祟，詳見「搜決神鬼章」。

父值身爻，有子無兄多損害。兄臨世動，有財無子少絲綿。貪生忘剋若分明，萬事千端皆透徹。

父母持世，或發動，或臨日月，子必受傷，蠶難勝意。

若兄弟與父爻同發，轉助子威，蠶獲大利。

兄弟持世，或發動，或臨日月，能剋妻財，難收絲繭。

如逢子與兄爻皆動，轉生財象，其年倍得絲綿。

凡看卦爻，須察貪生忘剋，不可鹵莽輕言。

校勘記

㊀「父母」，原文作「兄弟」，疑誤，據其卦理及文意改作。

桑葉貴賤章第五十九

以妻財為主，福德為憑。

先察蠶花之得失，次觀葉價之高低。蠶卦內，惟憑三四之爻；葉卦中，單取妻財之象。旺而生剋世，貴若黃金。衰遭世剋傷，賤如白土。

蠶卦之中，兼推桑葉，卻看三爻與四爻。如臨官鬼，價必騰高，旺相尤貴。三四爻不逢鬼象，或值休囚，此葉必賤。

單占桑葉，又不取三四之爻，獨推財象。財旺則價高，財衰則價薄，財空則大賤。財爻持世剋世，價必如金。世爻或月建剋財，賤如灰土。

財變兄官子變父，則前重後輕。妻之福德鬼之財，則前輕後重。

財如得地，目下價高㊀。若變出兄弟，或變官爻，或之墓絕，葉價後不如前。

妻才若化子孫，或變長生帝旺，價必日增，貴高無已。卦縱無才，若官鬼或子孫化為財者，皆主始賤而終貴也。

用行死敗日，利必輕微。主到旺生時，價還高厚。

要知葉價何日貴何日賤，專看財爻。

如臨死日、敗日、絕日，並兄弟值日，其價必輕。

財遇生日、旺日，及子孫值日，此價方高。

如占一日內貴賤，卻把時辰定之。

賣懇子孫專主，買求兄弟當權。

賣主來占，還須財旺。財來生旺剋世或持世，更逢福德交重，必得重價。

買主來占，要逢財弱。兄弟持世或發動，必當賤賣，其價輕微。

內旺外衰，他鄉可置。內衰外旺，本境堪圖。

內卦與親宮，皆為本處。外象兼他卦，咸作別鄉。

若內卦旺，或親宮旺，或財居內卦、親宮，本境價高，宜往他鄉可買。

如外卦旺，或他宮旺，或財居外卦、他宮，遠途反貴，本地偏宜。

內外俱衰或俱旺，遠近皆同。

正卦有財之卦無，買須落後。主卦無財變卦有，賣則宜遲。

主卦財爻當道，變卦無財，葉宜早賣。

主卦雖無財象，變出財來，有桑必須遲脫。

妻值火爻，必致朝增暮長。財居水位，決然日減時衰。

葉價取財爻為主，總言應時則貴，背時則賤。賣葉必在四月之間，財宜火地。

縱然隔年冬月來占，如卜火財，目下雖值休囚，至次年孟夏，此火自然當道，豈不貴乎？

此章若得精通，葉價便知貴賤。

校勘記

㈠「高」，原文脫漏，據其文意補入。

六畜禽獸章第六十

以子孫為主，分宮生肖為憑。

一應飛禽，咸喜子孫旺相。諸般走獸，俱宜福德興隆。

凡占諸般禽獸，皆看子孫。旺相生扶，定然長養。若值旬空月破，必主虧傷。

初雞、二犬、三豬、四羊、五牛、六馬。鴨同雞位，貓共犬爻。

近日眾牲，只取六爻之定位。遠年禽獸，遠憑八卦之分宮。

《乾》馬、《坤》牛、《震》龍、《坎》豕、《兌》羊、《艮》犬、《離》雉、《巽》雞。再加生肖之爻，可決血財之利。

又附：亥魚、酉鳥、午鹿、寅貓。

凡推六畜，各有分宮。

如初爻為雞，為鴨，為鵝。二爻為犬，為貓。三爻為豬，四爻為羊，五爻為牛，六爻為馬，為騾，為驢。

凡一年半載之禽獸，方看六爻。十週五歲之眾牲，卻憑八卦。

《乾》為馬，《坤》為牛。《坎》為豬，《震》為龍，又為兔。《兑》為羊，《艮》為犬，又為鳥。《離》為雉，《巽》為雞。

不拘近遠禽獸，不可不看生肖之爻。

子鼠，丑牛，寅虎，卯兔，辰龍，巳蛇，午馬，未羊，申猴，酉雞，戌犬，亥豬。

細查演禽之法：

丁亥為豬，癸亥為魚，故魚附在亥。

丁酉為雞，己酉為雉，癸酉為鴉，故鳥附在酉。

丙午為馬，戊午為獐，壬午為鹿，故獐㊀鹿附在午。

丙寅為虎，壬寅為豹，戊寅為貓，故貓附於寅。

定位與分宮，不陷不沖逢旺吉。本命之生肖，臨兄臨鬼值空凶。

分宮之爻，若值旬空、月破、日沖者，皆不為佳。或臨官鬼兄弟，必犯災迍。

分位如臨財福，又得生扶旺相，必然長養成群。

本命即生肖之爻，縱值空沖破絕，及兄弟之爻，俱各無礙。惟臨官鬼，立見傷殘。

父作忌神，不動或空為福。財當利息，逢生或旺為佳。兄乃劫財，搖須乏本。鬼為惡煞，動必生災。

父母為忌神，最宜安靜。妻財為利息，大要生扶。兄弟為劫財，切嫌發動。官鬼為惡煞，縱不臨分宮本命之鄉，動必為禍。兄鬼若空，始終迪吉。

貓犬豬羊最嫌白虎，雞鵝牛馬惟喜青龍，雀臨鬼動訟憂生，武帶官爻物恐失。

惟有豬羊貓犬四獸，最嫌白虎交重，其餘禽獸，不忌此星。

青龍發動，件件能收。

鬼臨朱雀動，易惹官非。鬼臨玄武動，終遭失脫。

六合還須養育，六沖切莫收留。要決剛柔，須詳動靜。欲知肥瘠㉑，卻看興衰。

六合之爻，便宜餵養。六沖之卦，豈可留延。合處逢沖，留之不久。但看分宮與子孫。發動臨惡煞，此畜頑劣。安靜帶吉星，其獸馴良。旺則肥，而衰則瘦也。

校勘記

㈠「獐」，原文作「豬」，疑誤，據前「戊午為獐」改作。

憂疑損害章第六十一

以身世為主，福德為憑。

人無遠慮，倘遭旦夕之憂。易有久靈，能決往來之事。世位臨空，己不受他之阻節。應爻落陷，彼非訴我之情由。官中扳害，外愁剋內鬼愁興。私下損傷，應忌伐身兄忌動。

預防扳害，當詳世應之爻。世若落空，禍殃皆脫。應若落空，他難損我。世應若不空亡，便尋生剋。世剋應或內剋外，不論公私毫無剋害。如應剋世或外剋內，必受其殃。

若逢鬼動，事到公庭。如見兄搖，財遭破費。

旺相子孫，災訟決非纏染。交重官鬼，禍殃豈不牽連。月將生官，雖往寧家生不測。日辰制鬼，縱陪病體臥無妨。世旺無傷，任好探災問訟。身衰有剋，切莫送殯辭幡。

凡去探災、問訟，送殯、辭幡，倘遭妨犯，慮被仇傷。一應憂疑，皆嫌官鬼。

若得子孫旺相，或發動，或持世，或臨日月剋制鬼爻，諸般無害。

若逢官鬼發動，或旺相，或持世，或剋世，或臨日月，皆惹禍殃。鬼若空亡，般般無忌。

又看世爻，旺遇合生者吉，衰逢沖剋者凶。

鬼值六神，興定六般之患難。官臨八卦，動分八向之憂危。朱雀同宮，莫去傳音附信。青龍並位，休來作保為媒。如遇勾陳，拆舊更新當染患。若逢白虎，修棺合槨反招殃。住騰蛇事防連累，居玄武物被侵偷。

官鬼之爻，看臨何獸發動，便知何事招殃。

鬼臨朱雀，事主文書，或寄信，或喧嘩，或詞訟，或往火場，恐惹禍端，皆宜遠避。

青龍鬼動，事主花酒，或行善願，或往喜慶之家，反招殃禍。

勾陳鬼動，事主造作興修，或田產，或安葬，或往墓前，有樹妨礙。

白虎鬼動，事主喪服，或棺槨，或宰殺，或至征戰之所，禍起難逃。

騰蛇鬼動，主妖怪或魘倒，或虛驚，或因動土而起災。

玄武鬼動，事主盜賊，或坑廁，或水利，或陰人，或往江湖而染患。

在《艮》則忌臨東北，不利山林。在《坤》則弗降西南，豈宜墳墓。《震》為東向《巽》東南，起屋上樑休奉賀。《兌》乃西方《乾》西北，看經講道莫登壇。《坎》嫌北往及江河，《離》怪南行兼爐冶。

《艮》宮鬼動，禍起東北。或山林及骨塚，兼少男並犬畜，或擊石樵柴之類。

《坤》宮鬼動，禍起西南。或墳墓及荒郊，兼老嫗㉒、布疋㉓、大輿㉔並牛畜，或修砌動土之類。

《震》宮鬼動，禍起正東。或創作，或樹木，並舟楫兼長男，或木行船枋之類。

《巽》宮鬼動，禍起東南。或興造及風報，兼長女並雞畜，或竹蘆花草之類。

《兑》宮鬼動，禍起正西。或庵堂，或尼姑，及水利酒肆，並少女同羊畜、並祝巫妾婦，或念佛焚香之類。

《乾》宮鬼動，禍起西北。或寺觀釋子，或高樓，兼金玉並白翁，同騾馬及城垛，或看經講道之類。

《坎》宮鬼動，禍起正北。或江河，或盜賊及獄門，並中男兼豬豕，或溝坑池井之類。

《離》宮鬼動，禍起正南。或鍋灶並窯爐，及術士兼中女，或銃炮流星之類。

申酉避凶喪，又避戰征場內。寅卯憂斫伐，兼憂造作門中。水愁水路之行藏，火慮火場之來往。辰戌兼山嶺，丑未忌墳塋。

鬼屬金爻，忌喪家及征戰，並宰殺之類。

鬼爻屬木，忌造作並斫伐之類。

鬼屬水爻，忌江河并池井及混堂之類。

鬼屬火爻，忌火場及窯爐之類。

鬼屬土爻，忌山林及荒郊墳墓之類。

不動不必言也。

又看鬼值何爻，便斷何方莫去。且如鬼在申宮，可決西南惹禍。餘皆倣此。

動必生殃，縱不剋身仍不吉。靜雖無咎，若然傷世定然凶。隨官入墓，處處迍邅。助鬼傷身，方方坎坷。

凡官鬼之爻，不拘臨在何爻何卦，動必為殃。縱不剋世傷身，既動無不作禍。

且如《否》卦，四爻火官獨發：

前列火場及窯爐大忌。不可拘泥㉕㊀，往北方水路，鬼動亦見凶危。但若官搖，不論東南西北，概不為祥。鬼如安靜，永不為殃。

倘來沖剋世爻，雖靜亦能為禍。

凡世身本命隨官入墓，並助鬼傷身者，一切事情，決無佳況。

《易林補遺》教例：039

乾宮：天地否（六合）				乾宮：風地觀		
本　卦				變　卦		
父母壬戌土	▅▅▅	應		妻財辛卯木	▅▅▅	
兄弟壬申金	▅▅▅			官鬼辛巳火	▅▅▅	
官鬼壬午火	▅▅▅		○→	父母辛未土	▅　▅	世
妻財乙卯木	▅　▅	世		妻財乙卯木	▅　▅	
官鬼乙巳火	▅　▅			官鬼乙巳火	▅　▅	
父母乙未土	▅　▅			父母乙未土	▅　▅	應

用象化官殃速至，鬼爻變福禍蠲消㉖。世上有官，吉曜縱興終有害。卦中無鬼，凶星雖動永無傷。

卦中鬼不交重，又不剋世，本為清吉。豈知用神動化官爻，反遭愆咎。

卦內鬼爻雖動，變出子孫，定主先凶後吉，禍必潛消。

官雖不動，若值世爻，縱有天喜貴人，此殃難解。

卦中無鬼及落空亡，雖逢朱雀白虎凶星惡煞交重，並無損害。

凡卜憂疑，鬼不臨世剋世，又不發動；子孫旺相，又不化出官爻；此等卦爻，決無禍患。

人欲趨吉避凶，起居未定。卦乃決疑解惑，行止能分。心若竭而祈誠，天必付乎其應。

注釋

①斫（zhuó）伐：砍伐。

②方隅：方位。

③魘（yǎn）倒：用法術使人受禍或使之神智迷糊。

④除靈：舊俗人死既葬，於除喪之日，延僧道追薦後，撤除靈座，燒化靈牌，以示服

喪期滿，謂之「除靈」。

⑤寫像：畫像。

⑥祭禱：祭祀，祈神求福。

⑦合爨（cuàn）：合在一起燒火做飯。

⑧乖：背離，違背，不和諧。

⑨干連：關涉，牽連。

⑩隳（hu ī）：古通「惰」，懶惰。

⑪圩（wéi）：低窪區防水護田的土堤。

⑫螟蝗（míng huáng）：螟和蝗，都是食稻麥的害蟲。

⑬縠粃（b ǐ）：中空或不飽滿的縠粒。

⑭殄（ti ǎn）滅：消滅；滅絕。

⑮祈禳（qí ráng）：祈禱以求福除災。

⑯祭賽：祭祀酬神。

⑰痿（w ě i）黃：痿痹發黃。

⑱穢（huì）氣：難聞的氣味；臭氣；腐爛不潔的氣味。

⑲啖（dàn）：吃，咬著吃硬的，或囫圇吞整的食物。

⑳渠：代指「他」。
㉑肥瘠（jí）：謂肥瘦。
㉒老嫗：老年婦女。
㉓布疋（pǐ）：布以匹計，故統稱布為布匹。疋：同「匹」字。
㉔大輿（yú）：車輛，尤指馬車。
㉕拘泥：固執成見而不知變通。
㉖蠲（juān）消：消除。

校勘記

㈠「拘泥」，原文作「拘擬」，疑誤，據其文意改作。

易林補遺亨集卷之六終

易林補遺利集卷之七

禮部冠帶術士　張世寶　著
西吳庠生　黃裳　毛士來　同校閱

防非避訟章第六十二

以官鬼為主，朱雀為憑。

時常問卜慮官司，卻要官居空絕時，子動龍搖無橫事，鬼興雀噪定成詞。

凡占詞訟有無，須推官鬼。鬼若空亡，或臨絕地，或不上卦，便無官非。縱有官爻，若得子孫發動，或持世上，永不成詞。

鬼帶青龍，亦無橫禍。鬼臨朱雀發動，訟必當興。鬼爻若化子孫，見凶得吉。

螣蛇值鬼牽連訟，玄武陰人盜賊知，白虎驗傷分勝負，勾陳爭產辯贏輸。

螣蛇鬼動，若不為牽連之訟，定不免光棍之非。

玄武鬼動，禍起陰人，或為盜情，或因水利。

白虎鬼動，事干喪服，或主槍傷打傷之類㈠。

勾陳鬼動，禍由田產，或為公差之事，亦或因債負之詞。

又云：更推何象之為鬼，便見誰人起訟端。福德變成卑幼起，或因僧道及歌歡。妻財化出陰人僕，或為生涯貨物牽。兄弟動來因手足，朋友喧嘩或賭錢。爻逢父母之官者，尊長文書衣產船。官化官爻興舊訟，變為空地不須言。

要知何事何人起訟，但看何爻化出官爻。

子孫化鬼，事起兒女之輩，或僧道醫藥及善願，並禽獸，兼酌酒，或歌唱等類之訟。

妻財化鬼，事起陰人，或奴僕及買賣，並財物，兼糧食等類之訟。

兄弟化鬼，事起弟兄，或姊㊂妹及朋友，並同類，兼中保媒妁等類。如加朱雀，便是賭博之訟。

父母化鬼，事起尊長等輩，或文書及房屋，並舟車，兼袍服，或墳墓等類之訟。

鬼化鬼，事起舊訟，不然亦主兩情，或二衙門，或結後復告。

以上六親，縱然化出官鬼，化鬼若空，又不依前斷之。

《離》中鬼動因中女，《艮》內官興為少男。以上他宮如此斷，六爻安靜訟無干。

《離》宮鬼動，事因中女，或火炮及廚灶，並術士兼文墨等類之訟。

《艮》宮鬼動，事為少男，或山林及骨塚，並犬畜等類之訟。

《乾》宮鬼動，事為老翁，或寺廟及釋子，並城垛高樓兼騾馬等類之訟。

《坎》宮鬼動，事為中男，或江河及盜賊，並水利兼豬畜等類之訟。

《震》宮鬼動，事為長男，或起造及樹木，並舟揖等類之訟。

《巽》宮鬼動，事因長女，或花草及竹蘆，並使風兼雞畜等類之訟。

《坤》宮鬼動，事因老嫗，或墳墓及荒郊，並牛畜、布疋、大車等類之訟。

《兌》官鬼動，事因少女，或庵堂及尼姑，並水利酒坊兼羊畜等類之訟。

占訟有無，鬼若休囚安靜，朱雀不搖，便無訟擾。

校勘記

㈠「之類」，原文作「之累」，疑誤，據其文意改作。

㈡「姊」，原文作「姨」，疑誤，據其文意改作。後文遇此字，據其文意直接改，不另說明。

防火避焰章第六十三

吉則用子孫為主，凶則用官鬼為憑。

占火惟憑官鬼尋，交重剋世火殃臨。世中遇此興家室，應上逢之起對門。內卦鬼興憂本宅，外爻官動慮鄉鄰。要知何處紅光透，八卦須將八向分。鬼在《艮》宮東北起，官居《離》卦正南焚。

占火燭，須推官鬼，鬼如發動，便有火殃。不剋世身，並內卦雖見無妨。動來傷宅，或剋世爻，難逃回祿㈠。

世值鬼搖，本家起火。應臨鬼動，對宅興災。

內卦與親宮鬼動，禍不離家。他宮或外卦官興，火由鄰里。

又看鬼動何官，便曰何方火熾。

《乾》宮鬼動，西北興災。

鬼在《坎》宮，殃生正北。

官居《艮》上，東北遭殃。

《震》上鬼臨，正東受患。

《巽》家鬼動，禍及東南。

《離》內鬼興，正南發覺。

在《坤》西南被害，在《兑》正西起殃。

卦中縱有鬼，若不動，則不必言。

或空或絕無回祿，安靜休囚也不侵。子動傷官殃熄滅，福臨世上火冰沉。鬼爻暗動傷身者，倘中冤仇報復心。

卦無官鬼，縱有或值空絕，必無火光。爻如有鬼，若值衰靜，不剋世爻，亦無害。卦見子動或持世，鬼㊁或陷日月，火必潛消。

官雖靜，或被動爻沖官，或日辰沖鬼，鬼與應爻同剋世，恐仇人放火，防備須嚴。

問火有無，須要官鬼休囚，亦不發動，又不剋世，便無火殃。

校勘記

㊀「回祿」，原文作「回陸」，疑誤，據其文意改作。

㊁「鬼」，原文脫漏，據其文意補入。

提防盜賊章第六十四

以官鬼為主，玄武為憑。

子旺官空玄武靜，門窗不閉永無憂。玄搖鬼發逢財助，牆壁堅牢也被偷。

凡占盜賊有無，卻憑官鬼。鬼在空亡，及不上卦，玄武又不發動，必無盜賊來侵。縱有鬼爻，不臨玄武，又不交重，亦無賊至。爻雖動，而玄武不動，子孫況值交重，或臨世上，終無失脫。子與鬼爻皆動，卻看旺衰。子旺官衰，不須疑慮。子衰官旺，賊勢難防。玄武與官鬼二爻皆動，又遇動爻助鬼，或日月生官，雖然屋宇堅牢，穿窬難免。鬼如化子，縱被侵偷，必然緝獲。

那月官臨生旺值，便知此賊至門頭。交重玄武無官鬼，有口無心不必愁。《艮》家鬼動防東北，《坎》北《離》南一理求。

要知賊寇何月來侵，便看鬼臨長生、帝旺、生扶之月。又看臨值何月，便知此賊方來。

假如占得《明夷》卦：

四爻土鬼動，土賴火生，先防五月。土生在申，再憂七月。鬼臨丑上，臘月當來。其餘諸卦，倣此推詳。

又推玄武發動，鬼值旬空，賊雖起意，終不來侵。

要知賊在何方，且看鬼居何卦。

《易林補遺》教例：040

坎宮：地火明夷（遊魂）				坎宮：雷火豐		
本　　卦				變　　卦		
父母癸酉金	▅▅　▅▅			官鬼庚戌土	▅▅　▅▅	
兄弟癸亥水	▅▅　▅▅			父母庚申金	▅▅　▅▅	世
官鬼癸丑土	▅▅　▅▅	世	╳→	妻財庚午火	▅▅▅▅▅	
兄弟己亥水	▅▅▅▅▅			兄弟己亥水	▅▅▅▅▅	
官鬼己丑土	▅▅　▅▅			官鬼己丑土	▅▅　▅▅	應
子孫己卯木	▅▅▅▅▅	應		子孫己卯木	▅▅▅▅▅	

鬼在《乾》宮，賊居西北，不然亦在寺觀之中。
鬼在《坎》宮，賊藏水口，不然亦在北方。
鬼在《艮》宮，便言東北，或在山林。
《震》宮鬼動，盜隱正東，若非樹下，定近船坊、木行之所。
官居《巽》卦，當曰東南，必近竹園，或草堆之所。
鬼在《離》宮，南方之賊，若不在窯爐之所，必匿於銀銅鐵匠之家。
《坤》宮鬼動，便斷西南，若不居墳墓之傍，必在荒郊曠野之內。
鬼入《兑》家，賊從西路，或住魚池水閣之傍，或近小廟庵堂之處。
卦內鬼爻不動，玄武朱雀皆興，兄弟化出官爻，必是賭輸而為盜。
玄武臨財化鬼，若非妻妾之親，必是奴丁為盜。在內則本家之僕，在外則他姓之奴。
玄武子孫化鬼，須防子侄，或僧道來偷。
玄武父母化鬼，倘遭尊長相侵，或被不就文人作盜。
玄武官化官爻，必是遠年積賊。
玄武鬼爻加白虎，當推戴孝之人。
卦內官爻及化出官爻，如臨空陷，皆不可以盜賊言之。

禦避災患章第六十五

吉則用子孫為主，凶則用官鬼為憑。

防災避患忌官爻，安靜休囚禍不招，遇旺遇生災速起，或無或陷病潛消。不傷身世無魔障①，如值交重難莫逃，日月制之殃咎散，子孫一動滅邪妖。

凡占自身疾病有無，當詳官鬼。鬼逢生旺，必見災迍。若落空亡，或不上卦，永不為殃。鬼如發動，豈不生災。不剋世身，終無疾厄。

官爻雖動，若得子孫同發，或子臨日月，或子居世上，萬禍潛消。

誰爻化鬼誰人犯，那命臨官那個遭。更論六親誰受剋，可推輕重決分毫。

又論闔家病疾有無，須尋用象。父爻化鬼，災至椿萱。兄象化官，禍延手足。子化官爻，殃從兒女。財之鬼象，病在妻奴。官化官爻，合門受患。世化官爻，病臨自己。應之鬼位，妻妾不寧。

復查人之本命臨官，必主為災。

假令占得《姤》卦：

《易林補遺》教例：041		
乾宮：天風姤		
本　　卦		
父母壬戌土	▅▅▅▅▅	
兄弟壬申金	▅▅▅▅▅	
官鬼壬午火	▅▅▅▅▅	應
兄弟辛酉金	▅▅▅▅▅	
子孫辛亥水	▅▅▅▅▅	
父母辛丑土	▅▅　▅▅	世

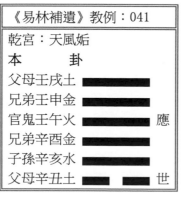

午火臨官，便曰屬馬生人受患。餘照其詳。鬼若空亡，不依此斷。
更看六親之象，不可受傷。財動則禍憂尊長，鬼興則殃及兄弟。兄搖妻病，父動兒災。
妻若來占，子動夫君受患。其餘問卜，子與皆作康寧。
問病有無，卦內忌神不動，鬼不交重，用神不值旬空月破，便言平安。

校勘記

㊀「魔障」，原文作「磨瘴」，疑誤，據其文意改作。

何處得病章第六十六

以官爻為主，動象為憑。

欲知何處起災星，須把交復定向真。爻靜可將外卦取，無官卻在本宮尋。當推官伏何爻下，鬼上飛爻方有因。假令卜得《家人》卦，鬼伏三爻辛酉金。但看飛神己亥水，便言西北犯靈神。飛官伏鬼皆空者，病體終無邪祟侵。

凡占何處得災，並看何方犯祟，不論卦中有鬼無鬼，如見動爻，即以動爻取之。火動曰南，水動曰北。

如卦安靜，亦有官鬼，便取外卦斷之。外《巽》則東南起禍，外《乾》則西北招殃。

卦若安靜，又無鬼者，並不取外卦而推，卻看鬼伏在何爻之下，鬼上飛爻定其方向。假令《訟》卦安靜：

《易林補遺》教例：042

離宮：天水訟（遊魂）

伏神	本卦		
	子孫壬戌土	▅▅▅▅▅	
	妻財壬申金	▅▅▅▅▅	
	兄弟壬午火	▅▅▅▅▅	世
官鬼己亥水	兄弟戊午火	▅▅　▅▅	
	子孫戊辰土	▅▅▅▅▅	
	父母戊寅木	▅▅　▅▅	應

鬼伏三爻午火之下，便云病起南方。

又如《遯》卦，三爻六爻動：

《易林補遺》教例：043

乾宮：天山遯				兌宮：澤地萃		
本卦				**變卦**		
父母壬戌土	▅▅▅▅▅		○→	父母丁未土	▅▅　▅▅	
兄弟壬申金	▅▅▅▅▅	應		兄弟丁酉金	▅▅▅▅▅	應
官鬼壬午火	▅▅▅▅▅			子孫丁亥水	▅▅▅▅▅	
兄弟丙申金	▅▅▅▅▅		○→	妻財乙卯木	▅▅　▅▅	
官鬼丙午火	▅▅　▅▅	世		官鬼乙巳火	▅▅　▅▅	世
父母丙辰土	▅▅　▅▅			父母乙未土	▅▅　▅▅	

既有動爻，便言動向。申是西南，戌乃西北。病從一處，豈有二方？卻要二者並看，只曰西方。

又如《遯》卦安靜：

卦雖有鬼，並無動爻，便將外卦而決，禍從西北而來。

又如《小畜》卦，初爻二爻動：

《易林補遺》教例：044		
乾宮：天山遯		
本　　卦		
父母壬戌土	▅▅▅▅▅	
兄弟壬申金	▅▅▅▅▅	應
官鬼壬午火	▅▅▅▅▅	
兄弟丙申金	▅▅▅▅▅	
官鬼丙午火	▅▅　▅▅	世
父母丙辰土	▅▅　▅▅	

官鬼雖無，動爻可取。子當正北，寅為東北，二象並推，總言在北。

又如《小畜》安靜：

無動難取，動爻無官，難取外卦。方看鬼伏三爻之下，當取鬼上飛神辰土是也，便曰東南。

《易林補遺》教例：045						
巽宮：風天小畜				艮宮：風山漸（歸魂）		
本　　卦				變　　卦		
兄弟辛卯木	▅▅▅▅▅			兄弟辛卯木	▅▅▅▅▅	應
子孫辛巳火	▅▅▅▅▅			子孫辛巳火	▅▅▅▅▅	
妻財辛未土	▅▅　▅▅	應		妻財辛未土	▅▅　▅▅	
妻財甲辰土	▅▅▅▅▅			官鬼丙申金	▅▅▅▅▅	世
兄弟甲寅木	▅▅▅▅▅		○→	子孫丙午火	▅▅　▅▅	
父母甲子水	▅▅▅▅▅	世	○→	妻財丙辰土	▅▅　▅▅	

又如《家人》卦安靜：

鬼伏三爻之下，便取飛神亥水，祟于西北方來。

卦如無鬼，伏鬼再空，並無神祟。

又論八宮鬼動云

《坤》象鬼興遭墳野，《艮》家官動起山林，《離》宮或到窯爐處，《乾》、《兌》曾沖寺廟門，《震》、《巽》樹林花草路，《坎》卦江河池沼村。鬼值本宮非出境，當方惹禍卻評論。

官若動時，亦不如前所斷。

鬼在《坤》宮，必往西南犯祟，或登墳墓，或田野之間。

鬼在《艮》宮，曾行東北，不然便往山林。

鬼在《離》宮，南方染禍，或往火場，或到窯爐之所。

鬼在《乾》宮，理推西北，或至寺觀之中，或步高樓之上。

鬼在《兌》宮，正西有犯，或往庵堂，或居水口。

《易林補遺》教例：046

巽宮：風天小畜

伏神	本卦		
	兄弟辛卯木	⚊	
	子孫辛巳火	⚊	
	妻財辛未土	⚋	應
官鬼辛酉金	妻財甲辰土	⚊	
	兄弟甲寅木	⚊	
	父母甲子水	⚊	世

《易林補遺》教例：047

巽宮：風火家人

伏神	本卦		
	兄弟辛卯木	⚊	
	子孫辛巳火	⚊	應
	妻財辛未土	⚋	
官鬼辛酉金	父母己亥水	⚊	
	妻財己丑土	⚋	世
	兄弟己卯木	⚊	

鬼在《震》宮，正東惹禍，或往樹林之下，或登船轎之中。《巽》宮鬼發，曾步東南，或到竹園之側，或居柴草之傍。鬼在《坎》宮，病從北至，或履江湖之口，或逢驟雨淋身。鬼如獨發，又看地支所屬之方。

假令《賁》卦，初爻獨發：病起東方。餘皆倣此。官鬼如不獨發，則不必言也。如爻亂動，照前八卦推之。

又看鬼在本宮，或在內卦，便言當地之災。鬼在外卦，或在他宮動者，當推病起外方。

學者自宜通變。

又論六神值鬼云

青龍鬼動因歡悅，或往親朋喜事家，或到樹林芳草處，或叨酌酒及簪花②。

鬼值青龍，災由喜處，或探親訪友，或酌酒簪花，或去遊

《易林補遺》教例：048

艮宮：山火賁（六合）			艮宮：艮為山（六沖）		
本　　卦			**變　　卦**		
官鬼丙寅木	▅▅▅▅▅		官鬼丙寅木	▅▅▅▅▅	世
妻財丙子水	▅▅　▅▅		妻財丙子水	▅▅　▅▅	
兄弟丙戌土	▅▅　▅▅	應	兄弟丙戌土	▅▅　▅▅	
妻財己亥水	▅▅▅▅▅		子孫丙申金	▅▅▅▅▅	應
兄弟己丑土	▅▅　▅▅		父母丙午火	▅▅　▅▅	
官鬼己卯木	▅▅▅▅▅	世　○→	兄弟丙辰土	▅▅　▅▅	

山，或居樹下，或謁貴人，以上等方，病從此得。

朱雀鬼興因惱怒，是非詞訟及文章，看書寫字兼歌唱，皆是生災惹禍方。

鬼臨朱雀，災由怒氣，或被閒非詞訟，或曾寫畫修書，或遇喧嘩，或逢歌耍，或視火場，染其災禍。

勾陳鬼動病難痊，倘至田傍墓後前，或為他修並自作，莫非禁忌有牽連。

鬼值勾陳，災由跌磕，或登墳左墓右，或行地後田前，或曾內外動作，故有災愆。

螣蛇若帶鬼爻興，病為驚惶懼嚇成，或被七情傷氣血，或逢鬼魅作妖精。

鬼值螣蛇，災由驚恐，或多思慮，或有憂愁，或遇妖邪，故生災瘴。

白虎相臨官鬼興，或聞鄰近有悲聲，或觀徹席③行喪過，或視兵戈及宰牲。

官臨白虎，禍起哀㊀聲，或鄰里之臨喪，或親朋之徹席，或往孝堂之內，或見刀兵，或逢宰殺，如此數般，禍從斯出。

玄武還從水路來，或貪酒色得其災，或經沐浴兼逢雨，或受寒邪病更乖。

玄武臨官，災由酒色，或往江河，或曾冒雨，或經失物，或被盜驚。起病之由，細宜斟酌。

校勘記

㊀「哀」，原文作「衰」，疑誤，據其文意改作。

痘疹起回章第六十七

以官鬼為主，五行六象為憑。

未種花時問種花，卦無官者痘無芽，鬼空鬼絕無癍疹④，官動官興有痘痧。

凡占出痘，須看官爻。鬼若空亡，及不上卦，決然不出。

卦中縱有鬼動，亦值休囚，或逢沖散，或遇絕鄉，或化剋化絕，皆非出也。

官如發動，不臨死絕刑傷，鬼縱休囚，若變為有氣，便種痘花。

鬼雖不動，或逢旺相之期，亦當起發。

卦雖無鬼，倘然本月臨官，反生痘痧。

年上臨官年出痘，月中值鬼月栽花。鬼衰福旺當稀朗，鬼旺福衰稠密加。若見騰蛇臨火動，定生痲痘斷無差。

若問何年種痘，便看鬼臨生旺之年。卦若無官，又察何年值鬼。

如占何月栽花，便推鬼逢生旺之月。要知何日，亦看鬼旺之期。大同小異，一理而推。

卦中官鬼休囚，子孫旺相，或值世身，縱然出痘，亦主稀疏。

官如旺相，子若休囚，痘生時下，稠密非常。

又論騰蛇臨火發動，鬼雖安靜，必發痘疹。

病源真假章第六十八

以官鬼為主，旺動為憑。

凡占疾厄假和真，官鬼交重病必成。旺相亦然遭此患，臨空遇絕是虛名。

凡占是病不是病，只論官爻，再無別議。

鬼若交重，必成此症。官雖不動，若逢生旺，亦斷此災。

卦如無鬼，及落空亡，或臨絕處，似是而非，病不真也。

隨官入墓災非假，助鬼傷身禍必興。日月制官殃不實，子孫旺動疾難憑。

凡值隨官入墓，助鬼傷身，其禍當興，災難回避。

要知病散，須看子孫。若得子旺官衰，日月及臨福德，卦內子爻或動，剋制官爻，災當漸退。

疾病吉凶章第六十九

以用神為主，元神為憑。

論病須求用象興，元神旺動定為亨。忌神切莫交重位，日月將來配剋生。動看變爻知去就，無尋伏象覺虧盈。

凡占疾病，專看用爻。卦中若得用爻有氣，元神發動，忌神安靜，便主無妨。忌神縱動，如元神同發者，轉助用爻，病反得瘥。卦內元神不動，用神況值休囚，更逢月建或日辰相剋，也主傾危。用象雖臨弱地，如逢日月生扶，決然無咎。用如安靜，不必細詳。用若交重，須推變化。變出生扶則吉，變成墓絕則凶。卦中如無用象，當察伏神，更推日月。日月又無主象，伏神又被刑傷，再查互卦。互中體用二爻，亦無用神者，方言無救。主卦雖無用象，倘然伏出無傷，決難損命。伏出縱遭刑剋，還查日月並互卦之中，有一用爻，亦無害也。又論用爻上卦，正值旬空，卻看病之遠近。暴病逢空可救，久病逢空必死。雖值空亡，還分衰旺。空如旺相，縱然久病也無妨。空若休囚，但遇日沖亦不死。倘若立時空，又值旬空，不拘遠近之病，無不傾亡。用爻雖不落空，如臨月破，必致傷身。

用爻有氣元神動，忌神縱發不須驚。主象休囚加剋破，體雖無恙也遭傾。用神旺相逢扶助，病縱臨危反主生。

占病得用爻旺相，元神又動，日月縱來相傷，永不受剋。忌神雖發，亦不為殃。

主象若值休囚，元神又靜，忌神況值交重，或被月建日辰伐用，身雖小病，後必傷軀。

用象如臨旺地，又遇生扶，決有起死回生之兆。

忌變生而用變剋，分毫之疾恐傷刑。用之旺者忌之絕，沉重之災即刻輕。如此定之留萬古，何須海外再求明。休把卦名推禍福，莫將神煞決憂禎。空身空命皆非忌，無鬼無財豈足憑。

疾病卦中，忌神旺動，又變生扶，主象衰搖，化成死絕，元神又之剋破，豈有救哉？

用神雖居衰位，化出帝旺長生，又逢扶助，忌神雖動，而化為剋傷死絕之鄉，不能制用，病雖沉重，旦夕可安。如此推之，並無差謬。

其中有論卦名者，切不可也。經云：「易卦淵源論五行，陰陽之理本生生⑤，可憐愚昧無知識，顛倒陰陽論卦名⑥」。

今有人論神煞者，亦非也。經云：「易卦陰陽在變通，五行生剋妙無窮，時人不辨陰陽理，神煞將來定吉凶⑦」。

假令子占父病，父爻旺相，墓門煞或大煞又動，用爻有氣，豈能死乎？

又如夫占妻病，財爻無氣，父兄皆動，縱得月解天醫同發，用既遭傷，豈不死也？

故此五行為重，神煞難憑。

星家專忌本命空亡，此非正道。且如甲子旬占，空當戌亥，寰中萬萬屬豬屬犬生人，豈皆命絕？

前人又言：「病人無鬼必死」，豈應驗乎？《天玄賦》中雖曰：「占病無鬼，必無叩告之門，乃天年命盡也，其病不瘳⑧」。且如兄占弟病，鬼乃忌神，豈宜在卦？又如父占子病，鬼作仇人，焉可用之？

若據理上論病，只取用爻旺衰生剋，便決存亡。凡卦無鬼，不過無神祟耳，豈就作天年命盡乎？況今屢試無官之卦，未必死也。

又辨無財者，理更差誤。財爻雖為飲食，無者不過目今飲食不食，焉能喪命？只有夫占妻，主占僕者，惟忌財空。其餘占者，皆不忌之。

又云：惟有六沖分緩急，病源卻要自斟量，初災遇此當全瘥，久病逢之命必傷。合處逢沖同此意，不憑主象弱和強，更論土爻臨鬼動，多凶少吉禍難禳。

病得六沖、化沖，并合處逢沖，皆要審其遠近重輕。如暴病來占，朝夕即當痊癒。若久病占之，用象雖然旺相，也主身亡。

又論輕病逢沖則愈，重病逢沖則死。

卦縱不沖，用爻亦旺，凡遇土鬼動者，方可言死。惟占尊長，鬼為元神，動則祈禳可療。

疾病生剋論

百病重輕，不出五行生剋。萬民生死，難逃八卦興衰。

且如水為主象，畏土從金。卦中土靜火興，不須畏忌。爻內火安土動，卻不為祥。怕逢巳午二時，喜遇木金二字。又如火土皆動，見木反凶。得酉申而助水，擬此病以方痊。假令金藏土下，飛能生伏為佳。如木爻安靜，日忌卯寅。若木象交重，時憂亥子。正所謂逢金則吉，遇水則凶。

復將土作用神，卦見水木火爻三動，不作凶推，當從吉斷。時遇午申，土得生扶則吉。日逢卯巳，土臨死絕則凶。

又論火是用爻，獨逢水發，日遇戌辰丑未，水遭土剋無妨，一見酉申當命盡，但求寅卯必身安。

若用居衰木，化入金鄉，卦無亥子爻興，必難救度。後查何日逢金，便決何時作殯。倘若金空，亦非此斷。節交亥子，命亦回生。

細究何爻動靜，便知那日存亡。其中有貪生忘剋，救處遭傷，盈虛卻要精詳，豈可尋常概論？

占自己病斷

自卜身宮疾病臨，先憑世象次憑身。怕逢月破旬空內，喜見生扶拱合親。剋世之爻為忌客，來生之象作元神。隨官入墓災難瘥，助鬼傷身命必沉。

自占己病，專看世爻。如臨月破，不拘新舊之病，命亦難全。世若落空，當明緩急。急症堪醫，舊病不救。若空中有氣，目下無妨，後來難保。世象不臨旬空月破，又看旺衰。世若休囚，卻被動爻相剋，或遭日月來傷，或變為死絕，毫無救助之爻，豈不夭年命盡？世縱休囚，若得動爻生助，或逢日月扶持，或化為有氣，縱臨危而不死。世若旺相，雖無生助之爻，亦無所害。

凡剋世者，名曰忌象，宜靜不宜動。生世者，名曰元神，宜旺不宜空。

占他人之病，身世隨官入墓，不必忌之。命隨鬼入墓，即凶矣。惟獨自占，身世命隨鬼入墓者，命不回生。其中助鬼傷身，理亦同也。又看卦身，若墓絕於月建，或墓絕於變爻，決無救矣。

占他人病斷

代問他人看應爻，若臨月破最難逃。遇沖遇剋身難救，逢旺逢生病必消。生應元神宜發動，剋他忌象怕重交。卦身有氣還須吉，應位逢官禍必招。

代卜他人之病，應作用爻。如臨月破旬空，其命難保。應如衰弱，亦遭動象或日月來傷，或應變為墓絕，便主凶危。應縱休囚，若得變為生旺，或動爻及日月相扶，命還有救。凡生應之爻，是元神而宜動。剋應之象，乃忌客而宜空。鬼臨應上，病必難痊。次察卦身，亦不可臨於月破，又不可化成墓絕之鄉。卦身或墓，或絕於月建之中，皆為凶兆也。

占何日病退云

凡卜病人何日瘥，用臨生旺體當安。元神值日災須減，忌象遭傷病必痊。助鬼傷身逢福解，隨官入墓見沖歡。若然主象臨其絕，且待生時免禍愆。

占病何日得痊，須推主象。

卦中元神旺相，忌客休囚，獨無用爻者，便取用爻值日而安。
卦中如有用爻而衰弱者，方取生旺之期。
倘若用爻重重太旺者，反喜入墓之時。如不太旺，又取元神值日。
忌神若動，須逢沖剋忌神之日，方得安康。
若逢助鬼傷身，又利子孫值日。隨官入墓，還求沖墓之辰。
用象如臨絕地逢生，必主平寧。

占何日病凶云

病者來占凶日詳，用爻無氣更遭傷。忌爻那日逢生助，便主身危立孝堂。
忌神旺動仇人發，用神失位反無妨。後怕日辰臨用地，若還挨過免悽惶⑨。
元神被剋災加重，忌客逢生定受殃。月破用爻天命止，縱然旺相也須亡。

論病何日見凶，不過看用爻生剋。用如無氣，被日辰剋者為凶。忌動用衰甚，日再生忌神者死。
又論卦中元神不發，忌神與仇神皆動，獨無用爻。目前無事，待後用神值日，難以回避，定入黃泉。

倘若忌神仇神與元神同發，亦無主象，候至用爻值日，反主無妨。

復陳卦內用象既衰，全賴元神相救。又㊀憂忌客來傷，日辰剋制元神，災當沉重。忌象如逢生旺之時，定成凶咎。

主象如逢月破，不拘衰旺，命必歸陰。

且如子占父病？丑月甲子日，占得《觀》之《益》卦：

此卦父爻化居旺地，又帶青龍貴人，本為吉象，豈知父臨月破。後至乙亥日，元神絕而忌神生，果然父喪。

《易林補遺》占例：031						
時間：丑月　甲子日（旬空：戌亥）						
占事：且如子占父病？						
乾宮：風地觀				巽宮：風雷益		
六神	**本　　卦**			**變　　卦**		
玄武	妻財辛卯木	▅▅▅▅▅		妻財辛卯木	▅▅▅▅▅	應
白虎	官鬼辛巳火	▅▅▅▅▅		官鬼辛巳火	▅▅▅▅▅	
騰蛇	父母辛未土	▅▅　▅▅	世	父母辛未土	▅▅　▅▅	
勾陳	妻財乙卯木	▅▅　▅▅		父母庚辰土	▅▅　▅▅	世
朱雀	官鬼乙巳火	▅▅　▅▅		妻財庚寅木	▅▅　▅▅	
青龍	父母乙未土	▅▅　▅▅	應 ╳→	子孫庚子水	▅▅▅▅▅	

又如妻占夫病？三月、甲子旬、丁卯日，卜得《渙》之《姤》卦：

所嫌仇神忌神皆動，獨無用爻。又鬼伏三爻之下，又值旬空，毫無救助㊂。

挨至乙亥日，用爻透出，才受忌神來傷，夫果死也。

《易林補遺》占例：032							
時間：辰月　丁卯日（旬空：戌亥）							
占事：又如妻占夫病？							
		離宮：風水渙			乾宮：天風姤		
六神	**伏神**	**本　卦**			**變　卦**		
青龍		父母辛卯木	▅▅▅		子孫壬戌土	▅▅▅	
玄武		兄弟辛巳火	▅▅▅	世	妻財壬申金	▅▅▅	
白虎	妻財己酉金	子孫辛未土	▅　▅	╳→	兄弟壬午火	▅▅▅	應
騰蛇	官鬼己亥水	兄弟戊午火	▅　▅	╳→	妻財辛酉金	▅▅▅	
勾陳		子孫戊辰土	▅▅▅	應	官鬼辛亥水	▅▅▅	
朱雀		父母戊寅木	▅　▅		子孫辛丑土	▅　▅	世

假令弟占兄病？十月戊辰日，卜得《剝》卦，初二三爻皆動：

卻怪卦無兄弟，所喜申金兄弟，伏在世爻子水之下。雖然金死於子，卻得日辰來生。又嫌財鬼俱興，豈知父作元神又動。守至壬申日，用爻透出，果應病痊。

《易林補遺》占例：033

時間：己亥月　戊辰日（旬空：戌亥）

占事：假令弟占兄病？

		乾宮：山地剝				艮宮：山天大畜		
六神	**伏神**	**本　卦**				**變　卦**		
朱雀		妻財丙寅木	▅▅▅▅▅			妻財丙寅木	▅▅▅▅▅	
青龍	兄弟壬申金	子孫丙子水	▅▅　▅▅	世		子孫丙子水	▅▅　▅▅	應
玄武		父母丙戌土	▅▅　▅▅			父母丙戌土	▅▅　▅▅	
白虎		妻財乙卯木	▅▅　▅▅		╳→	父母甲辰土	▅▅▅▅▅	
騰蛇		官鬼乙巳火	▅▅　▅▅	應	╳→	妻財甲寅木	▅▅▅▅▅	世
勾陳		父母乙未土	▅▅　▅▅		╳→	子孫甲子水	▅▅▅▅▅	

又如父占子病？五月、甲午旬、癸卯日，占得《萃》卦，上六爻動：

此卦子孫太弱，父母相而又動，雖受卯日相傷，又逢月建扶起，父又化為進氣，能剋用爻。雖有元神暗動，又值立時空，不能相救。後至丙午日，忌象叨生，此男果死。

虎易按：「雖有元神暗動，又值立時空」，本卦兄弟丁酉金，並非旬空，所以此論「又值立時空」有誤，請讀者注意分辨。

《易林補遺》占例：034						
時間：午月　癸卯日（旬空：辰巳）						
占事：又如父占子病？						
	兌宮：澤地萃				乾宮：天地否（六合）	
六神	本　　卦				變　　卦	
白虎	父母丁未土	▅▅　▅▅		╳→	父母壬戌土	▅▅▅▅▅	應
騰蛇	兄弟丁酉金	▅▅▅▅▅	應		兄弟壬申金	▅▅▅▅▅	
勾陳	子孫丁亥水	▅▅▅▅▅			官鬼壬午火	▅▅▅▅▅	
朱雀	妻財乙卯木	▅▅　▅▅			妻財乙卯木	▅▅　▅▅	世
青龍	官鬼乙巳火	▅▅　▅▅	世		官鬼乙巳火	▅▅　▅▅	
玄武	父母乙未土	▅▅　▅▅			父母乙未土	▅▅　▅▅	

又如夫占妻病？三月、甲戌旬、庚辰日，卜得《師》卦，九二上六爻動：

此卦青龍財爻持世，兄弟又不交重，鬼又化出財來，本為佳兆。豈知土官發動。書云：「更論土爻臨鬼動，多凶少吉禍難禳」。果應五月庚申日，官遇長生，月建又扶土鬼，此鬼太剛，死而可驗。

《易林補遺》占例：035

時間：辰月　庚辰日（旬空：申酉）

占事：又如妻占夫病？

六神	坎宮：地水師（歸魂）本卦				乾宮：山地剝 變卦		
騰蛇	父母癸酉金	▅▅ ▅▅	應	╳→	子孫丙寅木	▅▅▅▅▅	
勾陳	兄弟癸亥水	▅▅ ▅▅			兄弟丙子水	▅▅ ▅▅	世
朱雀	官鬼癸丑土	▅▅ ▅▅			官鬼丙戌土	▅▅ ▅▅	
青龍	妻財戊午火	▅▅ ▅▅	世		子孫乙卯木	▅▅ ▅▅	
玄武	官鬼戊辰土	▅▅▅▅▅		○→	妻財乙巳火	▅▅ ▅▅	應
白虎	子孫戊寅木	▅▅ ▅▅			官鬼乙未土	▅▅ ▅▅	

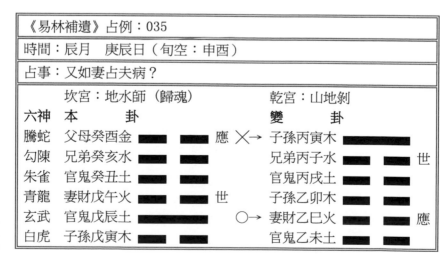

又如父占女久遠病？七月、甲寅旬、癸亥日，卜得《艮》卦安靜：

《易林補遺》占例：036			
時間：申月　癸亥日（旬空：子丑）			
占事：父占女久遠病？			
艮宮：艮為山（六沖）			
六神	本	卦	
白虎	官鬼丙寅木	▅▅▅▅▅	世
騰蛇	妻財丙子水	▅▅　▅▅	
勾陳	兄弟丙戌土	▅▅　▅▅	
朱雀	子孫丙申金	▅▅▅▅▅	應
青龍	父母丙午火	▅▅　▅▅	
玄武	兄弟丙辰土	▅▅　▅▅	

此卦用爻臨月建，忌神又不興，似無凶兆。豈知卦犯六沖。經云：「初災遇此當痊瘥，久病逢之命必傷」。果應在子月戊午日，用象死於月建，敗於日辰，其女死也。

又母占子病？九月、甲子旬、辛未日，卜得《歸妹》卦安靜：

《易林補遺》占例：037				
時間：戌月　辛未日（旬空：戌亥）				
占事：母占子病？				
		兌宮：雷澤歸妹（歸魂）		
六神	伏神	本	卦	
騰蛇		父母庚戌土	▅▅　▅▅	應
勾陳		兄弟庚申金	▅▅　▅▅	
朱雀	子孫丁亥水	官鬼庚午火	▅▅▅▅▅	
青龍		父母丁丑土	▅▅　▅▅	世
玄武		妻財丁卯木	▅▅▅▅▅	
白虎		官鬼丁巳火	▅▅▅▅▅	

此卦六爻無子，雖伏出亥水子孫，在四爻之下，又落空亡。世上父母，又被日辰沖動。本絕卦也，豈知互出《水火既濟》，取互體《坎》水，配成《兌》卦子孫，此乃無中之有也。惟互出之爻，再不受日月並動爻傷剋。此子果應亥月戊子日，用值旺鄉，病全脫體。

虎易按：此例没注明所測為久病，還是近病。疑為近病之占。《增刪卜易·進神退神章》曰：「近病逢空即愈」。作者用互卦，配互體之說，牽強附會，不可為法，讀者自宜分辨。

凡占父母，及家主、尊長之類：取父母為用神，官鬼為元神，妻財為忌神，子孫為仇神，兄弟為洩氣。

凡占兄弟、朋友之類：兄弟為用神，父母為元神，官鬼為忌神，妻財為仇神，子孫為洩氣。

凡占子孫、卑幼之類：子孫為用神，兄弟為元神，父母為忌神，官鬼為仇神，妻財為洩氣。

凡占妻妾、弟婦、子室、奴婢之類：妻財為用神，子孫為元神，兄弟為忌神，父母為仇神，官鬼為洩氣。

凡占夫主、官員之類：官鬼為用神，妻財為元神，子孫為忌神，兄弟為仇神，父母為洩氣。

占自己，取世為用爻，生世者為元神，剋世者為忌神。

占他人，取應為用爻，生應者為元神，剋應者為忌神。

此法非惟占病，凡看卦，無不用之。

校勘記

㈠「又」，原文作「能」，疑誤，據其文意改作。

㈡「助」，原文脱漏，據其文意補入。

災病纏脫章第七十

以福神為主，用象為憑。

身慮災生相貌殘，鬼興鬼動定纏綿。隨官入墓終難脫，助鬼傷身永不痊。世受官傷成痼疾，子孫一動立安然。

凡占帶疾不帶疾，最嫌官鬼興隆。官如旺相，病必纏身。縱不旺相，發動亦然。若值隨官入墓，或助鬼傷身，必成痼疾。鬼剋世爻，亦難脫體。若得子孫旺相，或發動，或持世，或臨日月，病得離身。

六沖旦夕災殃散，無鬼終須病不纏。鬼若空亡無疾厄，忌神旺發患多年。鬼化福神他日解，用象興隆禍不干。

六沖之卦，此患易消。合處逢沖，後來方解。鬼不上卦，及落空亡，永無殘疾。縱有鬼象，若變福神，目下雖凶，後當解脫。雖憑官鬼，亦要看用爻。用值旬空月破，病亦難痊。主象休囚，更被忌神發動，豈不成凶？用爻縱弱，如逢動出元神，雖有此災，決非損壽。用爻若得興隆，官鬼又居衰地，始雖見病，終不成殃。

卻避災暑章第七十一

以用爻為主，福德為憑。

天行酷暑，豈無避暑之方。人染患災，亦有卻災之所。悟道擇清閒之處，修真訪幽僻之居。四者皆宜子動，諸般各忌官興。占已世爻休墓絕，問他用體怕空亡。

凡占避暑、養病、悟道、修真等事，皆宜福德交重，各忌官爻發動。

占自己以世爻為主，卜他人以應象為憑。若問親人，當推用象。如臨旺相，或遇生扶，卻災得脫，悟道得成。用神如遇月破旬空，或臨墓絕，不惟無福，反惹非殃。

子孫發動好參禪，修心得道。官鬼交重難避暑，養病反凶。

子孫旺相，或發動者，參禪打坐，無不成功。避暑卻災，必如其願。

官鬼交重，或旺相者，心欲求安，反遭不測。

父母扶身，宜投書館。福神生世，利到僧堂。

父母生世，宜往文墨之所，及尊長之家。

子孫生世，利居僧道之門，並卑幼之處。

兄弟生世，宜到弟兄朋友之家。

妻財生世，當往妻族及奴隸下人之寓。

官鬼生世，偏宜官宅安身。

一卦皆安，方是修行之路。六爻盡破，豈為養靜之窩？用爻旺者遇青龍，宜行此地。忌象興而加白虎，弗往其家。

諸爻俱靜，隨寓而安。一卦六沖，往返不定。

用爻有氣，更值青龍，利有攸往。

忌象交重，又臨白虎，此處休行。

動見騰蛇，還愁驚恐。交逢驛馬，更慮賓士。武值鬼爻興，失財欠利。雀臨兄象動，繞舌不寧。

騰蛇動，倘遇驚惶。

驛馬臨兄鬼動，不利遊行。驛馬動臨財福，千里皆安。

鬼臨玄武交重，必遭失脫。雀值兄爻發動，是非當謹。

《艮》卦有官，休登山嶺。《坎》宮見鬼，莫往江湖。在《震》則正東惹禍，臨《乾》則西北招殃。《兌》中財變官爻，色迷尤忌。《巽》內兄之鬼象，風患難防。

《艮》宮鬼動，忌行東北，莫往山林。

《坎》卦鬼搖，北方不利，水池[二]非宜。

《震》鬼莫居船內，並忌東行。
《乾》宮西北為凶，莫遊廟宇。
《兌》宮鬼動，必有閒非。若財變官爻，毋貪美色。
《巽》卦鬼興，及兄化鬼者，皆恐冒風。
《離》宮鬼動，慮見火驚。
《坤》卦鬼興，莫居墓側。

主合咸池，休貪美色。用沖華蓋，忌入空門。世爻推遠近之方，須憑內外。卦象察吉凶之兆，惟在興衰。

用爻帶咸池，或合咸池，倘逢美色，遠之為祥。用象對沖華蓋，或華蓋剋用爻，或鬼臨華蓋動，皆恐僧道之門惹禍。如卻災避暑，去則成凶。惟有悟道修行，反成正果。

又看世在內卦與親宮，宜居在邇。世臨他宮與外卦，利在遐方⑩。內卦旺，本境如心。外卦旺，他鄉遂意。

校勘記

㊀「池」，原文作「次」，疑誤，據其文意改作。後文遇此字，據其文意直接改，不另說明。

求醫療病章第七十二

以子孫為主，應象為憑。

子為藥劑應為醫，福德交重病必驅。鬼旺福衰災不治，官衰子旺患能除。應空只恐人難遇，子陷還愁藥不宜。

凡卜求醫，子為用象。子如發動，藥奏神功。

其中官鬼太旺，子值休囚，此災不愈。

官如衰弱，福值興隆，更得應剋世爻，或外傷內卦，必遇盧醫⑪，災無不瘥。

如內剋外，及世剋應，子孫旺相還可。子再休囚，藥無效驗。

子孫縱旺，應若空亡，藥雖靈而醫人難遇。子孫若值旬空月破，此藥無功。

父動無兄來救助，雖逢扁鵲也難醫。日辰值鬼醫無驗，月將傷官效有餘。鬼若遇生財或動，子孫縱發作空虛。

父如發動，藥力全空。父與兄弟同發，子賴兄生，其藥有效。若得月建，或日辰剋制官爻，如逢岐伯⑫。倘或鬼臨日月，或鬼持世，卦雖有子，藥亦無功。

又如子財並發，官伏財扶，豈能治病？財子縱發，卦無鬼或鬼空，仍復有效。

凡論醫藥，若得子孫上卦，官父兩安，應不空亡，方其效也。

醫家治病章第七十三

以子孫為主，世應為憑。

應為病者世為醫，子為藥效鬼為災。鬼強子弱殃難解，福旺官柔病漸衰。應上坐官真疾病，身中帶福妙醫才。

醫人來卜，反把應為病體，世乃自身，子為藥效，鬼作災殃。

官旺子衰，或官搖子靜，病決難醫。

子動官靜，或子旺官柔，藥無不效。

應若臨官，病真莫療。世如值福，治病能痊。

世如剋應災當瘥，應若生身賓主諧。子動兄安財靜旺，仙丹妙劑獲多財。應空他不迎吾救，世陷吾非治彼災。

世剋應爻，或內剋外卦，能療其災。

應如生世，及外生內爻，或卦逢六合，有為而來，主賓相得。

妻財旺相，子值交重，鬼靜兄安，藥且靈而利倍得。

應值空亡，彼必無心就我。世居空地，己心疏懶，醫恐不成。

兄動倘遭同輩阻，財空休望謝金來。六沖豈得終其事，官化官憂病復乖。應剋世身兄雀動，反遭非訟莫開懷。

兄弟發動，或剋世爻，必被同袍霸佔。

財若逢空，藥金莫望。六沖之卦，醫不始終。

鬼化鬼爻，或卦有二官皆動，病復變病，豈能治之。

應如剋世，兄動財空，又加雀噪，非惟求謝，反惹閒非。

注釋

①魔障：泛指成事的障礙、磨難。亦作「魔瘴」。佛教語。為梵文的音義雙譯詞。修身的障礙。

②簪（zān）花：戴花，謂插花於冠。

③徹席：人死的婉辭。

④瘢（bān）疹：斑點狀皮膚病的通稱。皮膚上起的紅色小疙瘩。也指痘瘡。

⑤生生：孳生不絕。

⑥易卦淵源論五行，陰陽之理本生生，可憐愚昧無知識，顛倒陰陽論卦名：語出《新鍥斷易天機・新增論卦名類》。

⑦易卦陰陽在變通，五行生剋妙無窮，時人不辨陰陽理，神煞將來定吉凶：語出《新鍥斷易天機・論神殺類》。

⑧占病無鬼，必無叩告之門，乃天年命盡也，其病不瘳：語出《卜筮全書・通玄妙論・無鬼無氣》。

⑨悽（qī）惶：：悲傷，悲痛。驚慌，恐懼。

⑩遐方：遠方。

⑪盧醫：春秋戰國時名醫扁鵲，因居於盧國，故亦稱為「盧醫」。因以扁鵲為良醫的代稱，後亦泛稱良醫。

⑫岐伯：人名。生卒年不詳。相傳為黃帝之臣，精通醫道，黃帝曾與之論醫，更相問答。參閱《黃帝內經》。

易林補遺利集卷之七終

易林補遺利集卷之八

禮部冠帶術士　張世寶　著
西吳庠生　黃裳　毛士來　同校閱

搜決神鬼章第七十四

以官鬼動爻為主，五行六獸為憑。

凡論神司，須憑官鬼。不值旬空，或旺或衰皆作祟。但臨卦上，若動若靜概為神。先推鬼值五行，次察官臨六獸。再查病源緩急，便知何祟為殃。

若卜神司，當推官鬼。鬼若空亡，及不上卦，決無鬼祟，不可妄言。鬼若不空，不拘衰旺動靜，皆作神司。若發動或持世，神力倡狂，犯宜急禱。

又看鬼臨何爻何獸，方言何鬼何神。六獸五行，開列於後。

金為刀下之魂，喘漱橫亡之鬼，緩則關公總管，急則喪部傷司。

青龍為漢壽亭侯①，朱雀乃金都元帥。陳蛇云七煞，白虎曰喪殃。玄武則曹堂西府，退送則病體安康。

金鬼，主刀傷槍死鬼，喘漱鬼，横亡鬼。症之緩者，宜禱關爺並總管。病之急者，必酬喪殺並傷神。
帶青龍，則雲長公②之有礙。
臨朱雀，相金元七③之為災。
帶勾陳騰蛇，為七煞土。
帶白虎，為喪煞及傷司。
帶玄武，為水傷水道之類。
木乃杖責之魂，瘋疾懸樑之鬼。緩則山神五聖，急則東嶽家堂。白虎同宮，門外謝傷槌鑼鼓。青龍共位，堂前酬願品笙蕭。勾陳則九良星煞，騰蛇則樹聖山神。雀武為草野三郎，祭獻必災非統滅。
木鬼，主刑責加杻④鬼，瘋疾鬼，縊死鬼。症之緩者，必犯山神、土地，及五聖尊神。症之急者，必干東嶽，並家堂衆神。
帶白虎，速酬大小傷司。
帶青龍，宜賽枷鎖之願，及禱喜慶之神。
帶勾陳，有犯九良星土。
帶騰蛇，若非山神，必是樹上之神，又為作犯土。

帶朱雀，或帶玄武，皆為草野三郎。

水曰投河奔井之魂，服鹵腰疼之鬼。緩則水仙施相，急則河太金龍。陽龍斷雲臺法主，亦犯蕭公。陰龍推南海慈尊，又沖杜氏。玄武為佑聖真君，朱雀恐江河許願。遇陳蛇斷為坑廁。逢白虎論作水傷。

水鬼，主溺死鬼，腰疼鬼，服鹵死鬼。症之緩者，則為水仙五聖人，鎮海施相公。症之急者，犯水中河太，或曹三並金龍四大王。

陽鬼值青龍，乃三官大帝，及五聖之神。陰鬼值青龍，為觀世音，及杜氏夫人。

鬼帶玄武，為北極真君。

帶朱雀，水池上許願心。

帶勾陳或騰蛇，便曰水口作犯土。如水鬼化兄，或水兄化鬼，又帶陳蛇者，便是坑廁土神。

鬼臨白虎，須求水部傷司。

火是毒瘡癆瘵⑤之魂，帶血焚燒之鬼。緩則東廚香願，急則陸相華山。青龍犯五福之星，陳蛇動三煞之土，白虎玄壇加橫鬼，玄武南堂共水神，朱雀華光司命，並酬口願方寧。

火鬼，主瘡毒鬼，癆怯⑥鬼，帶血鬼，燒死鬼，心疼鬼。症之緩者，宜謝灶神並香願。

症之急者，亦有輕重之分。輕病宜酬陸相，陸相即是南堂。重病宜拜華山，華山即五福大神。

帶青龍亦為五福。

帶勾陳或騰蛇，皆為三煞土。

帶白虎為趙玄壇，及癡癲鬼。

帶玄武為南堂及水神。

帶朱雀為華光。華光即五顯靈官，又為司命，即是灶神。

土言瘟疫之魂，臌脹虛黃之鬼。緩則廟神土府，急則賢聖城隍⑦。青龍為素土，勾陳曰土皇。白虎金神忌，玄武坑廁妨。騰蛇當作犯，兼求本境之神。朱雀合天曹，並謝飛遊之土。

土鬼主瘟疫鬼，臌脹鬼，黃病鬼。症之緩者，為廟內之神，又為土神。症之急者，為五方賢聖，又為城隍。

帶青龍為正土，宜素誥。

帶勾陳為土皇，卻宜申奏。

帶白虎為金神，即七煞土。

帶玄武為水口，作犯土。若鬼化兄，或兄化鬼，便為坑廁土。

帶騰蛇為作犯土，又為騰蛇土，亦為當方土穀神祠。

帶朱雀為飛土，若在《乾》、《兑》二卦，便作天曹。縱不在《乾》、《兑》卦中，如帶天咒或地咒，或負結煞，亦是天曹土。

天咒煞云：正二鼠來三四酉，五六馬頭七猴走，八雞九犬十逢豬，子兔丑鼠為天咒。

地咒煞：正月從卯上順行十二位。

負結煞云：正二豬兮三四牛，五六其星向兔遊，七八蛇宮九十未，十一十二酉中求。

看鬼臨何卦何爻而發動，知那處犯神犯煞以干連。官居《坎》位北方侵，或興水口。鬼到《離》宮南向礙，或動灶前。《艮》主山林，或遭東北。《坤》成墳墓，或值西南。《乾》為西北《兑》為西，或犯天曹修寺觀。《巽》作東南《震》作東，或伐樹林並起造。六鬼必造牆作墓，五官必砌路修街。四象斷門欄，或興工於簷下。三爻推房內，或動犯於橋樑。二乃修廚作灶，初為穿井開溝。在世則本宅興修，在應則對門墾掘。臨間爻窗開不便，化兄弟坑造不通。

以上所言，皆論土鬼，逐一開明，不必再注。

亥作天門，及張王之擾害，帶青龍之象，宜叩三元。子為北斗，兼河泊以為殃，加玄武之爻，當酬聖帝。丑言牛觸之魂，寅是虎傷之鬼。卯禳東嶽，辰謝龍王。巳推火德尊星，蛇傷之鬼。午斷金槍教主，馬踏之魂。未曰伽藍⑧，申云元帥，酉論雌雄二煞，戌逢惡犬傷人。

亥鬼為張王，即祠山大帝⑨。外鬼帶青龍，為三官大帝。內鬼帶青龍，為水仙五聖。

子鬼為北斗，又為河泊水官。在外帶玄武為聖帝，在內帶玄武為水傷。

丑鬼為土神，又為牛傷之鬼。

寅鬼為東嶽，又為虎傷之鬼。

卯鬼亦為東嶽。

辰鬼為土神，又為龍王。

巳鬼為火德星君並蠶室，又為蛇傷之鬼。

午鬼為金槍教主，即五顯靈官並馬傷之鬼。

未鬼為土神，又為伽藍土地。

申鬼為元帥將軍之職並傷司，又有寺觀中所犯之神。

酉鬼為佛象並喪煞，又為少女。

戌鬼為土神，又為犬傷之鬼。

六乃上倉至聖，墳墓之神。五為中界至尊，路途之鬼。四推簷外傷朝，門前魍魎。三斷家堂群主，橋上亡靈。二定縣隍灶府，廚下之魂。初當土地井神，屋中之魄。

鬼在六爻，為上蒼素原，並墳墓土神，或遠方之鬼。

鬼在五爻，為中界至尊，即東嶽也。又為欄路五聖，並五路大神，或倒路之鬼。

鬼在四爻，為大小傷神，並左右儀門將軍，又為門前之鬼。

鬼在三爻，為家堂並郡主，即府城隍。又為床婆，弟兄鬼，及房內鬼，橋上鬼。

鬼在二爻，為縣城隍並灶神，又為夫妻等鬼，廚下鬼。

鬼在初爻，為土地並井前童子，並井前之鬼。如無井，即地主鬼。

官臨世上，注開六象之神。鬼值空中，莫斷片殃之祟。

鬼值初爻持世，家堂作禍。

鬼值二世，土氣為殃，並社壇作祟。

鬼值三世，犯橋道中之鬼。若非橋道，即是園中花木之精。

鬼值四世，犯五道，亦有師王佛寶之災。

五世無鬼不言。

鬼值六世，山神為害，及星宿降災。六爻內鬼雖持世，空則不言。

貴龍財子化官爻，福神相照。《兌》雀文書之鬼象，前頗相催。

青龍若臨財，或臨福化出官爻，必是福神見咎。福神者，大則五福及茶筵，小則五聖及五路。

凡判鬼神，須審病源輕重，重則大神，輕則小祟。

復看朱雀臨父母，變出鬼爻，必是先年許下之願。

若居《兑》卦，又犯天曹。

父母內興，方斷祠堂之宗祖。椿萱外動，可言外族之高親。財動內宮，必妻魂而妾魄。妻搖外卦，非奴僕即情人。兄興為手足之親，相知之輩。福動乃兒孫之鬼，僧道之靈。

父在內卦，及親宮動者，便曰本宗之尊長。父居外卦及他宮動者，乃言外姓之尊親。

財臨內卦，或親宮動者，必先亡之妻妾。財值他宮及外卦動者，若非奴僕，必恩愛之情人。

兄弟動者，或昆弟，或姨妹，或朋友之魂。

子孫動者，為兒女，為侄，為婿，又為僧道之魂。

卦有動爻，病有鬼魅。且如三爻動則三魂，四象興而四鬼。若定陰陽，重單是男交折女。如分方向，卯動東方酉動西。

凡推鬼魅，專看動爻。一爻動則一魂，兩爻動則兩鬼。

欲分男女，須看陰陽。重則為男，交則為女。

要知鬼食葷素，惟有子孫及青龍爻動者，皆宜素祭。其餘爻動，概合葷禳。

要知鬼在何方，卻看動臨何象。且如子爻動，正北方之鬼。丑爻動，東北方之鬼。其餘倣此。

卦靜當尋外象，無官另看伏神。鬼上飛爻，其方又定。

卦無動爻，只取外卦。且如外屬《乾》宮，則病從西北。外臨《坤》卦，則禍起西南。六爻內有鬼者，如此看之。

內外皆無官鬼，又不取外卦為憑，另尋鬼伏何爻之下，鬼上飛神定其所向。

假令卜得《頤》卦安靜：

鬼伏三爻之下，便取飛神庚辰土，辰者東南之向。斷必無差。

又如《訟》卦安靜：

鬼亦伏在三爻午火之下，便曰南方。

伏鬼再空，莫言禍祟。

細查何象臨官，便識何神作祟。請禱則福無不至，祈禳則禍無不消。

今作此篇，切為卻災而度命。恐人妄斷，恒憂好殺而費財。萬萬不可輕言，一一還須細論。將六獸端配五行決諸神，終無一誤。詳其的確，方判無私。

《易林補遺》教例：049

巽宮：山雷頤（遊魂）

伏神	本卦		
	兄弟丙寅木	⚊	
子孫辛巳火	父母丙子水	⚋	
	妻財丙戌土	⚋	世
官鬼辛酉金	妻財庚辰土	⚋	
	兄弟庚寅木	⚋	
	父母庚子水	⚊	應

《易林補遺》教例：050

離宮：天水訟（遊魂）

伏神	本卦		
	子孫壬戌土	⚊	
	妻財壬申金	⚊	
	兄弟壬午火	⚊	世
官鬼己亥水	兄弟戊午火	⚋	
	子孫戊辰土	⚊	
	父母戊寅木	⚋	應

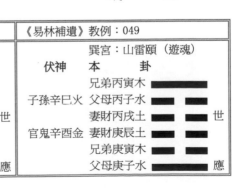

總論八宮值鬼訣

鬼發《乾》宮廟內神，原因西北染災迍，天庭素願頭風鬼，白髮蒼翁及父親。

《乾》宮鬼動，不論內外，皆從西北方來。誤犯寺觀，或廟內神司。舊許上蒼素原，或天燈香願，經卷斗齋之類。已逝椿庭，並老故之魂，頭風之鬼。

《坎》宮鬼動北方來，水部神司定作災。溺死耳聾同擾害，中男為耗豈能諧。

《坎》宮鬼動，禍在北方。水路神司，並家內中男作耗。亦有耳聾之鬼，淹死之魂。

《坎》在外三爻，又為北斗。又加玄武，亦作玄天上帝。

《艮》卦官興東北方，山神五聖少男當。地祇⑩土府方隅犯，手指皆疴⑪爛鼻亡。

《艮》宮鬼動，東北方來。冒犯土神五聖，並山神土地為殃。亦有家內少男，及臂疴手折指爛鼻等鬼。

《震》鬼東方犯九天，三茅東嶽樹神幹。杖傷之魂舟中鬼，折足之魂共長男。

《震》宮鬼動，禍在東方。宜叩九天。九天者，雷祖大帝，即玉樞經也。又犯三茅真君，及東嶽尊神，及樹頭神聖。亦有長男為祟，或天嗔⑫，或責斃，兼折足、駕舟等鬼。

《巽》主東南施相尊，園林神道亦生嗔。路沖腿折腰跎鬼，縊死痳瘋長女魂。

《巽》宮鬼動，病患東南。有干鎮海施相公，花園樹木神道，並長女及縊死、瘋疾、腿折、腰跎等鬼。

《離》家鬼發起南方，火部諸神司命王，目疾焚燒亡二鬼，速酬中女及燒香。

《離》宮鬼動，神徹南方。有犯南斗六司，火德星君，五顯靈官，香願灶神之類。更有中女，並眼盲火燒之類。

《坤》鬼西南犯土皇，或因墳墓有相妨。臉黃腹脹身亡鬼，老嫗他魂及母娘。

《坤》宮鬼動，西南犯土不寧。或墳墓上，並已故萱堂及老陰人，兼虛黃臌脹之鬼。

《兌》卦西方鬼缺唇，祝巫少女共傷神。佛天口許何曾賽，更中仇家咒咀⑬心。

《兑》宮鬼動，禍染正西。曾許佛天之願，亦犯傷神並少女，兼缺唇、師巫等鬼。加朱雀動，若非自己罰誓，必是他人咒咀天曹。

總論五行值鬼訣

金爻值鬼犯西傷，總管喪神七煞妨。張相金罡刀下鬼，葉神鍾帥武安王。

鬼值金爻為煞，更有西傷，即五道也。葉神，即九卓也。鍾帥，即鍾將軍。武安王，即關公。張相，即六五相公。並金神七煞，金元七總管，及寺內金剛⑭，自刎之鬼，鎖絛之願。

木鬼茶筵枷鎖當，船神草野及家堂。蕭公東嶽懸樑鬼，樹聖山神共九良。

鬼值木爻，為茶筵、草野家堂，東嶽樹神、山神，舟中神，枷鎖願心，九良星煞。蕭公，即五聖。懸樑，即縊死鬼也。

水鬼觀音真武天，龍王北斗又三元。祠山杜氏金龍四，河太曹堂並水仙。施相晏公兼宋相，落水亡靈坑井泉。

鬼值水爻，為觀世音，三官聖帝，北斗龍王，祠山大帝，金龍四大王，水仙五聖，杜氏夫人，河太曹三，施相公，宋相公，晏公，坑廁土，井泉童子，徐大將軍，河泊水官，並淹死亡魂。

火鬼玄壇五福祠，南堂五顯灶東廚。蕭堂香願焚燒鬼，熒惑星君三煞司。

鬼值火爻，為趙玄壇，五福大神，五顯靈官，火德星君，銀神三煞，天燈香願，南堂五聖，灶神，並火燒鬼。

土鬼城隍社廟神，五方賢聖土皇尊。皮腸大王瘟疫鬼，土地騰蛇太歲君。

鬼值土爻，為城隍，土穀神祠，廟中神道，五方賢聖，土皇土地，太歲，騰蛇，皮腸大王，並瘟疫鬼。

此論五行神所屬，還將六獸八宮尋，輕重較量同此看，切莫胡言判鬼神。

總論六神值鬼訣

青龍東嶽及家堂，五福茶筵花煞妨。蕭公五路花枷願，三官產婦海龍王。

鬼值青龍，為東嶽，家堂，茶筵，花煞，五聖，龍王。三官大帝，五福大神，五路尊神，並枷鎖願心，產亡之鬼。

朱雀城隍草野求，華光總管廣靈侯。天曹司命囹圄⑮鬼，舊許金錢未答酬。

鬼值朱雀，為城隍，草野，總管，天曹。華光，即五顯靈官。廣靈侯，即南堂，陸太君。司命，即灶神。並舊欠願心，牢中之鬼。

勾陳值鬼細推詳，必犯承天后土皇。跌死傷亡隨體現，上蒼賢聖隆洪殃。

鬼值勾陳，為土皇，並五方賢聖，跌死之鬼。

騰蛇妖怪卻臨門，作犯方隅里社神。或斷騰蛇墳墓土，產亡縊死二靈魂。

鬼值騰蛇為妖怪，並作犯土。又為騰蛇土，當方土地，里社之神，及產亡，縊死二鬼。

白虎西臺大小傷，金神五道葉神堂。雌雄二煞玄壇將，刀劍傷身虎咬亡。

鬼值白虎，為傷司，五道、喪煞，趙玄壇。金神，即七煞也。葉神，即九卓也。並刀傷，虎傷之鬼。

玄武采山⑯同聖帝，伏屍坑廁井神臺。曹堂杜氏加河太，溺水穿窬二鬼來。

鬼值玄武，為聖帝，曹三，河太。伏屍，坑廁土，井泉童子。杜氏夫人。采山，即草野三郎。並淹死竊盜二鬼。

然定六神諸聖位，還須八卦五行排。誰爻臨鬼詳端的，莫累人間虛費財。

總論星煞值鬼訣

凡居卦下論陰陽，定與官爻細審詳。上值青龍天喜位，決然花煞有相妨。

凡看神司，須推官鬼。屬陽，則男傷；屬陰，則女鬼。看臨何星何煞，便知何祟為殃。

鬼值青龍天喜，可言花煞之神。

天喜起例：正月從戌上順行十二位是也。

如逢白虎喪門照，卦中值此犯喪殃。

喪門起例：正月戌，二月未，三月辰，四月丑，五月又到戌。只此四位，周而復始。

鬼臨白虎喪門者，便言喪煞為殃。

天火天燭同朱雀，五顯靈官及灶皇。

天火起例：正月子，二月卯，三月午，四月酉，只此四位，周而復始。

又天燭煞云：天燭正月起蛇宮，蕩蕩順行數至龍，卦內值時逢發動，作福祈禳也大凶。

此煞即大朱雀也，如臨官鬼，即犯五顯靈官，灶神為祟。

天賊天盜加玄武，采山草野木三郎。

天賊星云：正龍二雞三虎鄉，四羊五鼠六蛇藏，七犬八兔九猴位，十牛子馬丑豬忙。

又天盜煞起例：正月亥，二月寅，三月巳，四月申，只此四位，周而復始。

玄武官爻臨天賊星，或臨天盜煞，便為草野三郎。

喪門吊客陳蛇位，伏屍土禁不為良。

喪門開在篇首。

吊客起例：正月辰，二月丑，三月戌，四月未，只此四位輪之。

勾陳官鬼，或騰蛇官鬼，又臨喪門，或逢吊客，皆主伏屍土也。

沐浴咸池玄武動，杜氏夫人發禍殃。

沐浴起例：正月卯，二月子，三月酉，四月午，只此四位輪之。

咸池煞：正月卯，二月子，三月酉，四月午，亦此四位輪之。

玄武鬼爻，如帶咸池沐浴，即為杜氏夫人也。

折煞勾陳加驛馬，街坊跌死橫傷亡。

折煞起例：正月酉，二月午，三月卯，四月子，只此四位，周而復始。

又驛馬起例：正月申，二月巳，三月寅，四月亥，亦此四位輪之。

鬼帶勾陳，又臨折煞，並卦內驛馬發動，必犯途中跌死傷亡。

官臨玄武天河煞，井中溺鬼作災殃。

天河煞起例：正月從辰上起順行十二位。

玄武官爻，又帶天河煞者，必是井中淹死之鬼，不然必江河溺死者。

朱雀官符為總管，刀砧羊刃是西傷。

官符起例：正月從午上起順行十二位。

又刀砧煞起例：正月從亥上起順行十二位。

羊刃煞起例：甲日在卯，乙日在辰，丙戊㊀日在午，丁己日在未，庚日在酉，辛日在戌，壬日在子，癸日在丑。

鬼臨朱雀，更值官符，便言總管作祟。鬼帶刀砧，或逢羊刃，即是傷司。

太歲黃旛⑰祈后土，貴人天喜謝蕭堂。

太歲者，即年建也。

黃旛星起例：正月戌，二月未，三月辰，四月丑，只此四位輪之。

又天乙貴人云：甲戊庚牛羊，乙己鼠猴鄉，丙丁豬犬位，壬癸蛇兔藏，六辛逢馬虎，此是貴人方。

虎易按：「丙丁豬犬位」，《新鍥斷易天機・吉神歌訣例・論天乙貴人例》曰：「丙丁豬雞位」，供讀者參考。

天喜星已列篇前。

鬼值太歲，若帶黃旛，即為后土。后土者，土皇也。

又論官臨貴人，或臨天喜，便是蕭堂五聖。

三坵五墓墳前土，暗金羊刃產中亡。

三坵五墓煞云：春丑夏辰秋即未，三冬逢戌是三丘。卻與五墓對宮取，病人作福也難留。

又暗金煞云：寅申巳亥巳來防，子午卯酉酉相妨，辰戌丑未丑位是，暗金產婦最難當。

羊刃已具在前。

鬼值三丘，或臨五墓，便為墳墓土。

鬼帶暗金煞，或值羊刃星，即是產亡帶血之鬼也。

沖對年庚為撞命，流年逢鬼歲君當。

撞對者，有天對地沖之辨。

天對者，甲庚，乙辛，丙壬，丁癸是也。地沖者，子午，丑未，寅申，卯酉，辰戌，巳亥是也。

假如病人丙子生，卦中壬午鬼動，正所謂天對地沖，此乃真撞命土也。又如庚午鬼地沖，天不對，乃傍撞命土也。餘皆倣此。

設若天對地不沖，非是撞命之論。如鬼值年建，當言太歲土也。

華蓋僧魂並道者，咸池妓女及邪娘。

華蓋起例：正月戌，二月未，三月辰，四月丑，只此四位，周而復始。

咸池煞開在前。

官臨華蓋，乃為僧道之魂。鬼值咸池，即是邪淫之鬼。

天刑天獄牢中鬼，劫煞刀砧自刎傷。

天刑煞起例：正月從辰上起逆行十二位。

天獄煞云：正月逢亥二月申，三月隨蛇四月寅，五月循環又到亥，周而復始定其神。

劫煞與天獄煞同。刀砧煞亦列在前。

鬼值天刑煞，必犯責死之鬼。如臨天獄殺，乃牢中之鬼。鬼臨劫殺，或刀砧煞，必定自刎而亡。

此是玄機真妙訣，千金不換亂傳揚。

古之正人，蓋同天下。今時邪祟，各按本方。此章係苕城新著，與別郡神司不同，凡吳下人占，可依此斷。如他方問卜，還宜另詳。

校勘記

㊀「戊」，原文作「戌」，疑誤，據其卦理及文意改作。

又附解禳通用法

凡人疾病，占問鬼神，術人妄判神司，病家聽信宰殺。傾有限之家資，病未必愈；造來生之惡業，卜亦難逃。

且如瘟疫，係上帝之敕降，雖曰時行亦不善而降殃，但當合門齋素，虔請戒僧，持誦蓮經，自得消解。或童男禮拜，亦可迪吉。

又如虐疾，或有鬼邪，依通書之狀式，投灶神而可遣。胎產乃九天聖母所持，延道而誦《玉樞經》，可致臨盆之慶。怪病或倚草附木之妖，擇僧而念《觀音經》，自是弭災之法。冤業相尋，《梁皇懺》可以解除。亡魂出現，《地藏經》乃能超度。火殃若降，擇火閉日，或火收日，延道誦《火德經》，火自滅矣。

精魅⑱所臨，大則告天師而請法，小則誦《真武經》而驅遣。

症患膈噎⑲者，惟施食焰口⑳，能超餓鬼之途。

屠宰索命者，獨戒殺，放生可免。

旁生之趣，又若妄發誓願，忤犯天曹，須設齋醮㉑而勾消。若貧難酬願，可將天曹封疏叩城隍而回繳。或富家向許豬羊牛願，後若貧窮，可作粉牲錢馬，到天庫地庫除消亦可。杜絕興工動作，告土須按其方隅設醮。無力粉圓，可齋殷太歲㉒。商賈江湖，誦《三官經》，而可保士子功名。持《玉皇經》，而虔祝藥師佛，祈當世之延年。《金剛經》作來生之福利。禱求嗣續，則建梓童清醮。保安嬰幼，須念《大洞尊經》。至如水火不通，或拆橋斷路而招譴。左右癱瘓，或大秤小門而生災。士庶覆宗㉓，蓋為毀平塚墓。軍民絕嗣，皆因起滅社壇。非求神而可除，惟改修而可解。若褻侮神明，須皈依三寶，或能求散。侵佔祠宇，惟修復故剎，方得安全。易卦類萬物之情，罔㉔不悉備。卜筮通神明之德，自可參詳。

僧道賢愚章第七十五

以應爻為主，福德為憑。

迎僧接道招賢者，卻看何人立應中。

人生世間，有念佛行善，因果法緣。或祈福壽，或懺悔業根，如修齋設法，如煉度書符，皆欲利益存亡，不無迎接僧道。

而僧人有慈慧降龍，道士有法靈伏虎。皆以宣揚梵語，禮誦經文，必能扶綱而值紀，始可入聖以超凡。

若請延不善，迎接非賢，則亂壇兒而淆葷羶，瀆醮筵以雜污穢。是無感應，徒設衷誠。

占卦但看應爻，便識休咎。

福德在時真戒行，父官居者法精通。

謂如子孫在應，決是受戒之善士，有行之真人。

父母臨之者，必法術精專。官鬼臨之者，必神鬼欽伏。

兄爻值此多奸偽，財象臨渠好利營。

供佛賴僧之慈，因以資助。迎真籍道之法，力以贊參。

兄弟應值，則奸欺而偽，妄多阻誤而廢更。

妻財監臨，其人貪婪圖利，好色營財，乃鄙夫蠍輩，非通天徹地㉕之流也。

惡輩子孫臨白虎，善人福德帶青龍。

子孫乃僧道也，白虎貼守，其心不勝兇險，立行匪比善良。

福德即子孫也，青龍衛護，斯人極有慈善，宅心恒存德行。

神天不納因官絕，僧道無緣為六沖。

道場善事，必一誠感格。如官爻值絕，人徒爾叩天，而天不受。

僧有善緣，而凡人因無緣法，蓋緣卦值六沖㈠。道多緣法，而齋主為沒因緣，更㈡為爻生沖激，故六沖不用也。

子破誦經宣若誑㉖，應空禮懺拜如風。

子孫用神，主我家之事，誦經宣偈㉗，全要琳琅諷念㉘。若逢沖破，則徒誦之而為誑語矣。僧道應位，為占主之用神。金經寶偈，誠敬宣揚。如遇被沖，則枉念之而成虛文矣。應空則袈裟瞻禮何益？無子則鶴氅㉙懺禮徒然。

鬼空設醮無因果，子旺修斋斋有大功。

官爻主設醮之場，無鬼則無因無果。鬼煞監齋壇之事，官空則何德何功。子乘旺，齋壇功德無虧。福德權，醮主功程有力。

福化鬼爻官剋世，非惟作福反遭凶。

設齋修善，福動化鬼，則求親而疏矣。作福祈恩，官來剋世，是求榮而反辱矣。諂之而不蒙福，媚之而反見迍。用人感應，用意昭孚，天神感格，天理昭回，豈可褻瀆㉚，不加謹慎乎？

校勘記

㈠「六沖」，原文作「并沖」，疑誤，據其文意改作。

㈡「更」，原文作「艮」，疑誤，據其文意改作。

還賽解厄章第七十六

以福神為主，用象為憑。

因災酬願尋福德，凶吉還須辨用爻。

人身五臟，天氣六淫，調攝者安，違和者病。然染災而星辰不順，則祈禱之。因罹患而祟鬼為殃，則酬謝之。許願當還，賽神攸利，惟子孫蒞㉛卦無凶，尋福德占爻則吉。又當辨用爻之失令得令，能俾㉜卜者之皺眉開眉。

用弱忌興災未退，忌衰用旺患能消。

謂我所占之人為用，而用休囚薄弱，其勢危矣。而所忌之爻為害，而害如動與，作誰抵敵哉？災愆未退，厄患未解也。忌神若衰弱，則病症可消。用爻如旺相，則災疾立愈。

父興剋子洪恩淺，財動生官邪魅招。

父母動能剋子，縱有天恩亦薄劣難承。財爻興則生官，豈無鬼邪之張揚作禍？

世旺子強官受制，祭神之後別無妖。

世為我也，旺則病必安痊。子為福也，強則壓制鬼祟。

意謂此強餘必弱，福旺鬼將除，賽神之後保平安，解厄罷時無眚咎。禳之則吉，請禱無殃。

奉安神位章第七十七

以官爻為主，子象為憑。

凡安香火眾神天，侍奉祠堂列祖先。

隨身香火，家庭供之以安。治世福神，家堂奉之以位。此生成之仰賴，陰空得護持者。然我生必有始，宗祖請之以入家廟。我後必有嗣，祖先安之而居祠堂。子孫承之而春秋祭祀。昭穆㉝列而遠近追思㈠。乃誠之至，孝之竭也。

供養高真諸上聖，一應還將官鬼看。

上而伸者為神明，下而屈者為陰鬼。上聖高真，即是神司。高曾祖稱，同推官鬼。

不絕不空神久在，不沖不動聖常安。

官鬼不絕，乃香火不絕。香火不空，則承祀不空。

官若不沖，坐家堂而位亦常存。鬼如不動，安祖先而祭之如在。

在位靜安方是福，神祇不降卦無官。

官如靜，則神聖安。鬼若空，則神不在。

若夫祈禱神祇，而不降臨管攝，因無官鬼主持㉜。

若乃叩請神明，而不御臨張主，為無官鬼主司。

若還福德臨爻上，天賜佳祥永百年。

卦爻若得子孫出現旺相，神天必賜祥瑞。是福德加臨，而子孫長吉。

子象空無誰獲慶，財爻靜旺進田園。

子孫空亡，則阿誰承慶？福神不現，則若為承歡？

財爻靜旺，則穩主丘園。財遇生扶，必田連阡陌㉞。

兄興妻患傷財物，父動兒災損畜蠶。

兄動則傷剋妻財，非病而何？兄興則剝削財物，篋㉟囊匱乏。

子當避父之威，父動傷兒，若父爻一怒，則子位受害矣。

福乃犧牲，父動主傷六畜。子為春蠶，父興則損三蠶。

鬼剋世宮殃疊疊，官生身位福綿綿。

鬼㉝賊陰害世爻，而患災不一。官爻護生世位，則膺㊱福綿綿。

六沖此向安非吉，六合其方奉有緣。

六沖者，內外之神安之，豈得為吉？六合者，上下之位奉之，似有宿緣。

白虎值官災不淺，青龍坐鬼利無邊。

官爻雖是香火，然值白虎，則神煞不利，而官亦遂為禍殃矣。鬼位未必災愆，而值青龍，則神隨為錫之利益矣。而陰陽之位，安如磐石。禍福之效，捷於鼓桴。出入賴以扶持，止行仗而保佑。

校勘記

㈠「追思」，原文作「追忠」，疑誤，據其文意改作。

㈡「主持」，原文作「主維」，疑誤，據其文意改作。

㈢「鬼」，原文作「兄」，疑誤，據其文意改作。

停棺舉殯章第七十八

以子孫為主，身世為憑。

停棺寄槨兼更座，舉殯除靈事必同。財福二爻宜旺相，兄官兩象怕交重。

天雨錢㊲，情事申而甫能出殯。人哀潛㊳，麥舟㊴助而可舉棺。或停棺，因擇地，尋墳或寄柩，在制中贖屋。移座非為貧也，除靈釋服㊵㈠闋考。事有數般，疑須一決。

且如財爻福爻，皆生財獲福，二爻固宜旺相。

至若兄象官象，咸破耗官災，兩象最怕興隆。

鬼興剋世般般惡，官靜生身事事通。復推用象生身吉，倘來剋世禍重重。

鬼興而能剋世，在服孝之中，更作凶論，諸事忌之則佳。

官靜又乃扶身，猶遭喪之際，還作吉推，百凡行之則吉。

用象生身者，行無不善。用來剋世者，向無不凶。

安靈寄柩宜相合，徹席除旛喜六沖。逢沖不可停喪柩，釋服辭靈庶免凶。

如卜設魂靈，宜合而靜。占寄棺槨，爻穩乃安。

六親座旛，值卦沖而除之則吉。五服魂席，葉爻㊶散而徹之無妨。一切喪事，逢沖散而切不可停。大凡孝堂，見激剝而斷不可寢。卦動而釋服乃宜，爻交而辭靈則可。雖曰孝無終始，寄棺徹席有不得已而行之，若乃趨吉避凶，舉殯停喪取理長則就之也。

至如衰絰染墨，軍旅敢不遵依詔命。奪情朝廷，豈可違悖？

校勘記

㊀「釋服」，原文作「適服」，疑誤，據其文意改作。

怪夢感應章第七十九

以動爻為主，騰蛇官鬼為憑。

怪慮不詳，誰識將來之事故。夢憂不測，難知未兆之情由。欲決否臧，還憑易卦。

吉凶未應，朕兆㊷先形。或夜裡有徵，或夢中有見，致心生疑惑，須卦象搜求。

吉則遇子孫發動，宅靜人安。凶則逢官鬼興隆，殃臻禍至。

子孫動，人口平安，家庭寧靜。

官鬼發，則宅眷迍邅，門欄蕭索。

官臨空絕，事假情虛。鬼值交重，怪真夢實。但看誰爻帶鬼，便知何事臨門。

官空則無怪，鬼絕則情虛。鬼動則夢準，官發則怪靈。

又如鬼爻帶煞而動，便知何事何方。

土爻則慮染時災，火象則倘遭回祿，木乃蠶桑之損，水為波浪之驚，刀傷斧割為金神，損畜喪丁因虎獸。

土鬼屙染瘟癀㊸，火與倘遭回祿，木損桑苗，水淹波險。刀割斧傷，憑金神發現。人亡畜損，懼白虎咆哮。

逢龍則喜處生悲，遇雀則詩中起訟。武防盜賊及扳陷之情，蛇被虛驚並牽連之事。勾陳之煞，忌行動土之方。天喜之星，勿往結婚之所。

青龍值鬼，致樂極生悲。

朱雀臨官，文書涉訟。

玄武與，防盜情害。

及騰蛇，主夢怪驚牽。

勾陳鬼發，用動土爭田，開掘方禁。

天喜官加，犯喜筵酒肆，婚姻事情。

驛馬同宮休出境，咸池共位莫貪花。官傷世體主人災，鬼剋應家妻妾患。

驛馬勿走跳路途，咸池戒奸貪姿色。

世爻為家主，最怕鬼傷。應位是妻孥，尤嫌鬼剋。

復看何爻化鬼，方推那命遭迍。父象化成，椿萱不泰。財爻變出，眷屬難安。鬼化鬼爻，災未消而訟至。官連妻位，禍將滅以財生。官變子孫，始見凶而終見吉。子之官鬼，先招祥以後招殃。

何象化官，知何人受患。何爻變鬼，即知何屬遭殃。

父化鬼，主禍在椿萱。

官化財，該災當妻僕。

鬼化鬼爻，災生而又訟。

官之財象，禍退而有財。官變福，初凶後吉。子化鬼，先利後殃。

世帶福神，能免萬千之咎。卦無鬼煞，並無毫忽之愆。

子孫治世，則事事亨通。

鬼煞空無，則常常康泰。

青龍父母值身搖，文墨光華之兆。白虎弟兄臨世動，家資破耗之憂。

身值父母青龍，文章高顯。

世臨白虎兄弟，資耗憂驚。

龍居財福有生扶，門添喜氣。貴坐官文無剋破，體沐恩光。

門欄添喜氣，決是青龍臨財福之爻。更逢生旺，家宅顯榮。

定有貴居，父母之位，不遇刑傷。

事有百端，理歸一字。

世有萬端事緒，卦憑一理而推。道明法正，何慮怪情。搜隱索微，難逃毫忽。

報應雪冤章第八十

以官爻為主，世應為憑。

人遭冤屈訴無門，或失衣資求見明。或請鬼神僉的確，或迎仙道寫真情。皆將官鬼來為用，旺發陰司近日靈。

朝中尚有申冤申屈，世上豈無誣馬誣金？或屈而控訴無門，事遭誣而暴白難雪。鬼神理遁，幽微仙道，情涵幻化。莫若卦推，鬼用旺發，報應昭彰。

太歲值官年內報，提綱見鬼月中興。世遭鬼剋吾遭辱，應受官傷彼受傾。動速靜遲終有應，空官絕鬼永無憑。

太歲報應在一年，月建鬼與驗一月。

世受鬼剋，乃見憂於吾。應被鬼傷，則行誅於彼。

有官則有報應，但動在速而靜在遲。無鬼則無準憑，況空無因而絕無據。

爻重之象明中發，沖擊之爻暗內行。卦見子興空拜聖，爻無鬼在枉投呈。

交重明中發作，沖擊暗裡推排。子孫散解，徒磕頭拜跪。無鬼主張，枉申拆投呈。

注釋

①漢壽亭侯：爵位名，常指關羽。《三國誌·蜀書六·關張馬黃趙傳第六》載：建安五年，關羽因斬殺顏良有功，被曹操封為漢壽亭侯。關羽去世後，逐漸被神化，被民間尊為「關公」。歷代朝廷多有褒封。

②雲長公：即關羽，也稱為關公。

③金元七：總管，元代人。其祖父名叫金和，南宋時南渡到江浙，死後被當地百姓奉為神人，故其後世皆被奉為神。相傳，元七能保護海運，故元至正年間，被封為利濟侯。近代又有奉之為財神的風俗。

④杻（chǒu）：古代手銬一類的刑具。

⑤癆瘵（láo zhài）：肺結核病。俗稱肺癆。

⑥癆怯：虛癆。

⑦城隍（huáng）：道教指城池的守護神。

⑧伽（qié）藍：梵語僧伽藍摩譯音的略稱。意為眾園或僧院，即僧眾居住的庭園。後因稱佛寺為伽藍。

⑨祠山大帝：為蘇浙皖交界一帶（主要為浙江湖州、安徽宣城、廣德地區）信奉的道教神仙。

⑩地祇（qí）：地神。

⑪痀（gōu）：曲脊。

⑫嗔（chēn）：發怒；生氣。

⑬咒咀（zhòuzuǐ）：詛咒他人。

⑭金剛：指金剛力士。執金剛杵的佛的侍從力士。

⑮囹圄（língyǔ）：監獄。原文作「囼圄」有誤，據其文意，改作「囹圄」。

⑯罙（mí）山：即草野三郎。

⑰黃旛（fān）：亦作「黃幡」。黃色的長幅下垂的旗子。

⑱精魅（mèi）：妖精鬼怪。

⑲膈噎（gé yē）：中醫病名。有胸腹脹痛、下嚥困難、常打嗝等症狀。

⑳施食焰口：佛教用語。形容餓鬼渴望飲食，口吐火焰。和尚向餓鬼施食，叫放焰口。

㉑齋醮：僧人、道士設壇祈福。

㉒殷太歲：殷元帥名郊，為紂王之子，出生後被拋棄於荒野，故以郊為名，以國為姓。相傳殷郊元帥被金鼎妙化申真人收為弟子，道教裡奉金鼎妙化申真人為地司啟教真人，殷元帥為地司主帥，帶領八大元帥，二十四節氣，七十二候，羅李等元帥，都天執法，掌管太歲，雖貌凶而心地慈善，幫助世人來化煞消災。

㉓覆宗：毀敗宗族，滅族。

㉔罔（wǎng）：此處為「無，沒有」之意。

㉕通天徹地：形容本領十分高強。

㉖誑（kuáng）：欺騙，說謊。

㉗偈（jì）：偈陀，梵語「頌」，簡作「偈」。即佛經中的唱頌詞。

㉘琳琅諷念：清脆美妙的聲音背誦。

㉙鶴氅（chǎng）：鳥羽製成的裘。此處指道袍。

㉚褻瀆（xiè dú）：輕慢，不恭敬，冒犯。

㉛涖（lì）：到。

㉜俾（bǐ）：使。

㉝昭穆（zhāo mù）：古代宗法制度，宗廟或宗廟中神主的排列次序，始祖居中，以下父子（祖、父）遞為昭穆，左為昭，右為穆。

㉞阡陌：田間小路，用來區分田界。

㉟篋（qiè）：小箱子，藏物之具。大曰箱，小曰篋。

㊱膺（yīng）：接受。

㊲天雨錢：熊袞至孝，父母死，不能葬，呼天號泣，天雨錢十萬，以終其葬事。參閱《夜

航船》。

㊳哀湣（mǐn）：憐惜，同情。

㊴麥舟：宋朝范純仁主動把裝有麥子的船，饋贈給石曼卿，幫助他辦喪事。見宋·釋惠洪·《冷齋夜話卷十》。

㊵釋服：除去喪服。謂除喪。

㊶葉爻：合爻。葉（xié）：協，合，和洽，共同。

㊷朕（zhèn）兆：預兆、徵兆。

㊸瘟癀（huáng）：瘟疫。

易林補遺利集卷之八終

易林補遺利集卷之九

禮部冠帶術士　張世寶　著
西吳庠生　黃裳　毛士來　同校閱

察人喜怒章第八十一

以用爻為主，生剋為憑。

探人喜怒用爻推，民卜官員鬼上思。若問他人觀應位，子占父母看文書。

測人喜怒，憑卦推詳。問官府，在鬼象精思。卜他人，於應位求索。子占父，文書為用。兄占弟，同類為憑。各定用爻，詳其喜惡。

用爻生世心懷喜，主象傷身怒可知。但得比和情更美，無憂無喜值空時。

用爻生世，則歡喜接談。主象遭傷㊀，則變顏反目。用世比和，心交契合。用如生世，會晤維持。用世相沖，心同吳越①。用若空亡，或不上卦，乃無憂喜，無損益也。

六沖永不和諧處，六合終無怨恨辭。白虎在爻憂損害，青龍臨用賴扶持。

六沖難見，豈得和諧？六合易求，終無懊悔。
處白虎身憂損害，見青龍尤可親依。
明人見顏色而言，智者觀喜怒而進也。

校勘記

㈠「遺傷」，原文作「未傷」，疑誤，據其文意改作。

探人虛實章第八十二

以應爻為主，不空不絕為佳。

察人心地應為先，生扶身世兩家歡。旬內值空心不實，月中犯破意非堅。

用卦中之應爻，察人身之心地。
生扶身世，則賓主相投。彼向我心，則世應相洽。
用破旬空，心虛不實。應臨月破，意詐非真。

倘來剋世沖身命，腹內藏刀性必偏。但卜六沖無信實，凡占三合有忠言。彼同朱雀能言語，應並騰蛇每變遷。

應傷世命，口密腹劍之徒。應沖身世，面是背非之子。三刑六害，必生妄語。三合六合，定出忠言。用值青龍心慈善，應臨白虎主剛強。玄武奸慳肖象，勾陳性身穩重。口嘴喧嘩，惟因朱雀。腰肢曲折，毒似騰蛇。聽其言也，則捷給禦人。觀其眸子，則傾險莫匿。

用人臧否章第八十三

以用爻為主，應象為憑。

凡用他人應上尋，家親各有用爻分。日沖月破空亡者，臨在斯爻永不亨。

凡若用人行事，或倩人代己之勞，或招人而作生涯，或託付而圖利益，如用他人，以應爻為主。若占親戚，以用象為憑。

用爻若遇日辰沖，月建破，或落旬空者，皆主不成。縱成無力，又不久遠，切莫用之。

用遇絕鄉終不美，世遭用剋卻無情。六沖反目非賓主，用變刑傷力必輕。

倘若用爻臨絕，又無生助者，此人定主無能。

用來剋世者，賓懷欺主之心，彼非仗義之士。

若卜六沖之卦，終成反目，豈得和諧？

卦上用爻雖然有氣，變成剋制之鄉，或之墓絕，亦㈠必先勤後惰，事當有始無終。

以上七般如不犯，方言和悅又多能。若還世得他扶助，必受渠恩事有成。

應爻並用爻，不遇日沖，月破，空亡，死絕，又不剋世，又不變出沖傷，主卦與之卦，皆非六沖，便曰賓主相投，用之有力。

用爻若來生世合世者，賴以難持，周旋吾事。

校勘記

㈠「亦」，原文作「水」，疑誤，據其文意改作。

仗托人力章第八十四

以應爻為主，不遇絕空沖破為佳。

僉解②京差，每有包完糧稅。審當縣役，常多代出公庭。或央鄰里之謀為，或浼親朋之所作。身叨彼佑，事賴他成前列，人之事情，皆附卦之應象。

糧從產出，似有差傜之重。產去糧存，尚多力役之征。

或山長水遠之迢遙，或人怯丁單之薄弱，不無親屬之托，須倩故舊之央。

事有萬殊，卦須一決。諸般仗托，皆看應爻。

應動應沖，此客有更有變。應空應破，其人無力無能。最嫌世受應傷，更忌內遭外剋。

應值交重，或逢沖動，仗彼終須改變。應值旬空，或臨月破，托人決不始終。

若應剋世，或外傷內卦，皆主其心不善，不得誤用也。

財福生身而有益，兄官剋世以虧財。六沖則意亂無恒，豈諧豈就。六合則心平有信，能始能終。

妻財子孫發動，生助世爻，終須有益。

若見兄弟官鬼交重，剋沖世象，豈不遭傷？

六沖作事無成，又無信實。六合所謀遂意，更有始終。

但若諸般之重托，惟憑一卦之端詳。

百里傾心，千金重托，全憑一諾之寄，皆係六爻之推。

繼身受產章第八十五

以世應為主，財福為憑。

但將身繼，欲受他財，切嫌世應空亡，大喜福財生旺。世陷則吾非受業，應空則彼不相從。

以己之身，為人之後，承繼即是螟蛉③，出姓義當承祀。繼人之志，述人之事，理當如此。

受父之產，襲父之蔭，古亦有之，在所必然，無足怪者。

凡卜續人之後，當看世應之爻。倘若世應逢空，彼此皆成虛望。若得子動財興，後必榮華富貴。

世空應不空，但恐身居不久，縱久亦難受業。應空世不空，切慮父心反變，到底不從我意也。

旁動剋身，後被族中爭奪。應興伐世，還遭本主欺淩。

旁爻動剋世爻，產被族中攙奪④。

應象動傷世象，勢遭繼父虐淩。

六沖主西蕩東遊，內愁外怨。六合主朝歡暮悅，老安少懷。青龍雖見和諧，財不興而少利。朱雀偏生口舌，鬼不動以無妨。

六沖則遊蕩西東，怨生眷屬？六合則歡歌朝暮，老幼安和。縱有青龍，而財若休囚受剋者，但主和偕，終無厚得。雖搖朱雀，而鬼不交重生旺者，縱生咕咶，而不成詞訟。

父母勾陳衰敗，產業虛浮。妻財福德興隆，家資穩實。妻弱兄強，必主分財奪祿。兒空鬼動，決然起訟為災。

產業凋零，父母勾陳衰敗。家資穩實，妻財福德興隆。兄強妻必弱，奪祿分財。子空鬼愈狂，災生訟起。

財化絕空，有物焉能入手？合逢沖破，無情豈得安身？內外無官，恐難成就。陰陽都動，終見更張。

妻財而化之空絕，銀錢那能入手？合處而卻被破沖，蹤跡何處安身？卦內無官，一世事難成就。六爻亂動，一身終見更移。

事欲綿長，卦須安靜。

欲要攸久事奉，六爻不動為妙。

以用爻為主，世應為憑。

防老膳終章第八十六

鰥寡⑤之徒，仗親朋而養膳⑥。孤寒之輩，叨鄰友以維持。世應用爻，空非綿遠。兄官忌象，動豈安寧？

夫婦不幸，而團圓虧缺者，曰鰥寡。父子不期⑦，而骨肉傷殘者，曰獨孤。

故西伯有哀惸⑧之政，西京有拜老之行。是老需膳而安，幼求撫而長。

有仗親戚而矜⑨之以養，或托鄰友而憐之以恩。此皆惻隱之好生，而窮人之得所也。

而今發課，何以據憑。可將用爻，並推世應。

凡占以世為己，應為他。如占親戚，各分用爻。

且如占婿，以子孫為主。占弟，以兄弟為憑。

世應並用，皆不宜空。空則靠非攸遠。

又不宜兄弟官鬼，並忌神發動，動則豈得安寧？

前後六沖不久，福財兩旺為佳。主象生身叨彼力，用神剋世被他欺。

前卦六沖，而後卦六沖，足跡豈能長久？福爻旺相，而財又旺相，口身永得飽溫。

主象生身，似旱苗而㊀得雨。用神剋世，如枯草而遭霜。

世遭月建相沖，自己將來多染禍。應被變爻而制，他人日後不興家。財無鬼又無，豈能終侍？世動應亦動，焉得齊心？外卦興隆彼命富，內宮旺相我身榮。

世臨月破，自防身體尪羸⑩。應變剋傷，他必田園漸退。

財鬼俱無，老少焉能盡瘁⑪？世應俱動，彼此豈得同心？

外卦與隆應又與，斯人富足。內宮旺相世又旺，我得安榮。

再觀生剋，永決親疏。

同血脈者，必生生。有瓜葛⑫者，必藟藟⑬。故親則同氣相求，而同聲相應。剋者不久，沖者益疏。是道不同，而相為謀。

校勘記

㈠「**而**」，原文脫漏，據其文意補入。

養親館友章第八十七

親族以用爻為主，他人以應象為憑。

濟難扶危，卻是留恩於世上。憐貧敬老，豈非積德於陰中。誠恐恩中招怨，還須卦裡求明。奉尊奉長，宜扶我以扶身。撫幼撫卑，忌子孫而伐世。

施粥是賑濟⑭留恩，捨資亦憐貧積德。嘗聞受惠效勞，豈可以怨報德？

奉尊長之有德者，父必扶我以生身。養卑幼之無義者，子必忘恩而剋世。

養族養親，怕見用神來剋。膳朋膳友，喜逢應象相生。凶則鬼兄皆動，吉則財子咸強。

養吾宗親，忌用之來剋。善吾朋友，喜應象之相生。鬼兄動則咸凶，財福興則皆吉。

世陷世空，已恐迍邅難顧彼。應沖應動，他多更變豈酬勞。世應沖非久遠，卦爻合最綿長。

世遭死絕，或值空亡，日後家業蕭條，恐難顧彼。

應若交重，或遭沖破，他時彼意變更，必致忘恩，決不酬惠。

卦值六沖非遠計，爻逢六合最延長。

合處變沖，花非結果。凶中化吉，樹必成林。扶人之難，用逢生助可相扶。救客之危，應被剋傷須莫救。遭禍遭殃遭損害，應剋世爻。得名得利得禎祥，外生內卦。

合處變沖，不結子之花，豈能結果？凶中化吉，無心處之柳，不意成林。

用逢生助，斯人有難可扶。應被剋傷，厥後縱危莫救。

應剋世以招殃，外生內而多吉。

龍值福興，行止獲財而進喜。雀臨兄發，始終費本以生非。武鬼剋身憂失脫，蛇官傷世慮牽連。

進喜得財，子值青龍而發動。生非破鈔，兄臨朱雀以交重。

鬼臨玄武，失脫難逃。官遇騰蛇，牽連禍至。

念寡恤孤，宇內修心之道。施恩布[一]德，寰中積善之家。然雖吾意無私，倘若彼心有害。未知後患，故叩先天。

施恩布德，誠積善之人。恤寡憐貧，乃慈心之主。

吾雖實意以無私，或彼虛心而有害。

仰先天之不負，庶終吉之有徵。倘凡庶之侮人，豈聖賢之欺我。

校勘記

㈠「布」，原文作「怖」，疑誤，據其文意改作。後文遇此字，據其文意直接改，不另說明。

登舟涉水章第八十八

以父爻為主，世應為憑。

雇船裝載渡長江，問卜須將父母詳。太要合生兼旺相，怕逢空絕及沖傷。

凡雇船裝載，須將父母為用爻。

如逢旺相，又遇日辰動爻生合者，一路平安，百事和諧。

若逢空亡墓絕，刑沖剋害，月破者，非惟險阻，反有禍患。

若凶煞休囚，恐無大利，亦無大害。

子孫發動方方美，官鬼休囚處處強。

子孫乃生財之神，若臨世用發動，及生合者，著處大吉。雖不動臨世，亦為佳兆。

官鬼乃凶惡之流，遇之不利。若得休囚墓絕，或受制伏，則不能剋沖，不論遠近，隨方獲吉。若帶吉神剋尤可，若帶煞發動來剋大凶。

世乃己身嫌墓絕，應為船主莫空亡。應剋世爻遭損害，應生世者遇賢良。

世為雇船之主，應為駕舟之人，俱不宜旬空月破墓絕，最要生合為美。

若應爻剋世、沖世者，必凶頑之漢，件件欺侵。

若加朱雀，口多罵詈⑮。加白虎，好勇毆拒。加玄武，明偷暗竊。加兄弟，狡猾誆詐⑯。

休囚稍稍，旺動愈凶。

若值旬空、月破，必然痿弱⑰，或非慣熟，或是災生不測。

若應生世、合世者，必善良之人，事事可托，和顏承順。

若帶吉神扶拱，乃故家子弟出身，一力能扶助，萬里可同行。

陰卦包陽難渡海，陽包陰卦好飄洋。

卦屬陽，乃輕清上浮。卦屬陰，乃重濁下墜。行船重載，遠涉江海，只宜輕浮，不可重濁。故陽包陰則吉，陰包陽不利。

內外不宜占《艮》卦，逢之便作覆舟⑱詳。

《艮》卦者，《艮》覆碗也。

但凡舟行，必涉長江大川，豈占翻覆之兆哉？

凡遇純《艮》卦，或居內，或居外者，俱作凶斷。

父母沖刑兼月破，決然滲漏進滄浪。

父母者，乃船之用爻。若遇日沖、月破、刑害者，必定損傷不固。看在那爻，便知端的。若在初爻，船稍有損。若在間爻，中艙滲漏。若在上爻，船頭空隙。若值《乾》宮，上蓋不密。若居《坤》位，下底疏虞⑲。

水官剋世防波險，火鬼傷身慮火殃。土鬼交重憂湊淺⑳，金鬼還愁石崩㊀傷。木鬼舟中神崇擾，騰蛇官動主驚惶。玄武賊偷朱雀訟，勾陳阻節路中央。白虎災生謀害起，不臨鬼發定無妨。

鬼值五行，不宜剋世、剋身兼剋用。官臨六獸，切忌傷船、傷世及傷身。

水鬼動，風波大險。

火官發，熒惑飛殃。

土臨鬼發，沙浮水耗。

金並鬼與，石崩木傷。

木官交作，鬼祟來纏。

騰蛇不過驚惶憂慮，勾陳無非遲滯擔延，決無大害。玄武防內外之盜賊，白虎慮大小之災迍。朱雀口舌閒非，盛則官訟綿綿。

大凡不旺不動稍輕，倘值墓絕無妨。六爻內外無鬼，乃為大吉利。

校勘記

㊀「崩」，原文作「硼」，疑誤，據其文意改作。後文遇此字，據其文意直接改，不另說明。

風行順逆章第八十九

以世爻為主，兄弟日辰為憑。

兄弟日辰同剋世，飛沙折木鬥風㉑張。二神若也來生者，天賜涼風適遠方。

兄弟動，並日辰同來剋世、沖世者，必主聞風驟發。

若在《巽》宮，或加木爻旺動，乃飛沙走石，折木覆舟之險。

若兄弟動，與日辰來生世、合世者，獲片帆時，送騰王閣之益。

兄生日剋風橫順，兄剋日生橫逆詳。

兄弟生合世爻，日辰剋世者，乃橫順之風，勉強可行。

若兄弟沖世、剋世，雖有日辰生者，亦是橫逆之風，不可輕易舉行者也。

兄空木絕風當息，水靜官衰浪不狂。

兄弟若值旬空、月破，水木二爻俱靜，鬼亦休囚，又無風波、白浪二煞，決主風恬浪靜，坦坦前行。如二煞旺動，亦有小咎。

風波煞例云：正月從子上順行十二位是也㊀。

白浪煞例云：正月從寅上順行十二位是也。

校勘記

㊀「十二位是也」，原文脫漏，據後文之例補入。

乘車駕馬章第九十

占馬以上爻為主，問車以父象為憑。

乘車駕馬遊郊墅，福德爻興穩穩移。官鬼交重防坎坷，世空來往切非宜。

陸行遠道，必仗鑾輿㉒騾馬。皆得子孫旺發及生扶，則車馬安逸，來往無虞。

若鬼動剋沖，或世值空者，必主災非道險。

午宮值鬼休乘馬，木象臨官弗受車。

午為馬匹之本命，木屬車輪之用爻。若臨官鬼，各為大忌。

應剋世爻兄弟動，馬夫車漢恐相欺。

世乃占主，應是從夫。若剋世爻，又加兄弟凶煞動來沖剋，衰則欺淩，盛則戕害。

六空騾馬終無力，父旺車輿必整齊。

騾馬之位，乃在六爻。車輿之用，係是父母。

若逢生旺，則駿馬高車。倘臨休絕，必定羸騾敝輦㉓耳。

折㈠煞如興憂跌蹼，勾陳若動路行遲。

攀鞍乘轍，謹訪跌蹼。爻有折煞，決罷此危。衰靜㈡則稍稍而已，旺動則大患傷殘。

爻有勾陳獨發，路途多阻滯留。遇吉則因喜而阻，逢凶則禍患而稽。

折煞例云：正月在酉，二月在午，三月在卯，四月在子，五月又從酉上起，照例而行。

校勘記

㈠「折」，原文作「拆」，疑誤，據其文意改作。後文遇此字，據其文意直接改，不另說明。

㈡「靜」，原文作「旺」，疑誤，據其文意改作。

水陸出行章第九十一

占自己以世爻為主，占他人以用象為憑。

出境須憂官鬼興，官爻靜伏決清寧。龍搖萬里咸和合，子動千鄉永太平。

凡人遠行，切忌官鬼發動。若得靜伏，或值休絕，亦作清寧之斷。

或青龍發動，或子孫發動，或持世，皆主太平之象，順意往返無虞。

世值鬼爻兼世墓，皆為阻節去難成。歸魂亦不離鄉井，世落空亡豈得亨。

世值官鬼，世入墓鄉，世在歸魂，世落空亡，俱為凶象，終難舉步。縱在勉去㉔，必見災殃。

剋世之方身莫往，生身之所卻宜行。

假如世爻屬土，不可東行，乃木㊀能剋土之例。

若世爻屬水，惟利西方，乃金能生水之益。

凡卜自身，以世為主。若占別人，以用而推。不可概論。

用臨月破災難解，兄鬼加蛇被險驚。

若用爻被剋被沖，或值旬空月破，去後災危迭至，雖遇吉神，終難解釋。

兄弟官鬼，若加騰蛇發動，必有虛驚。輕重之辨，休旺而推。

又忌《明夷》、《節》、《艮》、《坎》，四般卦象最無情。

出行遠回，不免登山涉水。凡看卦體爻象，不可忽略而推。

且如《明夷》者，傷也。《節》者，止也。《艮》者，止也，又為覆舟。《坎》者，險陷也。皆係無情，豈為佳兆？

官居玄武財當失，朱雀臨時口舌生。

官鬼動，不拘生剋，皆不吉。

臨玄武，途遇強梁。衰則竊而旺則劫。

若臨朱雀，道逢奸狡㉕。衰則咭而旺則訟。

臨白虎，有鬥毆之愆。

臨咸池，有覓水之歡。

總非美例，學者詳之。

校勘記

㊀「木」，原文脫漏，據后文之例補入。

同行共處章第九十二

以應爻為主，用象為憑。

同行共處應為尊，切莫沖傷世與身。若見落空並月破，纖毫無力負吾恩。如來生合身和世，永賴維持若至親。

同行共處，應為用爻。與世相生相合，必然言聽計從，迤路盤桓㉖親切。

若值旬空月破，決主負義辜恩。

倘加玄武劫殺之類，或來剋世，或動沖世，總不為良。衰則嫉妒，旺則相戕。

三合一途皆遂意，六沖半路便灰心。起居虧損搖兄鬼，水陸清安動子孫。

爻逢三合或六合，萬里同行情最切。卦值六沖或六害，半路拋離心反背。

若兄弟官鬼交重，行住坐臥㊀，倏爾㉗生非。

子孫吉神若動，陸路水程，自然獲福。

但卜他人依此斷，凡占親戚用爻尋。

若卜閒人，只依此斷。如占親戚，卻看用爻。生剋而推。

校勘記

㊀「臥」，原文作「臨」，疑誤，據其文意改作。

關隘津渡章第九十三

以福神為主，世象為憑。

人往途中問過關，應來剋世卻煩難。官空子旺無盤詰㉘，虎動兄興有阻攔。

凡占關隘，以官為把隘之役，兄為阻隔之神。不可動，不可旺，又不宜應來剋世。

若官動生非，兄興費財，虎動被責，剋世皆然。無中生有，萬般阻滯，大不吉利。

如得子旺官空兄墓絕，查無㉙盤詰，巡攔之輩，如入無人之境。

一鬼交重難過閘，六爻安靜好通番。

官鬼獨發，雖疏林野渡，決難過越。

若得六爻安靜，縱漢嶺秦關，任憑來往。

旁行小路偷關稅，須要青龍福德間。朱雀喧爭人譭謗，勾陳阻隔物傷殘。

旁途小路私行偷稅者，須要龍德兼全，或動或持世，方獲吉利。

若值朱雀，口舌嘵嘵㉚。若臨勾陳，阻節淹淹。

謾尋沖散之期，才決潛行之路。

世旺逢生逢善侶，身衰遇剋遇強蠻。

世位旺相，朋侶忠良。若加動爻，或日辰來扶，定仗貴人相挈。

世爻衰弱，旅伴卑微。又遇凶神來剋，決有奸凶來害。

要知吉凶，衰旺可推。

旅望行人章第九十四

以用爻為主，月卦為憑。

凡占出路之人，非比還鄉之客。問歸期而歸魂可到，占往外而遊魂可來。應陷用爻空，還居家內。身與主象動，必往途中。

凡占行人，各有不同。且如人在外鄉，又占後人來否，若得遊魂，已登途路。若遇歸魂，尚在家庭。

應陷用空，留戀家閨難登軔㉛。身與主動，揚鞭策馬已登程。

六沖尚未相逢，六合即當相遇。一卦皆安人未至，六爻亂動客將臨。

卦值六沖，或六爻安靜，望斷征鴻無信息。

爻逢六合，或六爻亂動，立見他鄉遇故知。

世去傷他，徒然等候。用來剋世，不負邀迎。

世剋用爻，決定不來，徒然等候無期。

若用來剋世，不待邀迎，即來會合。

忌象交重難會面，元神發動易同言。

忌神發動，被人牽羈[32]難行。元神發動，良朋攜挈[33]同來。

應及卦身，合時可望。日同月將，生用方來。

卦身或用爻，與日時相合，日辰或月將來生用爻者，遙觀車馬填門，佇看[34]艤航[35]抵岸。

用化官爻他被訟，主臨月破彼遭災。

用爻若變官鬼，公庭訟累。主家忽臨月破，逆旅災纏。

欲決來人遲速，惟憑爻象興衰。

行人遠回章第九十五

以用爻為主，月卦為憑。

世剋用爻人未至，用爻剋世許他歸。

須問占者何人，詳為用爻。

若世剋用爻，行人尚是逗留，未有歸心。

用爻剋世已來，輜裝㊱刻時可到。

如臨絕處求生日，凡在空鄉沖必回。

用爻逢絕，須看那日來生，乃是輜㊀裝之期。

用象若空，必求沖日，方掛歸帆。

近以日斷，遠以月推。

若乃卦中無主象，候觀值日散愁眉。卦身合日方言到，用遇生扶可接陪。

若卦中內外，及互變飛伏俱無用爻，是無主象也。直待日辰透出，乃是歸期。

卦身者，即月卦也。與日相合，亦作歸程。若干支相合，決到無疑。經云：「假令丙子水為身，辛丑之㊁辰以時道」。

若用爻遇動爻並日辰生扶者，皆是歸來之兆。

卦靜應空皆莫望，六合歸魂共舉杯。

六爻安靜，或值空亡，莫去倚門凝望。

卦逢六合，或遇歸魂，即返故園歡會。

校勘記

㊀「輜」，原文作「治」，疑誤，據其文意改作。

㊁「之」，原文作「日」，疑誤，據《卜筮元龜・占行人消息有無章》原文改作。

音書遠信章第九十六

以父母為主，朱雀為憑。

書柬來時父母興，父空雀動口傳音。應爻空絕誰捎㊀寄，妻財持世信冰沉。

卦中內外，父母興隆，千里書文遞至。

父母空亡，朱雀發動，數聲口信傳來。

應爻空絕，書柬寫成無便雁。

財爻持世或發動，當知音信已冰沉。

父帶青龍為喜信，如臨白虎作凶文。須臾㊲得見因朱雀，中途阻隔為勾陳。

父母帶青龍，齎㊳來喜慶之書。

印綬臨白虎，報傳凶惡之文。

加朱雀，遞傳迅速；逢勾陳，阻滯淹留。

印綬化空遺失去，逢沖偷拆看虛真。

父母化空，中途遺失，決難尋覓。印綬逢沖，被人偷開，竊視情由。

那日父臨生旺合，決然相遇帶書人。

欲覓寄書之人，須看父母之爻。臨生日可見，臨旺日相逢，臨合日會晤耳。

校勘記

㊀「捎」，原文作「稍」，疑誤，據其文意改作。

覓人訪友章第九十七

以世爻為主，外卦為憑。

訪友尋人忌六沖，遊魂他必往途中。應空應動人非在，賓主相逢世不空。

爻值六沖，親不見，友難逢。卦是遊魂，必在邂逅㊴之間。應爻若空，應爻若動，其人已出外矣，決不在家，幾遍登堂難見面。世位不空，世位不動，不期而會，面睹歡娛。

若覓他人外卦取，如尋親族用爻從。但臨空地終籲歎，相合相生便得逢。

若尋外姓他人，以外卦為用。若尋親戚族人，以六親為用。

若生合我，可尋可見。若值旬空，或臨月破，萍蹤浪跡，何處追隨。

中途候客章第九十八

親族以用爻為主，他人以應象為憑。

凡候鄰朋，應位怕臨月破。但迎親戚，用神忌值旬空。如卜官員官莫陷，若占僧道福宜興。

凡途中守候之人，各有用爻。若鄰舍鄉里之人，以應為用。族中親眷，以六親取用。有祿之人，以官鬼為用。僧尼巫道，以子孫為用。

各位興隆，生合者，楚客吳賓，終會合。若遇旬空月破者，魚沉雁杳永無音。

遊魂但化歸魂，轉回故里。世動再加應動，復往他鄉。

遊魂變作歸魂，旅商獲利，跨鶴還鄉。世動又兼應動，騷人㊵乘輿，泛棹㊶他邦。

世破世沖，自己無心久候。應空應絕，他人無意來迎。

世位或沖或陷，自己灰心難等。

應爻遇絕遇空，他人事絆難來。

世應二爻生合，聲未絕兮相逢。內外兩卦刑沖，眼望穿而未遇。

世應相生相合，邂逅三生有幸。

六沖之卦，望穿兩眼無蹤。

日傷應位，當日難來。時剋他爻，過時方至。

日來剋應，定知當日不來。

時來傷用，便待過時可遇。

旁爻動合應爻，遇朋留款。彼象化成空象，見路遊行。

若見旁爻動合應爻，故友相邀留戀。

用象變成空象，尋花問柳閒行。

捕賊捕逃，須得世神剋應。待親待友，還求用體生身。生剋了然，吉凶自應。

捕獲盜逃，必要世爻剋應。

迎待親朋，須得用爻生世。

斟酌吉凶義理，參詳衰旺玄微。

招賓接客章第九十九

以應爻為主，福德為憑。

涉險趨遐，攬接貨財通貿易。掃門下榻，惟全信義款佳賓。未識商人之美惡，須憑易卦之精微。月合福生於世象，定接忠良。日沖應剋於身爻，必招奸佞。

開張行次之得失，招納商賈之往來，難免賓士，未知凶吉。

若月日生世，子孫生世者，定有忠樸之人，千里來投，財利豐饒，信義允協。

倘日辰沖世，應爻剋世者，決有奸佞之徒，一朝聚寓，非惟無利，抑且有害。

六沖乃賓主無緣，空來空往。六合乃始終有利，能遇能逢。合處逢沖，縱得來而復去。沖中化合，雖未就以還成。

六沖之卦，杳無客至，空在長途等候。

六合之爻，定有商臨，兼帶豐資到舍。

倘遇合處逢沖，車馬臨門而復去。

若得沖中化合，或被阻隔畢竟來歸。

應空則賓不能招，縱招不至。世陷則主不能得，縱得難諧。

應落空亡，則無客商，縱使接而不來，來而不久。

世遭空陷，自無力量，勉強而為，為而不振。

兄爻合應傷身，同類人唆人去。應動化爻合世，忠心客引客來。妻強子旺，倍得財源。

父發兄興，反虧資本。

兄弟者，為詐為虛，又為伴侶。若動來合應而傷世者，乃同行之人，設計唆挑，決然賓主反目絕交。

應爻是客，又是主顧㈠。若動變而來合世者，乃忠良之客，輾轉舉薦，必是商賈填門。

子財俱旺，財利倍增。父兄并發，本資當失。

無福則休迎其客，無財則莫望其資。無鬼則所為不就，無身則所作不成。既明奇偶，便見虧盈。

卦無子孫休迎客，爻內無財莫望財。無世無身難成就，無官無鬼主無商。

大象盈虧，用心斟酌。

校勘記

㈠「顧」，原文作「雇」，疑誤，據其文意改作。後文遇此字，據其文意直接改，不另說明。

陪賓優劣章第一百

以應爻為主，福德為憑。

家延門客號陪賓，應上還須論淺深。不動不沖能久處，不空不絕永歡忻。

陪賓者，乃宦豪之幕士也，以應爻為用。

但喜不動不沖，不空不絕，即攸久相處而無間阻。若得世應相生，彼此和諧之兆。

又云：應生世，乃客來求謁於主。世生應，乃主去聘賓耳。

應如剋世賓欺主，鬼雀兄搖惹禍臨。

若應來剋世，必定賓欺主人。若帶龍德貴人來剋，是逞多能雄勢，欺壓主人。若帶劫殺凶神，必奸佞狂妄，侮賤而已。

若合財爻，與奴僕同欺。加咸池玄武，恐恃淫亂而至此。若得雀虎兄鬼臨剋，又或與旺，決致禍患不寧。

福德交重奸佞滅，六沖不日兩灰心。

子孫發動，或生世或生應，名為解勸之神，群奸自退。

倘值六沖，彼此情疏，漸漸分散矣。

倘然幕府迎參贊，獨喜官興忌子孫。

凡公門將佐，帥府參隨之類，最喜官興財動以生扶，惟忌子發兄搖而剋害。

注釋

①心同吳越：吳越兩國時相攻伐，積怨殊深，因以比喻仇敵。

②僉解：受簽解送，負責解送。

③螟蛉：蜾蠃常捕螟蛉喂它的幼蟲，古人誤認為蜾蠃養螟蛉為己子。後因以為養子的代稱。

④褫（chǐ）奪：奪取；剝奪。

⑤鰥寡（guān guǎ）：老而無妻或無夫的人。引申指老弱孤苦者。

⑥養贍：贍養。供給生活所需。

⑦不期：不意，不料。

⑧哀惸（qióng）：憂傷孤獨。

⑨矜（jīn）：憐憫；同情。

⑩尫羸（wāng léi）：亦作「尩羸」。亦作「尪羸」。瘦弱。亦指瘦弱之人。

⑪盡瘁（cuì）：竭盡心力，不辭勞苦。盡心盡力，全身心投入。

⑫瓜葛：瓜與葛。皆蔓生植物。比喻輾轉相連的親戚關係或社會關係。

⑬藟藟（lěi）：互相纏繞。藟：藤、葛類蔓草名。

⑭賑濟：以財物救濟。

⑮罵詈（lì）：亦作「駡詈」。罵，斥罵。多用作書面語。
⑯誆（kuāng）詐：謊騙欺詐。
⑰痿弱：肢體萎縮軟弱。
⑱覆舟：翻船。
⑲疏虞：疏忽，失誤。
⑳湊淺：擱淺。
㉑鬥風：頂頭風、逆風。
㉒鑾輿（luán yú）：天子的乘輿。
㉓羸騾敝輦：瘦弱的騾馬，以及破舊的車輛。
㉔縱在勉去：即使勉強去。
㉕奸狡：奸詐狡猾。
㉖迤（yǐ）路盤桓：曲折連綿的路。
㉗倏（shū）爾：迅疾貌。亦形容時間短暫。忽然。
㉘盤詰：盤問，盤查。
㉙杳（yǎo）無：了無，絕無。
㉚嘵嘵（xiāo xiāo）：吵嚷；爭辯；嘮叨。

㉛軔（rèn）：懶散。

㉜牽羈：牽絆，羈絆。

㉝攜挈：提挈，帶領。

㉞佇（zhù）看：等著看。

㉟艤（yǐ）航：停船靠岸。

㊱輜（zī）裝：財物。

㊲須臾（yú）：片刻，暫時。

㊳齎（jī）：攜帶。

㊴邂逅（xiè hòu）：不期而遇。沒有事先約定，而偶然相遇。

㊵騷人：指詩人，文人。

㊶泛棹（zhào）：泛舟。

易林補遺利集卷之九終

易林補遺貞集卷之十

禮部冠帶術士　張世寶　著
西吳庠生　黄裳　毛士來　同校閲

交朋結友章第一百一章

以世應為主，生尅為憑。

交友往來如手足，卦中兄弟忌空亡。

交友者，各有不同。有同氣連枝，有邂逅烏合，或同藝業，或同遊俠，或長幼之不同，或貴賤之嫌避。

既為朋交，兄弟可推，不宜空絕。

世空我意多遷變，應破他心每改張。相合相生如管鮑①，相沖相尅若孫龐②。比和彼我無高下，世位卑憂應尅傷。

世空世動，則我之猶豫未決。

應破應虛，乃彼之更變不常。

若曰世應生合者，情孚契合。

世應沖剋者，兩必參商③。

世應比合，必為攸久和同，而無彼此。

惟獨應剋世爻，占者大忌。

結識官員官鬼論，相知僧道福神當。男占女色財宜旺，女卜男情鬼要強。

又論用爻，假如有祿之人，以官鬼為用。朋友結義之類，以兄弟為用。男占女以財為用，女占男以鬼為用。師巫僧道，以子孫為用。餘皆倣此詳之。

用爻若也傷身世，來往終須反受殃。合世生身終有益，用臨空絕少禎祥。

用爻固不可無，如有而來剋世者，不惟無益，反受其虧。

必得生世合世，方為信義益友。

用臨空絕之鄉，彼此非美，交朋大忌。

雀同鬼發招非橫，合處逢沖豈久長。

朱雀招唇吻，白虎作凶強，玄武能奸嬖。與同官鬼而動者，乃雞豚狗彘④，同群奸盜詐偽，靡所不為，訟非種種而生，豈可交結乎？

又憑合處逢沖，交朋合侶，若然犯此，聚不多時，意冷情寒，漸漸而解矣。

大意不成，亦從此決。

糾合夥伴章第一百二

以世應為主，生剋為憑。

凡去糾人，先究相生相剋。如來合夥，次憑相合相沖。主若生賓，挈人之美。應如扶世，益己之為。

凡糾人合夥者，須看卦中生剋沖合，便見吉凶。

若世生應爻，或內生外卦，皆主扶人而得成，引入而得進。

如應生世，或外生內者，必然委之而得力，賴之而有功。

吾剋他爻，久服吾之驅使。彼傷我象，終被彼之侵虧。卦得比和，雖異姓交如骨肉。爻逢沖擊，縱親人一似冤仇。

凡占以世為我，應為他。

世如剋應，彼必心悅誠服，愈久而靡堅⑤。

若世被應剋者，其心不善，定見侵欺。

世應若得比和，彼此相得，情同管鮑。

卦若六沖，兩心相反，仇若孫龐。

本卦雖吉，若變出六沖，或合處逢沖，是皆有始無終之兆也。

倘合長親，父宜合世。但糾下輩，子忌沖身。

如糾伯叔上人為伴者，父作用爻，最宜旺相，生世合世尤佳。

若合子侄下輩同處者，子為主象，大忌空亡，又不宜沖世剋世也。

共作生涯，財絕兄興皆費本。同行買賣，世空應陷兩無情。

凡合夥生意，須要妻財有氣，兄弟休囚，世應不空，方為大吉。

倘若財臨空絕，兄又交重，反虧資本。

卦內財爻縱旺，倘若世空，則自心疏懶，應空則他意更張。

世應俱空兩無情，況豈成伴侶乎？

問利有無，察財爻之消息。觀人勤惰，憑用象之興衰。

問得利之多寡，惟看財爻，旺則多，而衰則少，空則無。財剋世則有，世剋財則無。

要知人之勤惰，當察用爻，旺則勤儉，衰則疏懶，空則無能無力也。

投行損益章第一百三

以應爻為主，官鬼為憑。

賓來投主，難知美惡之心。貨脫求財，未審淺深之利。惟憑神卜，方得忠良。

凡占脫貨求財，必托牙行專主。

忠信者固有，奸僞者亦多。易觀面貌，難識心田。欲從善美，謾看吉凶。

官若興隆，行主有千斤之力。應如空陷，牙人無毫忽之能。

官旺應又旺，主人命亨心實，行確言忠，四方信服，千金儘托。

應空官又空，其人家廢心險，力竭恥喪，外張聲勢，內蓄侵欺，不可交遊，遠之遠之。

世被應傷，憂人掛欠。財遭兄剋，慮彼侵欺。

應剋世爻，舊帳且延，新帳久難清楚。

兄剋財爻，後貨那償，前貨終被侵欺。

兄動則貨難脫卸，子興則物易交關。

兄弟動，阻隔迭生，貨難罄脫。

子孫興，價值頓增，利息培厚。

買物反要財衰，更要身持兄弟。脫貨正宜財旺，兼宜世值官文。

將錢買物，財衰易得，又宜世剋財爻。

若脫貨求財，妻興可去，偏喜財爻生剋世。

兄雀並搖，難逃口舌。武官同發，不免穿窬。

朱雀隨兄動，時招咕咶。

玄武並官與，每遭盜賊。

世應對沖行卻改，財官共合主方投。飛伏闡明，行藏自定。

世沖應，應沖世，其行或改或移。鬼合妻，妻合鬼，其主堪投堪托。精詳飛伏互變，斷決休咎行藏。

求財覓利章第一百四

將本以財爻為主，福德為憑。空拳以官爻為主，財象為憑。

將財求利財為用，凡值旬空月破凶。旺相生身兼剋世，金銀倍得利無窮。財源增益搖福德，資本虧傷動弟兄。父發助兄能剋子，生涯有始定無終。

將本求財，以財為用，不可空無。如遇旬空月破，不但無利，本亦虧折。如若旺來剋世者，利息津津。生世者，財源滾滾。若得子孫發動，乃生財之神，財如源水，流而不竭。故經云：「子動會青龍，乃生財之大道⑥」。

若兄動而子不動者，本利俱無。

若父動而兄不動，更加白虎，乃剋子孫元神，財無生助。故經云：「父興臨白虎，為絕利之根源⑦也」。

空拳問利宜官旺，財作元神莫犯空。反怪子興來制鬼，不嫌父母值興隆。

空拳問利者，九流之輩，工匠饕餮⑧之流，皆名白手求財，以官為主。須要興隆，生世合世，又喜財爻興旺，而來扶助，此為大吉。

犯忌子孫動，動則傷官，而用無用也。

父母發動，空拳無害，將本為殃。

衙門但怕官傷世，店肆惟愁卦六沖。走水官衰無險厄，祝巫鬼旺有神通。

公門之役，官為用爻，但不可傷世。若加白虎，必有刑責之憂。

店肆肄業⑨，切忌六沖，沖則主顧難聚，貨物不豐。

若涉江湖而覓利，風波不險，全賴官衰。

惟有圓光召將，施符設咒，太保師巫等類，必仗官與鬼旺，其應如響。經云：「請師巫水之祈」。

延術著龜之卜，官旺合真人之應，法必高明。鬼空無野祟之靈，道非通徹。

血財更慮文書發，頓貨財衰利轉濃。脫物用爻宜發動，開張主象莫交重。

若曰牧養六畜，偏怪父母興隆，而剋害子孫者，則畜不長，而財利輕。

頓貨偏要財爻衰弱而可置，脫貨最宜財旺而動則易洩。

開張店業，只要財靜，縱若舉動，必定改移。

梨園不忌官和弟，搏戲猶嫌鬼與兄。屠戶官宜臨白虎，空門子要帶青龍。

搬演走戲，傀儡偶兒等類，不是一人所為之事，又要主顧來尋。兄弟為之伴侶，官鬼為用爻。若得兩動，方為全美。故云不怕官與兄發。

博弈賭錢，鬥彩爭勝，乃係財物往來，而決輸贏。兄弟耗財，官鬼剋剝，若值兄隆鬼旺，必致全輸。

屠宰之流須見血，必得官騎白虎。空門修道要安然，惟祈子跨青龍者也。

抽豐⑩卻喜財官旺，合會須憂世應空。開礦淘沙兼取藏，伏財有氣福駢從。

抽豐者，晉謁侯門，饕餮伊利，以官為用。惟喜官旺官生官合，彼必慨然厚饋。又得財動助鬼，則稱心遂意。

而回合會者，糾集親朋，湊財濟急，以世應為主。但得應爻生世合世，乃易成易得。若應空他人見卻，應被日沖月破，或兄弟動沖，皆主被人擾阻不成。若世空我不能與，雖與物難入手。若世應兩空，或值六沖，則彼此灰心，難濟其事。

地中之寶，乃藏而不露，但取伏財為用。只要有氣，可獲沙內之金，乃埋而未吐，必得財隱旺土動，而變化淘之方有。劈山開礦，破石尋珍，以此無異，一理同推。

又云：欲知何日得錢財，但逢合處定歡諧。

凡一應求財，要知何日到手，但以日辰生合財爻是期矣。經云：「財合日辰，方能入手⑪」。

死絕財爻生日得，太旺財爻死墓來。

財爻逢衰絕之地，必得日辰生扶，乃可得之期。

若財爻太旺太多，決定墓日才有。故經云：「財逢墓庫，便可歸懷⑫」。又云：「多財反覆，必須墓庫以收藏⑬」。

卦中有福無財者，財星值日也開懷。

六爻無財出見，雖有子孫，尚未可獲。必逢財爻值日，物乃歸囊。

開張店肆章第一百五

將本以財爻為主，福德為憑。

空拳以官爻為主，財象為憑。

開張口訣無多語，卦內須求財福全。福德臨門人濟濟，妻財持世利綿綿。空拳財鬼皆宜動，將本財官各要安。

開張店業，亦有二端：

將本求財者，以財為用，須要財子兩全。財興則財源熾盛無窮，子動則主顧絡繹不絕。但不宜財動，又值世剋財者，縱是勤謹之人，終無利息。故經云：「世剋動財，若趕沙場之馬⑭」。

空拳問利者，以官為主，必得財鬼並值。財動則助鬼，鬼動則發財。九流之術，無中生有，空手得財。故經云：「空拳問利，官爻喜遇興隆⑮」。

若遇六沖兄弟發，定是開張不滿年。

卦值六沖，不論將本空拳者，畢竟不成。成亦㊀不久，豈有利祿哉？

若兄弟獨發，將本猶嫌，空拳無忌。

又云：世動己心多改易，應空夥伴再宜更。

世為自己，豈宜發動，動則心有更變多端。

應為伴夥，亦宜安靜，動則懷反背之心。空則無能，亦不久遠。若動而剋世者，尤當欺害而分離。

財化鬼兄無結果，財之子象有收成。

財為根本，不可更變。

若化鬼變兄，則財被耗散，兩途無益，終難結果。

若財化子孫，則利祿津津，永久無疆。

校勘記

㊀「亦」，原文作「來」，疑誤，據其文意改作。

收頓貨物章第一百六

以妻財為主，衰旺為憑。

凡占頓貨，先訪脫期。有遲速之不同，取旺衰之各異。近買近賣，於本月當旺相而得財。今置後脫於經年，值休囚而有利。

置買貨物，欲求利息，專看遲速之期，可覓厚薄之財。

近買即賣，求目下財旺之日，而利入手。

今置㊀後脫，待年餘，財逢生旺之日，而可入囊。

且如冬藏夏貨，宜巳午之財爻。秋放春收，喜卯寅之妻位。夏育冬魚利見水，春培秋果要逢金。

假令冬收夏發，乃夏旺於火，在四五月巳午之期有財。

秋置春賣，乃春旺於木，故正二月卯寅之期大吉。
夏養冬鬻，乃冬旺於水，是十月十一月亥子節而得利。
春種秋收，乃秋旺於金，在七八月申酉之令而財可得。

買時世剋財當賤，賣時財剋世為高。兄臨月將，價不長而宜收。財值提綱，利當興而可脫。

但世剋財爻，或兄臨月將，或財值休囚，皆係價值賤，而貨宜買。
若財爻剋世，或財值月建，皆屬貨價高，而利倍增。
各趁其時，不可錯㊁也。

內宮為目下之時，外卦乃未來之節。內強外弱，必前重而後輕。內弱外強，必前輕而後重。

凡內卦為近時，外卦為遠期。
內卦旺相外卦衰微，決是前貴後賤。
外象強盛，內象無氣，必然後重前輕。

置脫用子孫發動，始終嫌兄弟交重。貴賤趁時，盈虧據卜。

大凡脫貨置貨，最宜子動，子㊂動生財。獨忌兄興，興則剋財。
大意如此，據理推詳。

校勘記

㊀「置」，原文作「制」，疑誤，據其文意改作。

㊁「錯」，原文作「挫」，疑誤，據其文意改作。

㊂「子」，原文無「子」，疑誤，為協調文意補入。

托本求利章第一百七

以妻財為主，世應內外為憑。

凡將資本借親鄰，房室舟車賃與人。

凡放債求息，並物稅⑯與人取利者，或將房船車轎賃與親朋同斷。

卦有子孫逢善客，爻逢官鬼遇強賓。妻財最喜臨生旺，兄弟單憂剋世身。

爻有子孫妻財，或旺相，或生世、合世、剋世者，有財有利。

若遇官鬼兄弟發動，沖世剋世者，多耗多非。

若動亦非吉象，切宜忌之、忌之。

世空我必心多變，應陷他須意不真。應剋世爻遭虎噬，外傷內卦被鯨吞。

世空則我不情願，應空則他必灰心。世應兩空，彼此皆休。

若應剋世爻，他必狠心欺賴。

外傷內卦，亦彼不良，必致辜恩負義。

上下彼我無相剋，異姓相交勝嫡親。應生身世外生內，借主常思了債根。貞悔比和世生應，也主和諧無異心。

內外比和，世應相合，乃爾我和順，同胞無異。

若應生世，外生內，是信義不辜，利資不少。

世生應，內生外，或比㊀和，亦主義中取利，兩意綢繆⑰永久耳。

六合百年顏帶悅，六沖旬日面生嗔。前合後沖交不久，今人卻要細沉吟。

六合之卦，魚水相投。六沖之卦，冰炭不投。

前合後沖，聚而不久兩分離。前沖後合，分而再合交還可。

校勘記

㊀「比」，原文作「彼」，疑誤，據其文意改作。

索取債利章第一百八

以財爻為主，應象為憑。

索債還從世應尋，應爻生世必歡忻。世臨兄弟財難取，應陷空中物送人。

放債本圖利息，日久人心更變。

若應爻生世，不負信行，遂有償還之意。

世臨兄弟，財亦休囚，必然被騙。

應落空亡，彼非逃故，亦是貧乏，無力而還也。

應值鬼爻如剋世，彼生惡計賴其銀。應逢兄弟傷身命，口是心非定不仁。

應值鬼爻剋世，應臨兄弟剋世者，皆主不良，口吐甘美之言，心存奸險之意，不惟無利，資本亦虧。若加雀虎，反有禍非。

縱若鬼兄臨此應，不傷身世靜非嗔。

但應爻臨兄臨鬼，靜不傷世者，雖見遲延，終無抵賴。

如帶文書遲可得，應居財福遂吾心。子興財旺兄爻靜，本利無虧倍獲金。

如應臨父母，不剋世者，或加勾陳，不過遲遲而已，終久有財可得。

應值財爻，或臨福德，縱不生世，財亦如心。

若得子與財旺，兄弟或休或靜，本不虧而利倍獲，乃十分大吉之卦。

兄動財空連本失，鬼化為財須訴論。

兄弟動，或財空，本利絕望。若鬼化為財，必經官追並，方可得之。

借貸財物章第一百九

以妻財為主，世應為憑。

借求資本要財興，財不空亡無改更。生合日期方可得，六沖爻象定虛名。

借本經營，須靠財爻旺相。若不落空，或生世剋世，決然便得，而無阻隔。值待日辰生合財爻之日，方可到手。

六沖之卦，萬事無成，豈有得財之理者也？休望！休望！

世應不空兄不動，無財有鬼也須成。後查何日財爻值，便是人間交兌情。

世應俱不落空，兄弟又不發動，乃無阻隔之神。雖無財爻上卦，而有鬼爻出見，必主得財。

要知何日得財，財值之期是也。

凡若間爻空與絕，其間中保定無能。

一卦之中兩間爻，係為中作保之人。但得旺相生合，決然扶助。若遇空遇絕，乃無力無能，不能贊襄耳。若動來剋世者，反生嫉妒阻撓。

日辰沖應遭人破，月建扶財囊可盈。

日辰沖應，或加朱雀交重，必被譖㈠言⑱破阻。

月日生用，或加青龍福德同宮，決然財盈囊橐。

借貸衣舟尋父母，挪㈡移禽獸子孫憑。

凡借貸之物，各取其用。

冠服文書，舟車器血之類，父母為用。

飛禽走獸，鱗介生氣之物，子孫為用。

與隆大吉，空絕大凶。

校勘記

㈠「譖」，原文作「讚」，疑誤，據其文意改作。

㈡「挪」，原文作「那」，疑誤，據其文意改作。

搖會得失章第一百十

以財爻主為，世象為憑。

搖會求財忌六沖，財官不失便亨通。世無空破財不絕，管取其銀入手中。

搖會者，乃齎銀赴會，祈而得之。

最忌六沖，沖者散也，豈能成會而得財乎？

惟要財官並見，生合世爻者，必得自然之利。

財世兩爻值空值破值絕，此乃用爻被害，乃無用也。會豈得成？而銀豈得濟哉？

兄爻持世兄爻動，世或空亡財或空。

兄弟者，乃阻耗之神，豈宜持世？又或發動，卦中大忌。

世為主者，財為用爻，安可落空？爻中值此，定是會不成，財不得。

無鬼無財皆不實，定然空去費心功。

卦內無財，則無財利。卦中無鬼，則無張主也，皆不成事。則枉費心機，徒然一番話柄耳。

變產求財章第一百十一

以應爻為主，財象為憑。

要知產業何時脫，財值提綱便可拋。世應相沖多退悔，勾陳持世永堅牢。

變賣產業，但看財爻生旺月日，便可賣去。財爻衰弱，終難交易。

世應相沖，彼此退悔，兩不成交。

勾陳者，乃職專田主，又為遲滯之神，若持世或動者，決難更變，永久無移。經云：「勾陳職專田土，凡事終見遲留⑲」。

應居空破誰人買，卦乏官爻孰與交。應生合世妻財旺，爭奪相求價必高。

應爻為承買之人，若落空亡，乃無力成交。

日辰沖破，被人撓阻。故內外無官，亦難成事。

應爻生世合世，又或財旺來生合，紛紛爭奪，產價頓增。

兄動財安難脫卸，鬼加雀動訟非招。

兄弟若興，財爻安靜，又或空衰，決然難脫，不必多疑。

若鬼鼓雀噪，必有訟累非招，牽纏不泰。

博戲求財章第一百十二

以財福為主，世應為憑。

呼盧博戲忌兄興，子絕財空賭不亨。

賭錢博弈之事，若兄弟興隆，必被抽籌竅碼㊀，明取暗耗，色不順而心不快，財物當輸。

若子財不空不絕，稍稍而已。一逢空，縱有萬貫囊資，渾如片雪投湯。

世剋應爻應已勝，應來傷世被他贏。

世為自己，應作他人。倘不傷剋，彼我無戲。

剋有數端：旺相能剋休囚，休囚不能剋旺相。安靜者受剋，發動者難傷。故經云：「靜休當受剋，與旺決難傷」。

世剋應爻者，我當全勝，必滿心稱意而返。

應傷世象者，我必大敗，罄囊倒橐而歸。

若旺世而生休應，若帶財子，亦當大勝。不帶財子，稍得數文而已。

旺應而生衰世，則彼來隨我，無不吉利。

世應比和相生，彼此謙讓，勝負無偏。

應空難遇輸錢客，世陷還遭資本傾。

若應值空絕，場中寂寞，而無對手。

世當沖陷，袖裡空虛，惟剩空拳。

鬼靜兄衰財福旺，君回定唱凱歌聲。

或遇官鬼安靜，兄弟衰絕，財爻旺相，子象興隆，乃獲大利，爽心遂意，復遊笑樂而歸矣。

校勘記

㊀「碼」，原文作「馬」，疑誤，據其文意改作。

捕獵畋漁章第一百十三

以妻財為主，世應內外為憑。

漁獵皆宜財旺相，爻中無鬼莫興張。財官兩備方能獲，一象逢空便不昌。

凡漁翁獵戶來占，惟取財官為用，卦中缺一，便不為美。必得財旺，官隆並見，乃漁得巨鱗，獵擒大獸。

若財鬼二爻，一值空亡，則鳶飛戾天⑳，魚躍于淵，空張戈矢，而不能禦。

世剋應爻內剋外，管教所得利非常。外爻剋內應傷世，枉費心機空自忙。

世為人，應為物，內為人，外為物。

若我剋物，漁獵盡善，俱獲大利。

若物傷我，縱有強弓硬弩，密網張戈，決難捕捉。

世落旬空兄弟動，縱然有物不收藏。

若世值旬空月破，乃自無良技奇能。

或有兄弟發動，定是靈禽異獸，怪鱗智介，畢竟高飛遠遁，而難收捕。

安寄財物章第一百十四

以妻財為主，世應為憑。

物寄他家宜財靜，官衰子旺無妨。貨藏彼處畏兄興，世破應空有失。

如占寄頓財貨於他家，須要財爻安靜，官鬼不動，子孫旺相為最。兄弟發動不美。

世爻被沖，應落空亡，畢竟消耗財物，付託豈為美哉？

應傷衰世他非善，世隨鬼墓我非祥。

世為我，應為彼。而世不可空，若被旺應傷剋衰世，他必非是善良之輩。

或世隨官鬼入墓，而我亦不為佳。

財為主象，忌入空亡。靜無後患之辭，動有變爻之論。

貨物悉以財爻為主，當形象於六爻，切忌空亡無氣。

財明沉靜，則久久無損。與發，則有變動之機兆也。

化絕化空，終遭虧損。化兄化鬼，豈不侵傷。

動者化之機括，化者動之變遷。

如財爻一至於化絕，則絕無可生之理。或財爻一至於化空，則空寧有盈實之時。故曰終遭虧損。

兄弟乃剋財之神，化兄則財遭剝伐。

鬼爻為洩氣之輩，化鬼則財被侵謀。故曰：豈不侵傷者也。

化子化財咸吉慶，化生化旺永平寧。

子孫是福神，生財之母也。財爻為主宰，安寄之司也。咸皆吉慶，是為至理。

財化生源，物化旺相，永㊀獲平寧，而豈妄焉。

化水防上下之玄冥，亥子父動皆然。

玄冥，水神也。財化水爻，或卦中水父發動，恐遭上漏下濕，而致腐爛也。

化火防內外之祝融，巳午鬼興同意。

祝融，火神也。財如化火，或爻中火鬼交重，應慮內失外延，焚如之慘。

遇玄武，恒憂偷盜。逢朱雀，每恐生非。

玄武是賊人，恒者常也，當常憂盜賊侵犯於財。

朱雀唇吻也，每亦常也，每每恐怕激生口舌。

六合最宜寄頓，六沖豈可安藏。

六合之爻，或日辰合世應，大宜寄財頓物，因其彼此心口投機。

六沖之爻，或日沖主用，不得安貨藏財，為其付託後有更變也。

後之學者，宜細參詳。

總言受讀之者，更宜參酌推詳，不可以其易而忽諸。

校勘記

㊀「永」，原文作「求」，疑誤，據其文意改作。

取贖人產章第一百十五

以世爻為主，用象為憑。

收回人畜產和書，取贖衣衾寶共珠。俱怕六沖兄獨發，還嫌世位值空時。

但凡回贖男女、禽獸、房產、車船、書籍、衣飾、珍寶之類，皆忌六沖之卦。

兄弟為阻節之神，不宜獨發。

世象乃贖物之主，最怕空亡。

更愁日月來沖世，合處加沖變定知。應剋世爻難合就，用空鬼失歎虛辭。

凡占以世為自己，最嫌日月來沖，又怕應爻來剋。

世應雖逢相合，若被日主或變象沖開，初當允諾，後必悔更。

世象縱無沖破，　若用值旬空，或卦無鬼，豈得如心，決難回贖。

諸般不犯方為得，見一徒勞意想癡。再問所求何物件，用爻入卦願能如。

但占回贖貨物，所忌六沖兄動，世空世破，合處逢沖，用象落空，六爻無鬼。以上數端，毫無所犯者，事必勝心，物能返璧。
如犯忌爻，終當絕望。
細查所贖何物，方定用爻。
問妻僕而看財爻，占書籍而觀父母，卜禽獸而推福德，贖田地而察勾陳。
若得用爻上卦，不值旬空，便能如願。

探物真偽章第一百十六

以用爻為主，不空不絕為佳。

物之真偽卻難憑，爻察虛盈必有因。僧道獸禽憑福德，神仙妖怪鬼為尊。珍珠古物財中取，印信文書父上尋。蘆藤竹木查寅卯，玉石鋼銅辨酉申。綾羅絹緞須從火，如此將來定用神。

探辨物之真假，由加意而窺測。難信虛浮，遽為實切。必察物之虧盈，庶免彼之悔弄。
緇流羽士㉑，子孫上究。飛禽走獸，福德中求。鬼是神仙妖怪，財乃玩器珠珍，父母尋印信文書，寅卯作蘆藤竹木。金銀銅鐵玉石，莫逃于申酉。綾羅緞疋絹絲，可索于南離。
如斯剖決用神也。

遇空遇絕推為假，逢旺逢生斷作真。受剋受沖物必損，有扶有合價如金。

用若空亡死絕，定為假物。

用如旺相長生，非是贗品㊀。

被剋被沖，物身瑕玷㉒有損。

逢扶逢合，價值高貴不低。

若伏生中宜用買，如居剋下不須擒。

設若伏處遇生，買之得當。

倘伏制於剋下，捨卻為宜。

世剋用爻能易得，用爻剋世最難親。

易得易來之物，定是世剋用爻。

難求難取之珍，斷然用爻剋世。

物理隱蘊于幽微，人心旁搜于洞察。

校勘記

㊀「品」，原文作「為」，疑誤，據其文意改作。

臥床趨避章第一百十七

以三爻為主，鬼靜為佳。

凡人問卜置眠床，卻把三爻作用詳。

寢室為歇息之所，眠床乃偃臥㉓之區。置之迪吉，居之定安。百姓卜以否臧，三爻用為判斷。

忌值鬼爻多病疾，宜加財福永安康。

用爻若逢官鬼，名曰忌神管攝，便有疾病生焉。

如遇財福，是為吉象，豈不安寧？

但逢兄弟妻當厄，僧道占之反吉祥。

財為妻室。兄爻剋之，定主荊人㉔有厄。

兄是比和，孤獨㉕見之，即為同伴何妨。

床爻剋世身遭患，如臨父母損兒郎。

凡是我御之者，得之安，則世世安然。

凡剋世爻者，遭之否，則常常染患。

父母為傷兒之殺，不可親臨。

惟官不獨三爻上，凡鬼交重便作殃。

官若作殃，不獨三爻而見。

鬼能為禍，寧辭六位而推。

六沖非是安身所，用神不可犯空亡。

床欲安身，沖並難能寧謐㉖。三為床體，空亡豈得安祥？

屋猶榻，定夫婦之居。床即房，為蕃息㉗之處。事非小可，樂莫大焉。

壽木喜忌章第一百十八

以用爻為主，福德為憑。

修合壽木用交求，安靜興隆百載留。

人以百歲為期，棺以七寸為厚。為親而充虞敦匠㉘，因數而顏路請車㉙。治造或吉歲而閏年，停閣願千秋而萬紀。取捨憑占，喜忌爰卜。

用爻安靜，綿遠淹留。主象旺興，延長永久。

如陷如無延數日，逢生逢旺度千秋。

用若原無或傾陷，只活數日而已。

用如長生或旺相，壽享長齡。

化空化鬼身難久，無破無傷壽未休。

主爻化空化鬼，其身難久。不損無沖，厥壽靡窮。

鬼動忌興休合槨，龍搖子發任興修。

鬼爻為兇惡之神，忌神乃剋用之煞。故不宜動，動則不可做材。

龍福乃禎祥之兆，青龍為喜慶之星，與搖允宜合木。

鬼剋世身終害己，隨官入墓即丁憂。

戕剋世身者，鬼也，忌與而反來剋害于我，亦何益矣？

葬埋棺槨者，壙也，忌鬼而反去隨官入墓，豈不憂哉？

凡遇間爻傷世者，尤防工匠起奸謀。

匠人在間爻上看。不發動傷世，工師不謀損于吾。

若發動剋身，匠作必肆奸害于我。

倘然魘倒尋官鬼，縱動無官莫慮愁。

又有一等木匠，不存恒心主人家。或有怠慢，則魘禳陰害。但官鬼不作，萬無妨己。縱然別爻發動，不係官鬼，亦何愁慮之有？

妻僕去留章第一百十九

以財爻為主，應象為憑。

留妻留僕財為用，逢旺逢生必遂機。應帶煞神沖剋世，陰謀誠恐害身軀。

男女願有室家，夫得婦以陪衾枕㉚。無小人不成君子，主得僕以當侯門扃㉛。或去或留，決同人之美惡。宜取宜捨，究藏獲之吉凶。

妻房以妻財為主，童僕以財象為憑。旺相而妻妾在心，生扶而廝養得力。

應帶官鬼大煞而沖剋于世，我後被設陰險之謀。

用坐煞害，而刑傷於我。世被彼生，奸宄㉜之驗。

應空身在心不在，財破情虛命又虛。應不空亡財不破，妻無他意僕無欺。

應空則身浮心詐，財破則壽夭情虛。

若得應不空亡，雖荊布而同心協力。財無破損，不欺主而赤膽忠心。

財安子動留還吉，鬼發兄興去速宜。六合始終無變易，六沖朝夕應分離。

凡留妻僕，最宜財安子旺相。招眷屬，不宜鬼發兄興。

六合則有始有終，永無更變。

六沖則難防不測，早晚分離。

如留子侄兒憂絕，若用他人應莫虛。手足卻嫌兄弟陷，各分用象決高低。

如留子孫，取子孫為主。留他人，取應象為憑。留手足，觀乎兄弟。留尊長，察其文書。各定用爻，莫臨空絕。

凡用爻生世合世則吉，沖世剋世則凶。

用應有拱向之理，世我大要生扶。

若也無情，而不如始不相識。如臨有益，而門祚㉝到底竟剋令終。

注釋

①管鮑：春秋時管仲和鮑叔牙的並稱。兩人相知最深。後常用以比喻交誼深厚的朋友。參閱《史記・卷六十二・管晏列傳第二》。

②孫龐：孫臏和龐涓的並稱。二人曾同學兵法。龐涓為魏惠王將軍，忌妒孫臏的才能，誆他到魏國，施以臏刑。後孫臏秘密回到齊國，任齊威王軍師，設計大敗魏軍於馬陵。龐涓自刎而死。《史記・卷六十五・孫子吳起列傳第五》。

③參商：參星與商星。兩星不同時在天空出現，因以比喻親友分隔兩地不得相見，也比喻人與人感情不和睦。

④彘（zhì）：豬。

⑤靡堅：磨琢堅硬之物。靡，通「磨」。比喻關係牢固。
⑥子動會青龍，乃生財之大道：語出《卜筮全書·天玄賦·求財章》。
⑦父興臨白虎，為絕利之根源：語出《卜筮全書·天玄賦·求財章》。
⑧饕餮（tāo tiè）：傳說中的一種貪殘的怪物。比喻貪得無厭者，貪殘者。
⑨肄業：謂各就其業。
⑩抽豐：意近分肥，提成的意思。舊時利用各種關係和藉口向人索取財物。
⑪財合日辰，方能入手：語出《卜筮全書·天玄賦·求財章》。
⑫財逢墓庫，便可歸懷：語出《卜筮全書·天玄賦·求財章》。
⑬多財反覆，必須墓庫以收藏：語出《卜筮全書·黃金策·求財》。
⑭世剋動財，若趕沙場之馬：語出《卜筮全書·天玄賦·求財章》。
⑮空拳問利，官爻喜遇興隆：語出《卜筮全書·天玄賦·求財章》。
⑯稅：租賃。
⑰綢繆：情意殷切。
⑱譖（zèn）言：無中生有說別人的壞話，誣陷，中傷。
⑲勾陳職專田土，凡事終見遲留：《卜筮全書·天玄賦·總論提綱》原文作：「勾陳職專田土，行人終見遲留」。

⑳鳶（yuān）飛戾（lì）天：鳶又名黑耳鳶。一種兇猛的鳥。戾：至，到。
㉑緇（zī）流羽士：指僧徒和道士。
㉒瑕玷（xiá）：玉上的斑痕。借指汙點；毛病。
㉓偃臥：仰臥，睡臥。
㉔荊人：對人稱己妻的謙詞。
㉕孤獨：此處指僧道。
㉖寧謐（mì）：安定平靜。
㉗蕃（fān）息：滋生；繁衍。
㉘充虞敦匠：孟子派充虞，監理打造母親的棺槨。參閱《孟子·公孫丑下》。
㉙顏路請車：顏淵死後，其父親顏路請求孔子賣掉車子，給顏淵買個外槨。參閱《論語·先進篇第十一》。
㉚衾枕（qīn zhěn）：被子與枕頭。亦比喻為夫妻。
㉛扃（shǎng）：戶耳。
㉜奸宄（guǐ）：違法作亂的事情。
㉝門祚（zuò）：家運。

易林補遺貞集卷之十終

易林補遺貞集卷之十一

禮部冠帶術士　張世寶　著
西吳庠生　黃裳　毛士來　同校閱

鬥毆爭競章第一百二十

以世應為主，生剋為憑。

彼我相爭世應尋，忌沖忌剋喜相生。

凡占爭鬥，只把世應分為爾①我。

若世應生合，彼此並無大忿，亦無大損大益。

倘遇剋害刑沖，則爭長競短，各用機謀。故經云：「欲分勝負，先將世應推詳②」。

日月沖身我受辱，交重剋應彼遭刑。

世乃我之用爻，豈可傷剋？若日辰月建沖剋世者，我必被辱。若內外動爻剋應者，彼必受虧。

應爻剋世他當勝，世爻剋應我當贏。

應爻為彼，若剋我世者，我必有虧。彼旺剋我，世又衰微，大受損傷。若帶官兄、雀虎、刦煞等神來剋者，小則受辱破財，大則經官被責，莫可輕視。倘或應雖伐世，彼當衰絕之鄉，或被日辰月將沖應剋世者，名曰自己受制，無能害人，我雖被剋，決無大害。空則亦然。

若世旺剋應，或世動剋應，日辰生我剋應，或動爻助我剋應者，則不費心力，理直勢順，大獲全功。

世空自退無相敵，應空彼避不相征。

如世爻逢旬空，乃自己理屈心灰，有始無終而已。但得天乙青龍，天喜吉神動扶，當有維持之力。

若值兄鬼兩動，必要破財。

應爻落空，乃虎頭蛇尾之事，彼必漸退，訟無了結。

世應兩空，則彼此干休。官父並衰，乃公私盡釋。

興詞舉訟章第一百二十一

以官鬼為主，父母為憑。

文詞相訴至公庭，須要官爻父母興。

凡占告狀訴詞，父母為之狀詞文移。官鬼乃官府作主之人，須要二爻上卦為吉。

父陷休來投此狀，官空莫去訴其情。爻中無父誰僉押，卦內無官訟不成。

如父母空亡墓絕，或無父母上卦，雖有狀詞，無處告理，雖告也不准。

若官鬼逢空或絕，或無官上卦，乃無貴主張，決難舉訟，縱舉不結。

父鬼兩全方准理，福財不動定標名。

但得父官旺相，或動而生世持世者，則狀有理，告必准行。官能做主，訟必全勝。

其中更忌妻財子孫發動，動則徒費乎心。故經云：「財動文書空費力，子動傷官事不亨③」。

凡占官㊀訟，卦中若得父官有氣，財子俱安，詞能准理哉。

校勘記

㊀「官」，原文作「居」，疑誤，據其文意改作。

訟師美惡章第一百二十二

以文書為主，應象為憑。

舉訴還須擇訟師，輸贏勝負仗文書。臨空值破難興訟，遇動逢生易起詞。

凡人興訟，必仗訟師之忠厚，刀筆之利鋒，方可獲勝。故以文書為主。

若父母興隆，生合我者，則狀易准，而事亦勝。

若日辰沖剋父母，或臨旬空月破，化財等類，則外有虛名，內無實學。不惟無益，抑且有害，大意難以興舉耳。

妻體動來終不准，夫身空去亦非宜。

文書為之用爻，若逢財動，乃傷用象，決非美辭，難以聳聽。

夫身者，即官鬼也。若值空亡，乃無貴主張，決不准理。卦爻之內，此為大忌。

應如剋世遭欺詐，鬼若傷身反被輸。應落空亡無彼力，世逢沖破有人欺。

一卦之中，勝負全在世應之生剋。如應爻剋世，或是鬼剋世者，必然彼行欺詐之心，無益於我，反遭刑辱。應若空絕，決無奇策良詞。

世逢日沖月破，須防奸人，有嫉妒暗傷之禍。

交重坐印行行美，日月生文字字奇。

舉訟者，先憑文書為主。

若父母發動，或日辰月建生用合用者，則積金美玉之辭，運籌帷幄之計。

若父母逢空被剋者，不過是孤陋寡聞，浮言淺見耳，豈堪大用哉。

保人強弱章第一百二十三

占訟以間爻為主，問保以應象為憑。

欲成詞訟先尋保，曲直妍媸④論應爻。

被訟在庭，必覓保歇⑤。欲識善美，用在應列。

若旺若生宜結識，如空如絕莫相交。

如應旺相，生世合世者，乃志誠忠直之人，有益於我，事可盡托。

若逢旬空、月破、墓絕者，乃係卑賤薄幸之流，難旋大事，不可相交耳。

生我比和叨大力，不來傷世斷為高。

保歇之人，以應為用。如生世，或合世，或比和者，乃得渠竭力扶助，公私協濟。若不空，不剋世者，也得一力，亦以為妙。

官傷世體還須忌，六象皆沖不必勞。

但凡官鬼傷剋世爻者，最為大忌。

卦值六沖者，並無斡旋之力，皆不可用也。

公私見證章第一百二十四

占訟以間爻為主，問中以應象為憑。

問訟全憑見證人，卦中應位察虛真。

凡臨庭聽訟，理之曲直，全在中證之口，故占之吉凶，但取應爻為用神，可推忠佞之心，則理不辨而自明矣。

不空不絕無他意，居動居沖有變心。若剋世爻遭彼害，如生身象賴其恩。

以應為之用爻，不逢空，不逢絕，不旺相，而生我合世者，乃竭力盡忠，公私協護。

若逢日辰沖動，面允心非，冷聲暗妒之人。

若值發動生世，有益。剋世，乃反面無情，凶惡之輩。若帶蛇虎兄鬼，必蓄奸諂挾騙之心。倘得休衰，或不剋於我猶可。如逢旺相，情勢越熾。

若來剋世者，必被譖言巧計，以直作曲，種種制陷，不可勝言。

爻爻沖擊多更改，無鬼誰官問此人。

爻爻沖擊者，即六沖卦也。此人翻雲覆雨，情性不常。

內外無官空鬼，則臨庭不問，此人徒設聲勢耳。故經云：「官鬼空亡墓絕，須知無貴主張㈠」。

中證受刑官剋應，主人被責鬼傷身。

應為中見之人，必得興隆而生合世者，極為有力之人。

忽被官鬼剋害刑沖應者，輕為話不投機，重則鞭樸罪戾。

若鬼來剋世者，我亦受累，害非小可。

如占訟內推中見，棄應還從間位論。二間卻分原被證，方知意向那邊存。近世之爻吾訴有，近他之象彼家親。

獨占中證，取應為用。詞訟卦中看者，應為被告，豈用中人？故論間爻，方為中見。近應者，為彼之證。鄰世者，作我之中。

二間之爻，毋論彼此。生我者忠誠直幹，我生者下氣相求，合我者自然和助，剋我者有損無益。故經云：「間爻傷世，須防硬證同謀」。

校勘記

㊀「須知無貴主張」，原文作「須知無貴張主」，疑誤，據《卜筮全書・天玄賦・詞訟章》原文改作。

官司勝負章第一百二十五

以官鬼為主，世應為憑。

問訟須將官鬼憑，扶身扶世永無刑。

凡占訟事，惟以官鬼為憑。若生世，必是理順人情，卻無刑險。

若帶貴吉之神合世者，乃有不意中之人扶持，故言聽計從，大獲全勝。縱成案而亦無損益，吉則無喜，凶則無憂。故經云：「卦中無鬼休謀事，官爻不見事空虛⑥」。

旺生之日公堂發，墓絕之時紙筆停。

如官鬼逢臨官帝旺之日，或生扶官鬼之日，乃是臨庭決斷之期矣。故經云：「官旺日則面拆庭諍」。

如逢墓絕，畢竟淹留阻滯。若帶青龍貴人，必因喜美之事停留。若帶白虎劫煞凶神，必有奸人索詐停住，未得決斷。

要知何日問理，卻看官爻衰旺，不可一見而言。

官如旺相，反尋墓絕之期。

鬼若休囚，問在旺生之日。

官居庫內，沖庫方興。

鬼入空中，沖空才發。

六爻無鬼，須求鬼值日時。

此論斷訟之期，不可輕視。

若臨身世沖剋世，縱勝還當擬罪名。日月制官生合世，理虧也主稱心情。

如官爻持世、沖世、剋世，臨卦身者，決主有罪。

若加白虎有杖責，加勾陳、螣蛇，主有牽連罪責。

若日辰月將制服官爻，而生世、合世者，縱然理折情曲，反得回凶作吉。經云：「有人制鬼，鬼動無妨㈠」？

鬼臨空地無官斷，雖問無祥無險驚。

如官鬼值旬空、月破，或不上卦，決是無官問斷，枉自奔波。

雖然勉強求問，問而不成案卷。

官化子兮詞漸解，子化官兮訟復興。

鬼為問斷之官，若化子孫，乃變解和之神。此事日漸月消，終究有人和釋矣。

子孫本為和允之神，驀變⑦官鬼，此乃吉變凶爻，本主自當解散，復又興舉。

若化鬼剋世者，大不吉之兆耳。

世空自懈宜和息，應空彼到沒期程。

世爻值旬空者，乃自意懶心灰，無能聽理，甘自求和。

應值空亡者，彼亦退懼。

世被應爻兄動剋，常多私下受欺淩。

若應爻臨兄動，或加白虎同來剋世，不時防私下逞兇捉打。

應若旺相剋世者，種種欺淩，不可勝言。

要知何日參官勝，應遭沖剋世逢生。且如寅日來占《遯》，生我沖他理必贏。

若問吉日決斷，但逢日辰生合世爻，而沖剋應爻之日，乃為大吉之期。

假如㊁甲寅日占得《天山遯》卦：

《易林補遺》教例：051

時間：甲寅日（旬空：子丑）

乾宮：天山遯

六神	本　　卦		
玄武	父母壬戌土	▅▅▅▅▅▅	
白虎	兄弟壬申金	▅▅▅▅▅▅	應
騰蛇	官鬼壬午火	▅▅▅▅▅▅	
勾陳	兄弟丙申金	▅▅▅▅▅▅	
朱雀	官鬼丙午火	▅▅　▅▅	世
青龍	父母丙辰土	▅▅　▅▅	

世居二爻丙午，賴寅日而生午火，乃生我之日。五爻應坐壬申，被寅日相沖，乃沖彼之日矣。是為生我沖彼，大獲全㊂勝之日矣。

校勘記

㊀「鬼動無妨」，原文作「鬼動何妨」，疑誤，據《卜筮全書・黃金策・家宅》原文改作。

㊁「假如」，原文作「後而」，疑誤，據其文意改作。

㊂「全」，原文作「金」，疑誤，據其文意改作。

憂監慮禁章第一百二十六

以官爻為主，世象為憑。

問禁單愁官鬼搖，傷身剋世禍當招。

鎖杻禁監，惟忌官與殺動。殺者，即天獄煞也。若官鬼動，或天獄殺動，或鬼來剋世者，當犯囹圄之禍。故經云：「天獄殺動，此身須入牢房⑧」。

鬼如空絕無監獄，子若交重免禁牢。

但得官鬼逢空，或逢絕，或卦中無鬼，乃無力興禍，則無監禁之憂。

若子孫發動，必制官爻，有何關鎖之慮哉？

日月世身臨福德，縱然有罪也潛消。

子孫為解神，若值日辰，或臨月建，或持世上，或在卦身，或逢發動，皆能制鬼，焉有牢獄鎖禁哉？

那日見官無禁繫，鬼逢剋制便為高。世臨墓日休投到，身遇生時罪可逃。

如占何日見官，可免囚禁者，須逢剋鬼之日，乃是吉期，可以臨庭聽斷。

又得日辰月建，生扶世爻者，不惟免禁脫罪，反有謀成訟勝。

若世值死絕墓庫之日，乃身無依靠之時，切莫去參官投到，告保催提等事。如若勉強施為，反遭一場刑禁㊀耳。

校勘記

㊀「禁」，原文作「辰」，疑誤，據其文意改作。

離枷出獄章第一百二十七

以世爻為主，官鬼為憑。

人問離監出獄門，去枷脫鎖肘同尋。用逢生旺離災厄，官鬼交重獄久存。

若人被禁監牢，或枷鎖鎖肘，無由解脫，須占之易象。

如用爻逢生逢旺之日，即可離監釋禍矣。

若用爻雖逢生旺，官鬼發動者，亦未得脫監卸枷。

若鬼剋世者，反要重禁嚴刑。

合處逢沖憂變喜，墓中遇破鎖離身。假令戌日占觀卦，辰日推開喜氣臨。

六爻之內，凡有逢沖必散，但得合處逢沖，墓中被破。

假如戌日，占得《風地觀》卦：

二爻巳火官爻，身位臨之，經云：「身隨鬼入墓⑨」。候逢辰日沖開戌墓，則憂容變喜，禍罪消釋矣。

虎易按：「身位臨之」，此處指「世身」。

世值子孫殃易散，用爻化鬼反加迍。子空財動官爻旺，還守囹圄度幾旬。

《易林補遺》教例：052		
時間：戌日		
乾宮：風地觀		
本　　卦		
妻財辛卯木	━━━━━	
官鬼辛巳火	━━━━━	
父母辛未土	━━　━━	世
妻財乙卯木	━━　━━	
官鬼乙巳火	━━　━━	
父母乙未土	━━　━━	應

子孫為解散之神，若持世上，事當解散矣。

如用化官鬼，乃是吉變凶神，必有禍患。

若子孫值空，則官鬼無制，財爻一動，反助官爻，不旺而旺，反生災禍，則監牢難脫，枷鎖難疏。

卦內無官誰釋放，細查鬼值那良辰。方言脫獄兼開肘，鬼絕逢生如此云。

六爻無鬼，或鬼空亡，乃無官做主，難以疏脫。

鬼若絕處逢生，方是疏枷離獄之良辰也。

關提人卷章第一百二十八

吊卷⑩以文書為主，關人以世應為憑。

若請卷宗，卦內父官宜旺相。欲提人犯，爻中世應怕空亡。

凡吊卷提人，須得官鬼興隆，父母旺相，又要應爻生合世爻。

倘世應值空值絕，人犯難拘，文書不發。

世空則我不擒他，應陷則彼非在舍。

但凡拘攝人犯，先須自壯，方可捉獲。

若世值旬空月破者，乃自無主意，焉得人來會面？

應落空亡，則彼已先逃，空自往返。

無父必此關無力，卷吊難來。無官必其事無成，人提不至。

父母為文書之用，凡關吊卷宗，須得父爻旺相，而生合世爻，即令文案而回。

若父落空亡墓絕，或無父爻上卦，畢竟更移抽滅，遣失弊隱，難以發行。

官吏以鬼為用，若卜提人，須得鬼爻有氣，則易以捉獲。

鬼逢空墓，或鬼不上卦，則無官主張，縱然拘攝，豈得提人至哉？

相合之爻，無心可見。相沖之卦，對面難從。

如六爻相生相合，猶如夙緣，不期而會，財情和順。

若逢暗動六沖，卻似捕風捉影，何處追尋？

玄武伐身，書吏起奸心之弊。勾陳剋應，捕差全弩力⑪之功。

玄武乃奸狡之神，若持世剋世者，必然是猾吏權書，隱情作弊，索詐錢財而已。

勾陳乃拘攝之役，若剋應者，則當事者，有操謀弩力，得獲全功矣。

官傷應兮世傷他，網中之物。動剋身而應剋世，野外之禽。

世為我，應為彼。勾攝公事，又以官為捕役，應為彼人。

若卦中鬼剋應，世剋應，如釜中之肉，網中之魚，手到拿來。

倘逢動剋世，應剋世者，如窮岩猛獸，喬木流鶯，射獵未得，反防拒捕也。

但決從違，惟憑生剋。

但看卦中旺衰生剋而行，我強他弱，畢竟相從。

如遇應旺世衰，公然違拒，難以了結。

回關埸訟章第一百二十九

以子孫為主，身世為憑。

滅號回關，最喜文書陷絕。停詞埸訟，大宜福德興隆。

父母職專文書，凡欲停詞歇案，獨要父母空絕，則可以寢閣矣。

子孫能以制鬼，若旺相發動，則官無力，在意謀為停埸也。

鬼動文搖，訟息有重興之日。

官動則事多更變，父發則文牒紛紜。

官父並興，詞案雖然隱息，不久重新舉發。

官空父絕，關回無再舉之時。

官空無主，父絕無文。官父兩空或絕，則上下無力，一應文書，皆以休息矣。

日剋官爻，此非易解。鬼傷世象，其禍難推。

若日辰剋鬼，乃是凶爻受制，百凡事務，則冰消瓦解矣。

若鬼爻剋世者，此為官來伐我，我必有刑傷大禍，忌之。

兄興生子斷為祥，無子有財遭破費。

子孫為和解之神，又得兄弟元神(一)發而生助，此為轉禍為福，決無大害。

若卦無子孫，是無勸解之人。反有財爻出見，兄必剋財，必然事事越趄⑫，破財費力耳。

財動助官推作禍，無官有父反消除。

占詞最忌者，官與財(二)動。

六爻之內，官爻雖靜，若逢財動，必動助鬼興災，倡禍靡所不至。官鬼縱絕，財爻一動，名曰絕處逢生，為非不小。

若卦中無鬼，或鬼空，如有父爻，財能剋制，則文書妥貼，禍患消除矣。

子動清安，變出官爻詞不息。官興撩亂，化成福德訟能消。

子動是為吉兆，若化官爻，則私欲求安，而官不允諾，乃樹欲靜而風不寧，正此之謂也。

若官鬼發，本為不吉，化作子孫，是為轉禍為祥，災禍自然消釋矣。

但占何日關來，便察父臨旺處。凡卜何年訟發，還尋鬼值生方。

欲識文書可到，但看父臨生旺之日是也。如卦無父母，又看父爻值日關來。

要占訟禍之發，惟查鬼值生旺為期，遠推年月，近看日時。

動及兄官，公私未請。空臨世應，原被無辭。

如鬼動、兄動、雀動、虎動，官非冗冗，接踵⑬而生，那有休文杜卷之時？

但得世空、應空、官空、雀空，漸漸消蘇，訟息心安矣。

一見六沖，訟當回繳。但逢六合，事反留連。

凡卜回關及回呈者，最喜六沖，不宜六合。沖則詞消訟散，合則事阻文羈。

欲推動止之良方，不出陰陽之妙斷。

校勘記

㊀「元神」，原文作「无神」，疑誤，據其文意及名詞改作。

㊁「財」，原文作「力」，疑誤，據其文意改作。

公私和息章第一百三十

以子孫為主，世應為憑。

息爭處訟宜安靜，子旺官衰禍必無。

凡公私之事，須求六爻安靜，則彼此允和，而無相拒之心矣。

若得子孫旺相，官鬼衰休，則官災橫禍盡皆消釋矣。

世應相生奸計少，主賓相剋變心多。

如我世彼應相生相合，則兩相和順，是非潛解。

若世應相剋者，則彼此奸猾，多生機竅，禍豈易寧乎？

六沖之卦詞難息，六合之爻訟易和。

凡推求息之卦，但要相合相生，則兩情允協，業冤已釋矣。

若事欲求息，反得六沖之卦，或鬼暗動者，乃是興發之氣象，焉能寧息哉？

鬼發父興多咭呫，世空應陷永無辜。

若值官鬼發動，父母兄弟興隆，乃為官府搔擾，文牒催搖。

倘得世應俱空，則彼此干休，公私平復矣。

間如發動傍人阻，兄若交重物費多。

卦中兩間爻，乃為中證之人。

若是發動，必然搖惑，阻撓其事。

加朱雀則挑鬥是非，加兄弟則詐騙財物。

若兄弟不在間爻而發動，亦要破財費力耳。

福化官爻憂再舉，鬼之子象漸消磨。

子變為官，事恐復發。鬼化作子，訟以全消。

申詳允駁章第一百三十一

解審以官鬼為主，招詳以父母為憑。

但問招詳，須看文書強與弱。如占解審，定推官鬼剋和生。

若問解審招詳之事，專以父作文移，官為用象，參推旺衰，可知允駁。細察剋生，便知凶吉。

鬼爻不動不空，上合下心依此斷。父象不沖不發，官同民意照其詳。

官爻安靜，又不落空，則官體民情，民依官斷。

若文書不遇日沖、月破、旬空，又得安靜，則招妥供明，上憐下順。

內外六沖，決然駁問。父官兩動，必不允情。

卦值六沖，諸事難成，豈得公文俯就。故曰：決然駁問。

父母為文書，官鬼為問官。父動則移文改稿，官興則訊鞫⑭施為。

六爻皆靜當依擬，世應同搖定改更。父值青龍，詳言有美。文臨白虎，批語加刑。

但得六爻不動不沖，凡事妥當，文書依允矣。

若世應同發，彼此皆有更變之心。故經云：「世應俱發動，必然有改張⑮」。

文書若遇青龍，招詳中批有美慰之句。若值白虎，駁示內多加險惡之言。

解審何愁鬼動，招詳能忌官興。

解審者，當廳鞫問，正宜官興，但喜生我合我，便是我勝。

招詳者，只是文案申呈，不可鬼發，發則有變改駁。

問駁無官終不駁，問詳無鬼必難詳。

占駁無官，須知無貴主張，豈得駁乎？

占詳無鬼，定是缺官批允，寧得詳乎？

鬼剋世家批我重，官生應位駁他輕。

官爻剋世，駁批我重。生世合世者，駁批我輕。

若官爻剋應，駁批他重。生應合應，駁批彼輕。

若要解神，須求福德。在世則吾身有慶，此訟蠲⑯消。在應則彼處無疑，其詞息滅。

如占訟事，但要子孫為解神，名曰福德神。持世，則吾獲吉慶。臨應，則彼叨喜美。官府自能撫恤⑰㈠，事訟亦易消釋矣。

應帶父爻剋世身，慮彼隨招再訴。世逢鬼動沖傷應，己心訟後興詞。
父母為文書，若臨應剋世，彼必隨招越訴。
官鬼為凶神，若動持世沖剋應者，雖然訟事杜結，我心不服，畢竟再舉興詞。
如世動應休，決難剋我。世衰應旺，豈可傷伊？
若得世應父官得遇空絕休衰，則公私訟息，萬事情寧，永賴平安矣。
一得此章，萬無其悞。

校勘記

㈠「撫恤」，原文作「俯恤」，疑誤，據其文意改作。

營為囑託章第一百三十二

以官鬼為主，不遇絕空沖破為佳。

營為囑託至官中，貞悔爻辭忌六沖。

囑託之事，凡有數端。有解我之憂，有制彼之罪，有睹面浼托，有發柬移文。惟喜生合，最懼六沖。

六沖者，反背無情之象，焉用囑託之謀？

所喜鬼爻無剋破，官來傷世反成凶。鬼生鬼合專心㊀聽，官絕官空詐耳聾。若浼他人來囑咐，應爻切怪落其空。

官鬼作謀幹之人，又為官府。所喜生合世爻，不落空亡，則言聽計從，方可成其大事。

如值空亡，乃無權勢，不能動人。

若來剋世者，不惟不利㊁，反有大害。

如央人轉來請託，以應為用。生世合世，稱心遂意，十事九成。若遇空遇絕，枉費機關，萬無一就耳。

欲要興詞兼得勝，皆宜官鬼值興隆。

凡欲營托舉訟，包准包贏，獨要官鬼旺相發動，生合世爻，方獲大吉。

若值青龍旺動，大張聲勢，使人畏懼。

如臨玄武休興，則卑諂陰唆，決非顯揚全勝。

如求脫罪并歸息，子孫持世永亨通。

凡營幹脫罪求息等事，須仗子孫旺相，或發動持世，值日，皆為大吉。

如子孫落空，則禍難解脫。

修書發帖憂財動，印綬交重定有功。

如求書移文之屬，以父為用。

若值旺相發動，生合世者，乃文移得力，柬帖中機，大有功力。

忽逢財爻獨發，則父爻受剋，書無懇切之句，文多泛泛之言，是為虛套耳。

校勘記

㈠「專心」，原文作「鑽心」，疑誤，據其文意改。

㈡「不利」，原文作「有力」，疑誤，據其文意改。

送物受返章第一百三十三

以應爻為主，財象為憑。

應空不遇休來往，縱遇終遭侮慢聲。

饋送財物，專在世應而斷。

若應值旬空月破，乃是無緣之故，其人不在，徒自往來。

縱然相遇，定非優禮尊崇。

財化退神物必返，若變空亡定納情。

以應為彼，以財為禮。若財變退神，決是相如完璧⑱。財化空絕，范增碎斗⑲無疑。

應剋世身兄象發，本資虧折莫登程。

以禮饋送，本為情義，若應剋世者，反有間別。兄弟乃饕餮之神，又在卦中發動，中間必有譖侮，情疏禮薄，淡淡而已。

應爻生世財爻旺，一倍還加數倍盈。

若得應來生世，乃彼有情義之誼。

又得財爻旺相，必得情投義重，禮儀豐贈。

六沖不可扳親友，有物曾如且歇停。

六沖者，乃反背無情之象。卜值此爻，豈可交遊？徒以禮饋於人，竟似㊁無情流水。暫且消停，勿與此念。

校勘記

㊀「物」，原文作「值」，疑誤，據其文意改作。

㊁「似」，原文作「以」，疑誤，據其文意改作。

昧情隱事章第一百三十四

吉則用子孫為主，凶則用官鬼為憑。

瞞昧[20]他人隱事情，《噬嗑》、《明夷》、《革》、《訟》、《臨》，《大壯》八純兼《无妄》，卦占此象必知因。

占隱情事，乃暗昧之心，陰私之事，不可明顯，只宜幽靜。如《噬嗑》者，乃嘵喋[21]之象，《明夷》者，傷戕之卦。《革》者，鼎新革故。《訟》者，文詞訐愬[22]。《地澤臨》卦，字有六口之形，難免路上口碑之頌。《壯》、《妄》八純，皆係六沖之爻，反背無情，豈堪六耳同謀？

應空官絕無人覺，鬼雀兄搖難昧心。

應落空亡，官逢絕地，係是外人不知不覺，凡事無礙。

朱雀為口舌之祟，兄弟是奸滑之神。又同鬼發，則搬[一]唇鬥舌，伊譖他唆，是非洶洶，焉[二]得[23]瞞昧哉？

日月不宜沖破世，子孫卻喜動臨身。

世被日沖月破者，必被外人暗曉，人難隱蔽，事漸發揚。

子孫為解和之神，若得動臨世象，反凶為吉，顯而復隱矣。

動爻剋世傍人報，合處逢沖後見真。

動者，發揚之象。若來剋世，必遭傍人知覺，謗毀其事。合者，和合也。此占最宜六合。若被日沖合處，是名合處逢沖，吉化為凶。故經云：「事將成而復散，禍將滅而復萌」。正此之謂也。

福德化官憂禍起，世爻變鬼慮殃侵。

世為占者之身，子孫為和解之神。二者大宜旺相生扶，安靜亦可。若動化官鬼，事多顛覆。隱者露而安者起，禍患纏延不泰矣。

校勘記

㈠「搬」，原文作「般」，疑誤，據其文意改。

㈡「焉」，原文作「鳥」，疑誤，據其文意改。

遺迷失物章第一百三十五

以妻財為主，福德為憑。

遺失衣資獸與禽，財安鬼靜卻宜尋。

凡遺失物件，各有屬用。六爻之中，皆宜安靜，不可發動，動則人移物變矣。

子孫獨發須與見，玄武空亡賊不真。

子孫為捕捉之人，又能生財制鬼，若在卦中興發，所失之物必能尋獲。

玄武乃奸滑之流，又作盜賊，若值空亡，決非此輩，枉自猜疑。

鬼動兄興財又陷，決然盜去永無因。

鬼動則行竊，兄發必騙耗，縱有堅牆固壁，必被穿窬竊去。

若財爻又落空亡，失物以經變化矣，何從追捕哉？

衣服舟車憑父母，走獸飛禽用福神。

所失之物，各有用爻。

如衣服舟車之類，以父為用。

金銀珍寶之物，以財為用。

禽獸生氣之畜，以子為用。

強竊拐騙之賊，以鬼為用。

各以生剋衰旺參酌，方可追尋，捕訪根因。用若空亡，不可尋覓。

注釋

①爾：你。

②欲分勝負，先將世應推詳：語出《卜筮全書·天玄賦·詞訟章》。

③財動文書空費力，子動傷官事不亨：語出《增注周易神應六親百章海底眼·占文書》。

④妍媸（yán chī）：美好與醜惡。

⑤保歇：保歇是縣衙與鄉民之間的中間機構，是政府為了追征賦役和詞訟審理的方便而設置的一種制度，在政府方面言其為保戶，在鄉民方面則言其為歇家，故合稱為「保歇」。

⑥卦中無鬼休謀事，官爻不見事空虛：《增注周易神應六親百章海底眼·六親爻變·官鬼變》原文作：「卦中無鬼休謀事，官員難見事空虛」。

⑦驀（mò）變：突然；忽然；意外的變。

⑧天獄殺動，此身須入牢房：語出《卜筮全書·天玄賦·詞訟章》。

⑨身隨鬼入墓：語出《卜筮全書·通玄妙論·隨官入墓》。

⑩吊卷：調卷；提取案卷。

⑪努力：努弓的射力。猶「努力」。

⑫赼趄（zī jū）：形容疑懼不決，猶豫觀望。

⑬接踵（zhǒng）：接觸到前面人的足跟。意謂相繼、相從、連續不斷或緊接著。

⑭訊鞫（jū）：亦作「訊鞠」。審訊。

⑮世應俱發動，必然有改張：語出《卜筮全書·闡奧歌章·斷易通玄賦》。

⑯蠲（juān）：除去，免除。

⑰撫恤：體恤愛護。

⑱相如完璧：參閱《史記·廉頗藺相如列傳》

⑲范增碎斗：參閱《史記·項羽本紀》。

⑳瞞昧（mán mèi）：隱瞞欺騙。

㉑嘵喋（xiāo dié）：饒舌。

㉒訐愬（jié sù）：揭露控訴他人的隱私和短處。

㉓焉得：如何。

易林補遺貞集卷之十一終

易林補遺貞集卷之十二

禮部冠帶術士　張世寶　著
西吳庠生　黃裳　毛士來　同校閱

捕捉逃亡章第一百三十六

以用神為主，應爻外卦為憑。

失主獲逃，能喜世興伐應。公差捕賊，惟宜子旺傷官。

叛逆之人，以應為用。占問之主，以世為用。

若得世剋應者，以主執奴，有何難哉。

強竊之賊，以鬼為用。捕捉之役，以子為用。

若子旺子動，賊必就擒。故經云：「子動傷官，日下須當捉獲①」。

應剋世爻，潛蹤滅跡。內傷外卦，易獲能擒。

世為我，應為彼。又以內為我，外為彼。

捕捉逃亡，我本捕彼，反被應剋世爻，或外剋內卦，則彼有機謀，潛藏秘密，似難尋獲。

若世剋應，或內剋外者，則賊以失機，易以就擒。

如世應或內外比和，終須易見。

若得世應相合，必然相會有期。

世傷伏下之爻，逃無去路。應值旬空之象，豈有形蹤。

又論世下伏神為逃者，若受世剋，則賊投擒局，難以逃遁。

假如《天風姤》卦：

初爻世值辛丑土，能剋伏神甲子水是也。

如應值旬空，彼㊀遁遠方，無從捉捕。

或占逃往何方，必詳外卦。

凡占逃者在以何處，專以外卦推詳。如《乾》住西北僻，《巽》遁東南隅。《震》藏東，而《兌》隱西。《離》南，《坎》北無疑。《艮》為東北方，《坤》是西南地。度其出入，參究玄微。

只問匿居此地，當察應爻。若動若沖，非在其方隱遁。不空不陷，定居此處潛藏。

專問逃人在此處否，以應為用。若不空亡，又不發動，

《易林補遺》教例：053			
	乾宮：天風姤		
伏神	**本　　卦**		
	父母壬戌土	▅▅▅	
	兄弟壬申金	▅▅▅	
	官鬼壬午火	▅▅▅	應
	兄弟辛酉金	▅▅▅	
	子孫辛亥水	▅▅▅	
子孫甲子水	父母辛丑土	▅　▅	世

必匿此家。更逢日剋世剋，決難躲避，一力可擒。

若應落空，不由此地，別處遁亡。

應若發動，來而又去，復往他鄉。

日辰沖應，晚去晚來，或露或藏。

世空應不空，彼雖在而不獲。鬼動子不動，人縱見以難擒。

世值空亡，自先懦怯②。彼雖見在此處，無能尋捉。

官鬼為彼逃奴，子孫為之捕役。官鬼發動，子反安靜，似無人制服，縱然睹面，也難擒獲。

六沖當路而行，把眼細觀能撞彼。六合閉門而匿，用心密訪卻知情。

卦值六沖，乃是無情之兆。彼在欄街當路，獨步散行，可以撞面。

爻逢六合，是名和同之象。彼雖深閨秘室，匿跡斂形，自有情由透露，必用密緝方知。

如問親人，當推用象。

若占親友，詳分六親所屬為用。

如占公祖父母、伯叔母舅、姨姑姆嬸尊長之類，以父母為用。

若卜兄弟姐妹、表兄弟、結義合夥朋友、郎舅連襟、同窗同輩之流，以兄弟為用。

卜妻妾奴婢、寵嬖③情人之屬，以財為用。

如子侄甥婿、小兒㊂生徒、卑幼子孫，以子為用。

如非親非友，不族不識，遠親故舊，難以列親者，俱以應爻為用。

詳者深玩其理，不可錯紊而誤。

旺相合身，縱不尋而自至。空亡沖世，雖去覓以難逢。

如用爻旺相，而合身合世者，身雖遠去，不久當歸。

用值空亡，或沖世剋世者，身未出行，心先反背，飄然長往，覓之不見，召之不來。

在內立本宮，逃非出境。臨外居他卦，身至遠途。

用爻若在本宮內卦者，潛匿於切鄰近里。

帶青龍貴人，則樵雲釣月，益友交遊。

加玄武咸池，則私歸情竇，花酒留連。

臨白虎凶殺，則好勇鬥狠，夜出曉歸。

若居他宮，或外象者，逃竄於異國他鄉。

遇青龍天喜，則詩酒娛情，遨遊於吳山越水。

逢玄武桃花，則尋花問柳，醉眠於楚館秦樓。

兼白虎大殺，則張威耀武，猖獗於綠林海島。

遊魂路上偏遊蕩，歸魂不久定歸宗。遊魂而化歸魂，人在途中，自後回歸原籍。歸魂而化遊魂，身居舍內，將來遍往他鄉。

占得遊魂之卦，不居旅邸，常於路上閒遊，流蕩忘返耳。

若得歸魂之象，觸景懷思故里，不久已到家庭矣。

遊魂若化歸魂，身居逆旅，心戀家鄉，但遲弦朔④，畢竟歸宗。

歸魂若變遊魂，縱然在舍，夢魂已繫他鄉。

但看何爻發動，便知隱在誰家。

要察逃者在何處，將內外卦中發動之爻，並用臨之象，細推可知。

青龍齋戒及文儒，喜慶門中可訪。

卦值青龍發動，青龍者，擅諂喜事，遇之無不吉。逃亡值此，乃或寄於修行慈善之家，或雜於誦經念佛之儔⑤，或投於斯文儒雅之門，或躲於婚姻喜慶之場。用情詢訪，必有佳音。

白虎軍兵並屠戶，哀喪之所宜尋

爻逢白虎與隆，白虎者，能持凶惡，臨之無不為害。推遁者，此乃入於將帥軍旅之隊，或習於宰牲屠戮之業，或藏於軍兵操演之營，或遁於哀喪舉柩之前。留心密緝，可得相逢。

雀遇兄興從博戲，逢《兑》卦而習黎園⑥。

朱雀為口舌之神，若然發動，則嘵嘵⑦而已。帶兄弟，必隨賭錢博奕之流。加父母，則投富室傭書⑧教讀。加妻財，則流於花酒淫欲之情窩。臨《兑》卦，則演於戲樂之黎園。

武臨鬼發作穿窬，化財爻而貪美色。

玄武乃陰私之屬，倘若發動，豈堂堂乎哉？加官鬼，必作穿牆剜壁之生涯。化妻財，決逞攜童挈妓之風流，楊花性態，逐處悠悠。

勾陳同泥土匠師，帶殺則公差阻滯

勾陳職專田土，又為阻滯之神，慣隱叛亡。若值發動，乃是鋤泥掘土之作家，或砌牆㊂造室之師流。或帶官鬼，則公門之役拘留。

騰蛇共閑遊光棍，遇子則僧道牽連。

騰蛇本主牽連，善為繫絆。若加發動，必主勾引，乃結遊手好閑之輩，又同調歌喧樂之朋。若逢子孫，則羅齋於古剎，或煉藥於丹丘，逢場作戲，走馬秋千，非僧非俗，假道假仙。

《乾》為寺觀馬坊，城子及高樓。

用在《乾》宮，或削髮於上方古刹，或禱祈於社廟淫祠，或藏馬廄之中，或遁騾營之側，或揚鞭策馬，或趕腳隨騾，或高樓邃閣⑨以盤桓，或城垣臺堡以棲遲。如斯之地，宜捕宜尋。

《兌》作庵堂酒肆，魚池兼水閣。

用臨《兌》澤，乃為近澗近水之幽居，半村半滸之人家，躲避於茅庵草舍之中，逃竄於魚池會斷⑩之傍。茶肆中洗盞烹茶，酒樓上當壚⑪遞酒，銅雀臺⑫前問信，滕王閣⑬上尋蹤。如此之所，可緝可擒。

《坎》隱江湖之口，

《坎》宮居水，逃者必隱江漢之間，或泛艇於洞庭，或乘槎於《震》澤，或飄於大海，或滯於長江，清泉洗耳濯足，長流渺渺茫茫，逐處堪留。

《巽》藏草竹之間。

《巽》宮屬木，遁者必匿於丹丘之下，或結廬於蒼松喬木之中，或駐節於茂林修竹之間，攀蘿蓋體，積草藏身，密密森森，隨方可寓。

《離》當術士之門，或逃爐冶。

《離》本南方赤焰之火，乃住身於絲蘿之店，寄跡於醫卜之門，燒窯陶鑄之爐冶，文章經緯之方家。

《震》乃船枋之所，或躲木行。

《震》屬東方木旺之鄉，船舫安置，巨艇盤桓，棲身於木牌之上，閃跡於林樹之中，假扮撐船渡子，借形釣艇漁翁。

《艮》往山林，或與少男共往。

《艮》為峻聳之危峰，巍峨之凹壑。探仙姝避於幽谷，攜少子棲於深林，沿山密緝，必得其蹤。

《坤》行墳地，或隨老嫗同居。

《坤》為重地，廣大無窮，高陵古跡埋名，僻壟荒塋避難。伴老婦於故里，住寡嫗之寒廬，牛欄之內宜搜，墳墓之中可獲。農夫問信，牧子傳音。細觀動靜，便見行藏，既仗卦爻，何愁逃失？

校勘記

㊀「彼」，原文作「被」，疑誤，據其文意改作。

㊁「小兒」，原文作「售兒」，疑誤，據其文意改作。

㊂「砌牆」，原文作「椿牆」，疑誤，據其文意改作。

潛身避難章第一百三十七

以福神為主，用象為憑。

人逢離亂避凶方，或為官災去躲藏。用旺子興無患難，世空身陷永平康。

遭逢離亂之世，致罹兵火之危。

欲遠官非，或卻沉屙，卜幽隱遁，須得用爻旺相，子孫發動，乃為吉慶駢臻⑭，移避安穩。

又得世空身空，則不受剋，乃僑居巍座，遠禍康寧矣。

六爻安靜官無氣，任爾行藏盡不妨。鬼縱不搖來剋世，難逃坎坷未為昌。

避難之人，不宜動擾，所忌者官鬼也。

但得官衰卦靜，則心安禍免矣。

若官鬼雖然不動，而來剋世者，乃餘禍未除，終有累害。防之！防之！

用投墓庫難離脫，主變生扶往必良。

墓庫者，乃禍祟之門也。若用爻變入此門，如投羅網，災禍難脫。

但得用爻化出生扶，急還別地，遠避其危耳。

助鬼傷身風助浪。

官鬼善興禍患，若加財動來助，如虎添翼。又來剋世者，決有大禍。譬如舟車行於湖海之中，只求安靜，豈當風隨浪湧，浪趁風威，危亡於頃刻之間。斟酌！斟酌！

隨官入墓雪加霜。

墓者，墓庫也。身世入墓，乃為不吉。若又隨鬼入墓，大有凶禍。譬之嚴冬草木，既經霜伐，又加雪壓。人本避難，爭奈禍患接踵而來。慎之！慎之！

混占去向何方吉，福德臨之便曰祥。官入木中東有禍，子居水上北無殃。

若問四隅之內，吉者何所，切忌官鬼興禍之方。如木鬼要忌東方，火鬼莫去南鄉之類。最喜子孫生旺之地，如子屬金，宜往西邊，子臨水必去北疆。餘皆倣此。

鬻身投主章第一百三十八

以世應為主，父母為憑。

命運乖違，必致鬻身延歲月。年時饑饉，還須投主度晨昏。要決平生之事，當尋持世之爻。不破不沖，百年可輔。落空落陷，一載難從。

鬻身者，出乎不得已，須擇良善之主。若得世爻旺相生扶，可以聊生。

若世落空亡，或值日沖月破，雖是暫時安置，畢竟終身落寞㈠。縱然勉強，終是不久者耳。

鬼立世中，殃有纏身之擾。空臨應上，主無顧己之情。

為禍為災，無非官鬼。若來持世，則災生禍擾。

應為主象，若值空絕，只可苟延歲月，是無作養厚情。

父母生身，蒙上輩維持之寵。弟兄剋世，被同人謗陷之憂。

父母乃是主家，長上之尊。若生身生世者，常垂青目之盼。

兄弟乃同輩之儔，倘來剋世，則彼肆嫉妒之謀。

世沖父位，主僕無緣。財合身官，起居有利。

父為主，世為我，不可相戕，若值沖剋，似為無緣不合，難以相和。

財為衣祿，若得生合世爻，則衣祿無虧，利資有望。

子旺財明多積蓄，兄興鬼發染災非。

子動生財，財因數助乃積蓄豐餘，津津不竭。

鬼同兄發，鬼耗官災乃災生財散，件件不實耳。

鬼動並日辰傷世，身受天殃。父興同應位合財，室遭主玷。

卦中最忌者，官鬼也。若發動，又同日辰剋世者，須防不測之災。

財者，妻也。若父爻並應爻合財者，則主婢淫稔。

多是多非，蓋為動爻臨朱雀。常來常往，皆因主象值遊魂。

朱雀主口舌，若值動爻，則終朝咶咶，寢食不寧。

遊魂為遊蕩，若卜此卦，乃流蕩忘返，萍蹤浪跡之徒耳。

再推之卦之合沖，方決始終之遐邇⑮。

之卦者，變卦也。細辨其中之沖合，可斷終身之吉凶耳。

校勘記

㊀「落寞」，原文作「落莫」，疑誤，據其文意改作。

投充兵卒章第一百三十九

以世身為主，財福為憑。

投兵須把世爻詳，逢旺逢生去必昌。若遇旬空無對敵，如逢月破喪他鄉。

凡占投充兵者，以世為用。

但得日辰生世，或世旺相，則功成利厚，力加體康。

若遇旬空，則無人對敵。

若逢月破，則大有刑傷，大不吉利。

隨官入墓身遭厄，助鬼傷身命受殃。

隨軍出戰，所忌者官也。若臨世、臨身、臨命而入墓者，名曰隨鬼入墓，必有喪亡之凶難。

鬼宜安靜，若逢財動，能助鬼興。又傷身世者，名曰助鬼傷身，決主身陷命傾，難歸鄉井。

官鬼若還沖剋世，曾如不去反為良。

軍旅之忌，惟以官鬼。若來沖世，不過被彼剋伐，未決輸贏。若來剋世，大有刑傷，乃未沾利祿，先遭戕戮。不如安分，且守故鄉。

土官剋世遭坑陷，金鬼沖身刀箭傷。水鬼定然逢波險，火官必主犯紅光。木爻值鬼多刑責，福德交重最吉祥。

剋世之官，大凶之象。須分五屬，可以拒避。

如鬼屬土，防彼掘陷坑人，又防疾病。

金鬼忌伊利鋒刀箭，又防跌蹼。

水鬼必設背水之略，又被風波險阻。

火鬼難逃火患，又慮燒屯之刼。

木鬼是有鞭樸之刑。

子孫為和解之神，須得一發，則萬禍自消矣。

世去剋他宜出戰，應來剋我莫登場。

世為我，應為彼。若世剋應爻，則戰必勝彼。應若剋世，彼必多能。

財旺餉資加倍得，兄興誠恐減兵糧。

財乃口糧，旺相則豐餘，休囚則不敷。

兄為耗祟，安靜則可。發動，則有扣除之患。

官爻持世無沖剋，必作先鋒佐帝皇。

官爻最宜持世，又宜安靜旺相，則有奇能美爵。

若值沖剋，必被奸佞竊奪功權之禍。

出家修行章第一百四十

以身世為主，金木為憑。

羽士全真，跨鶴乘牛而脫俗。緇流守戒，明心見性以離塵。本宮寅卯，允宜道院仙家。金卦酉申，尤利空門佛子。世靜善能和眾，身安但可隨緣。

道士宮觀，羽衣蹁躚⑯。釋子寺庵，緇衣守戒，脫俗離塵，入虛空境界也。

木主發生，乃仙家鉛汞丹鼎煉度之處。是以青陽寅卯，離得生生不已。金位梵宇西方，正釋氏慈悲方便，超度之門。故金天酉申，水賴化化無窮。又得子孫世靜，利於十方供養，本身寧謐，尤便隨處結緣也。

既旺既相，寰中之士綏禎。升陰升陽，物外之人迪吉。華蓋臨身應為僧道，孤辰值卦當作虛無。

出家身世旺相，是寰宇中真正之善士。而又值升進少陽少陰，太初之始，誠為方外之吉人。華蓋者，卦中正月戌、二月未、三月辰、四月丑、五月又行戌㈡上，只此四位輪之。孤辰者，春巳、夏申、秋亥、冬寅。凡占出家，如值身當為僧道。設若俗人得之，畢竟難為子息也。

身爻剋世，出家守正如心。世應比和，行止謀為稱意。世去剋身，道境僧堂宜斂足。財來伐世，檀那⑰施主盡孚誠。

如卦身剋世，乃守身正行，出家焚修，無不遂心。而卦中世應一體，不犯侵奪，比並安和，則所作所為，悉皆如願也。至如世爻剋害身爻，僧道則宜守規養靜，不得野走閒行，止之有益。如財爻剋我世爻，則十方施主善人，都得開心見誠，盡來捨施，雖動何妨。

一位元父重，變遷事務。六爻安靜，納福清規。財旺逢生，廣收貯福田之利益。鬼興帶貴，好參謁祿位之官員。

卦爻不妄動，一交一重，即有變遷更易，庶務顯著，昭告之機。若究六爻，安然不動，則禪關道範，享福無涯也。

論財為養命之源，如得㈡旺相，又值㈢逢生，大宜福田廣種，倉庾⑱充盈。

若見官爻帶貴，及青龍而動，尤利於參貴謁官，大有攸往之象。

勾陳持世俗緣纏，白虎加身官訟擾。父母合身，蒙師接引。青龍附體，仗貴周全。

勾陳持世，係根生土養之處，故主俗家，塵事牽纏。

白虎臨身，則驚動官訟擾害。

設若父母合身合世㈣，有承蒙師祖接引之兆。

果如青龍持世㈤，則全仗貴人維持，斡旋之徵矣。

財之官鬼，被賊被冤。煞並勾陳，遭魔遭障。陳臨兄動，主法卷意外之勾連。

空值父爻，定經文破遺之阻節。

財爻之化官鬼，被惹賊子，或遭冤抑之情狀。

煞爻並值勾陳，干犯殃魔，或業障⑲之欺淩也。

勾陳臨於兄動，內主勾連經典之事緒。

父若落空，有破阻文書之失遺。

父母貴交，則父師通聖。子孫龍並，則徒弟齊賢。二父剋身，心被俗家之絆。重官傷世，體遭枕席之災。

印綬為出家人之父祖，天貴同宮，則靈通神聖。

福德為虛無子之後嗣，青龍共位，則智慧賢能。

重重父母剋世爻，方寸被俗家之羈絆。

疊疊官爻傷世象，四體有採薪之憂煩⑳。

財陷則枉開疏簿，鬼空則徒費謀為。純陽易於修煉與參玄，亂動難為坐禪而入定。

寺院募緣㉑，全憑注疏題名，財陷則寫之無益。

釋道謀作，必得動止合規，鬼空則設亦徒勞。

《艮》、《坤》利岩穀中棲身隱跡，《離》、《巽》堪城市裡養性修真。煞值遊魂，休遊雲水。世居衰絕，莫置田園。

《艮》山《坤》土深岩隱，而吸月食霞。

《離》雜《巽》卑鬧市居，而閉關韜跡。

煞值遊魂，不利天涯海角。

世居衰絕，何須阡陌田莊。

世空身旺，此是地行之仙。子動妻交，斯為還俗之漢。寶刹無塵，緣身空之不動。琳宮獨盛，取應旺之來生。

世空身旺相，地行之仙歟。

子動顯妻財，還俗之漢也。

叢林金璧輝煌，為身空不動。

道境琳琅隆盛，緣應旺生身。

世奇應偶，身靜神清，合世生身，壽高德卲。兄動則業根難滅，身興則俗債未完。

世居陽，應居陰，神宇清而身宮靜。

世得生，身得合，德業大而年壽高。

兄動則欲火方熾，身興則俗緣未除。

世應不和身妄動，術非天神授受之。正傳歲君交作父加臨，身獲大君寵恩之上錫。試觀太易六爻，妙在玄機一洩。

佛老在世應比和，和則有緣有法。

今乃世應相剋，而身又妄動，此僧此道，決非天神正傳之妙。

太歲若動，又在父母之位，則師公父祖，必受至尊恩寵之頒錫也。

試考周易經書，全在六爻判斷。若於虛無事蹟，還憑一理而推味之哉！

校勘記

㊀「戌」，原文作「未」，疑誤，據其神煞體例及文意改作。
㊁「如得」，原文作「則得」，疑誤，據其文意改作。
㊂「又值」，原文作「又敵」，疑誤，據其文意改作。
㊃「世」，原文作「事」，疑誤　，據其文意改作。
㊄「持世」，原文作「治世」，疑誤，據其文意改作。

修真煉性章第一百四十一

修釋以金為主，修道以木為憑。

《離》官修定，瞿曇㉒之佛能成。《坎》府求玄，蓬島之仙可作。人欲超凡入聖，卦須世旺身安。

靈臺修持，出塵入定，西方佛子，證果皆成。
腎水得堅，東來紫氣，青牛獨跨，超然入關。
卦須世旺，又在身安。

無身則聖岸難登，空世則天書不錄。陰陽安伏，心清意靜好修真。內外交重，情亂性剛難學道。

若也無身，則彼岸難登。如其空世，則天書不錄。

陰陽得位，安然不動，是乃心清意靜，真修之善士。

若果內外交重，此乃情亂性剛，非為學道之高人。

六爻靜則六賊不興，五類全則五行恒逆。無合無沖無阻節，不空不動不更遷。

六爻不興，則六賊寧靖。六賊者，眼耳鼻舌身意也。

五行恒逆，則五類真全。五行者，心肝脾肺腎也。

六賊不興，必心有主宰，固宜修養。

五行恒逆，則取《坎》填《離》，金丹可就。

無合無沖，事無阻隔節礙。

不空不動，身如磐石之無改移也。

燒丹養火，喜龍虎之交蟠。面壁坐禪，得《坎》、《離》之交姤。卦屬金宮，釋門可入。世臨木地，道教宜從。

龍虎交蟠者，日青龍與月白虎，或月青龍與日白虎，同臨身世即是。

降龍伏虎，再加財福兩旺，是煉丹得道而成。

《坎》、《離》交姤者，卦值內火外水，或下火上水，《既濟》卦是也，此乃火降水升，禪林上乘之士，內宮秀實之人也。

卦居《乾》、《兌》，或卦臨《震》、《巽》，誠為道教之徒。

世值卯寅，或卦臨酉申，大利空門之子。

世值升爻，漸往天堂之境。身居降位，難逃地獄之途。鬼旺福柔，預布英雄之智量。子強官弱，夙培良善之根荄㉓。

世值升陽，天堂堪往。身居降位，地獄難逃。

官父旺，福神柔，英雄之酌量預逞。

子孫強，鬼象弱，良善之根芽宿培。

官化子孫，先作後修成正道。子之官鬼，始修終作豈升天？一字精微，萬無漏洩。

官化子孫，先作後修而成功不小，有始有卒㉔者能之。

子之官鬼，始修終作而結果無真，此先貞後黷者之為也。

卦理字字，究入精微，易象爻爻，豈容漏洩。

坐關不語章第一百四十二

以世爻為主，福德為憑。

閉關不語修心行，打坐參禪運氣同。一應最宜爻靜合，諸般卻忌世逢沖。

閉關者，鎖住心猿意馬。不語者，禁止妄語狂言。打坐者，運轉性真元氣。參禪者，懇求秘旨玄機。

諸般功果，一切事宜，六爻皆當安靜，身世最忌剋沖。

凡欲修真，須明此理。

世空自不專誠守，應陷難招施主從。

世為一身之主，如遇空絕，畢竟難守空門戒行。

應作十方施主，若逢絕陷，誰趨法座皈從。

身動必然心變革，齋糧缺乏犯財空。

心為一身之主，世爻若動，心必變更。

財為日用之需，財若空亡，齋糧絕望。

多災多訟因官動，無始無終為六沖。化出沖時難結果，六爻亂動改西東。

官鬼能興災禍。修道之人，逢官發動，雖不剋世，自然有災有訟。若來剋世，其禍不小。

但凡求道之占，不宜沖剋。若卦值六沖，或化沖擊，或六爻亂動，皆係變遷之象。豈得守真志滿，必然逐物意移。

卦無福德空修煉，世值兒孫得大功。父與上爻生合世，天人庇佑福無窮。

卦內子孫為福德，若占修道，全賴此神。須要生扶拱合，大則功成行滿，白日飛昇。小則還元固本，益壽長年。

倘落空亡，或不上卦，則心無誠敬，身有更張，禪關冷落，丹室荒蕪，當為畫虎不成之誚耳。

如父母並第六爻生世合身者，天從人願，得福無邊。

持齋受戒章第一百四十三

以官爻為主，福德為憑。

心欲皈依五戒專，用爻得地好參神。元神上卦天常佑，忌象臨爻病久纏。

凡占參禪修道，須得用爻有氣，元神上卦。

用爻有氣，則道心堅固。元神扶助，則法力彌高。

所忌者，沖用剋用之爻。

用遭沖剋，病禍易生，道心易退。

自己奉齋身作主，他人受戒應為先。落空值破遭磨折，遇旺逢生有善緣。

有為自己占，或為他人卜。己卜以世為用，他占以應為用。

用值旬空月破者，雖則心懷善願，又遭病入膏肓。

若得用爻逢生逢旺而發動者，乃宿有善緣，終成正果也。

虎雀爻興心不盡，遊魂卦發意多遷。子孫旺相根栽善，官鬼交重孽未完。

爻逢雀虎，卦值遊魂者，中多事故。雀動有口舌，虎動多禍擾。

遊魂之卦，遷移之本，僧道遠此，方可修行。

若遇諸凶迭發，則素心奢侈，賦性輕狂。

惟有子孫為之福德，旺相興隆，前世植有善種，愈久愈堅。

獨怪官鬼為之孽冤，乃前生所造，未得頓除。

用與六爻生合者，天從人願永長年。六沖早晚開齋戒，內外相生道必全。

持齋受戒，欲求功成，須得內外相生，六爻相合，乃道契和同，心情寧靜，永久無更。

若值六沖，道不成，而齋必破，心不安，而行已虧，凡事無成矣。

食淡戒鹹求卻病，守箴絕欲保身安。印經塑像皆祈福，一應修行共此篇。

凡修行之人，有戒鹹食淡者，乃靜六根之穢。守箴絕欲者，乃蘊五內之玄。諷禮祖師之經懺，繪塑神聖之儀容。延生延福，消罪消災，諸般戒行，一體推詳。

開齋破戒章第一百四十四

以用爻為主，福德為憑。

開齋開戒還宜福，鬼若交重禍便生。急要元神居旺地，不宜忌象值時興。

凡占開齋破戒，須以子孫為用神。若得旺相或發動，去後平安。若子孫衰靜，官鬼興隆，乃無人制服，多生災禍來侵。

又宜元神旺相生助，助則有益。

不堪忌神發動，動則生殃。

用爻若也空而絕，必犯災危損壽齡。助鬼傷身隨鬼墓，逢之多病豈康寧。

用爻若值空亡，或逢墓絕，破齋破戒之後，多災多禍，損壽損元。

或助鬼傷身，或隨官入墓，皆係不祥之兆。

歸宗還俗章第一百四十五

以世身為主，財福為憑。

僧道今占還俗宗，世人復祖概相同。皆宜財福興而旺，各忌兄官交與重。

凡僧道，若占還俗，與贅繼歸宗同論。惟喜妻財興旺，則歸宗足有衣祿之用。子孫旺動，則家室安寧。

獨怪官與兄發，官興則是非接踵，災悔纏綿。

兄動則財源耗散，藝業蕭條。

世上有空誰曰吉，身中無破那云凶。八純未可歸宗族，卦得歸魂返舍榮。

世是平生之本，只宜旺相興隆，豈可空破？一值空沖，其身無倚，焉得亨通？

八純者，皆係六沖，沖者散也，乃是無情之象。占者遇此，百無一就，寧能遂其為乎？

倘卜歸魂之卦，或化歸魂，方可歸宗。故經云：「遊魂化入歸魂，返舍回來大吉㉕」。

注釋

①子動傷官，日下須當捉獲：語出《卜筮全書・天玄賦・盜賊章》。

②懦怯（nuò qiè）：軟弱膽小。

③寵嬖（chǒng bì）：寵愛；恩倖嬖暱的人。

④弦朔：指歲月。

⑤儔（chóu）：伴侶；同輩。

⑥黎園：亦作「梨園」。因唐玄宗時於梨園教習藝人，後以「梨園」泛指戲班或演戲之所。

⑦嘵嘵（xiāo xiāo）：吵嚷；嘮叨。

⑧傭書：受雇為人抄書。亦泛指為人做筆劄工作。

⑨邃（suì）閣：深幽的樓閣。

⑩簖（duàn）：漁具名。插在水裡捕魚蟹用的竹或葦柵欄。

⑪當壚（lú）：指賣酒。壚，放酒罈的土墩。

⑫銅雀台：《三國誌·魏誌》曰：「銅雀台新成，公將諸子登之，使各為賦。次子曹植，才思敏捷，援筆立就，寫下了《登臺賦》，傳為美談」。

⑬滕王閣：滕王閣，江南三大名樓之一，位於江西省南昌市，始建於唐朝永徽四年，因初唐詩人王勃詩句「落霞與孤鶩齊飛，秋水共長天一色」而流芳後世。

⑭駢臻：並至，一併到來。

⑮遐邇（xiá ěr）：遠近。

⑯蹁躚（pián xiān）：旋轉的樣子。

⑰檀那：佈施。

⑱倉庾（yǔ）：貯藏糧食的倉庫。

⑲業障：佛教上指由於過去的惡行，所造成妨礙修行的障礙。

⑳採薪之憂煩：採薪：打柴。病了不能打柴。自稱有病的婉辭。《孟子·公孫丑下》曰：「昔者有王命，有採薪之憂，不能造朝」。朱熹集注：「採薪之憂，言病不能採薪」。後因以「採薪之憂」指患病。

㉑募緣：化緣。

㉒瞿曇(qú tán)：瞿曇，為印度剎帝利種中之一姓，瞿曇仙人之苗裔，即釋迦牟尼的姓。亦作佛的代稱。借指和尚。

㉓根荄（gāi）：植物的根。比喻事物的根本，根源。

㉔卒：終止；完畢。

㉕遊魂化入歸魂，返舍回來大吉：語出《新鍥斷易天機·占家宅·天玄賦》。

易林補遺貞集卷之十二終

憲臺賜示

浙江等處提刑按察司，帶管分守浙西道副使車，

為優獎事，照得冠帶術士張世寶，幼雖喪明，性多穎悟，乃能精窮易理，卜筮屢驗，且著書成帙，談兵頗通。誠盲于目而不盲於心者，良可嘉。尚除行縣給匾外，為此劄。仰①冠帶術士張世寶照劄事理，今承優獎之後，務要益精乃藝，為時明流，愼勿自畫，有孤本道優嘉之意，須至劄付者。

右劄付冠帶術士張世寶准此

有

萬曆三十二年九月初六日

印

優獎事

劄付（有押）

守字六號

（有印）

縉紳贈言

申太師　名時行號瑤泉

解綬歸休半榻清，偶從賣卜識君平，綠圖秘訣千年異，紫笈高談四座驚。

國泰有人占歲月，身閒憑子問虛盈，燃藜夜著床頭易，洛史難專萬古名。

潘尚書　名季馴號印川

古吳高士擅名流，穎悟玄微蘊斗牛，道合樞機分造化，數明元會定春秋。

閒揮塵尾風生座，靜煮龍團月上鉤，晏起北窗醒午夢，自甘林壑傲王侯。

吳憲副　名秀號屏山

曾聞張仲號張仙，奕葉綿綿起後賢，先生無廼②是其系，胸多異術合重玄。

知來更知往，先天與後天，淳風元伯仲，鬼谷亦比肩。

古稱明心勝明目，天機冥會千古前，五運六氣兮秘訣，三皇四聖兮真傳。

顧侍御　名爾行號儆韋

賣卜吳興季主儔③，垂簾永日復何求，探玄不數葫蘆秘，折卦還同謝石幽。箧④有新書堪翼易，門多新弟解從遊，棲遲媿⑤我丘園下，檢點行藏誰似謀。

徐太常　名璠號仰齋

歸臥從誰論甲庚，張華尚異術何精，閭閻⑥爭問先天易，湖海遙傳大隱名。千載不須稱季主，三吳亦自有君平，由來胸次藏星斗，緩頰無煩寵辱驚。

王禮部　名謙號

君自乘槎銀漢廻，天機妙悟徹三臺，家居紅蓼環蒼水，門對青山薦綠醅⑦。講易春朝雲滿室，談玄秋夜月侵臺，只緣術妙公卿動，冠蓋翩翩結肆來。

王僉憲　名豫號槐庭

先生賣卜雲溪⑧濱，仿佛城都市上人，十載懸壺觀世運，一時揮塵折星辰。象涵太極心常照，機入先天道自神，多少春明裘馬⑨客，秋風閒卻白綸巾。

又

世路崎嶇不可行，茫茫何處問前程，紅塵擾擾雙眸亂，不似張君心獨明。

張少卿　名邦伊號

石屋長餐海上霞，春風吹動滿庭花，門前碧草來車馬，知是成都賣卜家。

盧別駕　名舜治號志庵

羡爾高名四海知，易林操縱世應稀，胸中妙算窺羲脈，筆底神占搜孔脾。
謾說君平堪作偶，爭誇季主未為奇，異書莫竟空懷寶，亟捧明珠獻盛時。

顧太守　名嗣衍號肖溪

隱淪清晤震儒林，道合梅花天地心，決策市中驚握粟，著書海內重操金。
午風翠竹翻秋色，斜日蒼梧轉夕陰，自抱玄女輕世鞅，月明沉醉枕瑤琴。

張運使　名汝諾號省臺

曾聞秦晉多名卜，試見張君茗雪濱，兩目失明天獨限，一心徹理世無倫。
談玄傾倒懸河漢，論易精微驚鬼神，深得秘傳芳譽遠，應來國寵動朝紳。

費太守　名兆元號臺簡

季主由來業有師，賈生從叩下廉時，風生客座談天處，梜滿蚨錢⑩貰⑪酒資。
已向支干搜隱秘，更於祿命探幽奇，三旌高爵非吾意，間傍荊江一賦詩。

丁比部　名浚號見源

妙悟元無際，高談亦有季，漫將四聖理，常為世人傳。
蚤譽聞天下，先知見畫前，君平千載後，那復更翩翩。

魏太史　名珩如號二方

曾傳仙術隱吳中，靜幾雄談洩化工，冠蓋自天來冀北，聲名動地振茗東。
數侔管輅鳴當代，卜擅君平振古風，獨步松牕心鏡徹，任教明月下瑤空。

陶外翰　名大邦號惺庵

昭代推高雅，吳中僅見君，金書傳秘訣，玉鏡得真文。
決策饒春色，垂簾送夕曛⑫，譚玄無俗駕，滿座盡青雲。

董儀部　名嗣成號青芝
似矜雙目瞽，終是寸心明，廉肆藏名久，蓍龜見道精。
由來稱季主，此日遇君平，為問遭陽九，何時際世亨。

錢大尹　名中選號玉球
無錢漫說五明奇，易聖何如董賀詩，聞道苕溪張日者，著書神悟勝蓍龜。

嚴中翰　名自省號一吾
雙眸闇闇寸心明，神卜爭傳江左名，十載著書傳海內，一時紙貴價連城。
又
畫前有易號先天，休咎由來總不傳，一自秘書增補後，教人如遇大羅仙。

潘中翰　名廷圭號雞園
張籍高名舊，逃玄托步占，談虛能辨石，習靜每垂簾。
榆巷深車轍，芸窗滿軸簽，聖朝崇隱德，雨露喜均沾。

王孝廉　名震號荊庭

蜀肆垂簾坐，悠然市隱仙，峨冠承國寵，秘術得家傳。
細雨滋苔蘚，輕雲接篆煙，侯芭問奇罷，閉戶獨探玄。

張孝廉　名憲號銀河

西吳產佳士，道自合重玄，舊譽流千里，新恩沐九天。
閒庭鳩杖雨，靜幾獸爐煙，王母時相訊，翩翩青鳥傳。

注釋

①仰：舊時公文用語。上行文中用在「請、祈、懇」等字之前，表示恭敬。下行文中表示命令：仰即尊照。
②廼（nǎi）：同「乃」。
③儔（chóu）：同類。
④篋（qiè）：小箱子，藏物之具。大曰箱，小曰篋。
⑤媿（kuì）：古同「愧」。
⑥閭閻（lǘ yán）：鄉里，亦泛指民間。

⑦醅（pēi）：沒過濾的酒。

⑧霅（Zhà）溪：河川名。在浙江省吳興縣治南。苕溪、前溪、餘不溪、霄溪會合後方稱為「霅溪」，東北流入太湖。

⑨裘馬：柔軟的皮衣與肥壯的馬。語本《論語・公治長》：「願車馬衣輕裘與朋友共，敝之而無憾」。多用以比喻生活豪富的人。

⑩蚨（fú）錢：指錢幣。

⑪貰（shì）：賒欠。

⑫曛（xūn）：落日的餘光。

易林補遺後序

予以詩起家，未嘗攻易，然好易，終不可得解，即解者，糠皮云耳。間嘗於兵憲王先生座上，聞講易先生談易，娓娓自謂深入，不佞聽之，若解若不解，易真難言哉。匪直經生老博士家，僅沿唾餘，渾如嚼蠟。即所稱勒成一家言者，鑿空支離，言日以贅，旨日以晦，贅不已，晦晦相仍，建鼓而求亡，是邪非邪。夫子教人寡過，又語稱為臣，不可不知。易，予既無當於不知易者，又無當於知易者。悵悵乎將終其身，聾且瞶焉，輒悔恨久之。

星元張君，吳產也，賣卜笤上二十年，與人談吉凶趨避事若指掌。又發憤，思斆①昔人垂空，文以自表，見彙成一編，名曰《易林補遺》，探幽索隱，縷析星分。始讀之，棼如也。既按之秩，如也。徐考之，確如也，又淵如也。予卒業②焉曰，異哉！嗟夫！予以有目，咪君以無目，明君之過，不佞遠矣。昔君平之在蜀肆也，與父言慈，與子言孝，人人灑然。顧化其精誠，上通於天，功豈小補。張君名既成，其益勉焉，端榮立論，一如君平。予將以君為篳簬藍簍③，辟予榛莽④之途可也。予不佞，不作一切溢美之言，政不敢誣張君，並不敢誣易，且諸大夫道之詳矣，何取不佞之贅。亦唯恐贅，也恐如響者，愈贅而愈晦也。

注釋

①斆（xiào）：學，效法。後作「學」。

②卒業：結業，畢業。

③篳簬藍簍（bìlùlánlǒu）：篳路：柴車。藍縷：破衣服。坐著柴車，穿著破衣服，去開闢山林。後用以形容創業的艱苦。

④榛莽（zhēn mǎng）：叢雜的草木。

易林補遺跋

昔者聖人作易，立象盡意。蓋象立，而吉凶消長之理，進退存亡之道備矣。中古聖人恐有畫無文，民用弗彰，而繫之辭焉，則又舉象之所示，而闡明無遺，故曰盡意，又曰盡言。謂之曰盡，則潔淨精微，無可增損，何遺又何補乎？晚世曰者，謂卜以道疑教愚，言不厭煩，於是，各以己見成一家言，而說始林立。焦氏而後，益浩繁矣。不知說愈多，則舛合分，而遺益眾，蓋多歧亡羊，勢固然也。自非得意忘象，而糟粕前言者，孰能補之。張君幼稚目盲，長而究心易理，殆反觀內照，而得意者，故萃諸家所遺而補之。是書果行，其有功於卜筮不淺也。昔左丘失明而傳《春秋》，名在萬世。今《補遺》之張君，意將與左氏並不朽耶。

會稽陶大邦

校注參考文獻資料

《易隱》
《易冒》
《左傳》
《周禮》
《論語》
《孟子》
《管子》
《九歌》
《史記》
《漢書》
《火珠林》
《舊唐書》
《三國誌》
《新唐書》

《夜航船》
《京氏易傳》
《卜筮元龜》
《卜筮全書》
《增刪卜易》
《卜筮正宗》
《五行大義》
《冷齋夜話》
《煙波釣叟賦》
《御定卜筮精蘊》
《御定星曆考原》
《御定奇門寶鑒》
《增注周易神應六親百章海底眼》
《新鍥纂集諸家全書大成斷易天機》

占筮類			
1	擲地金聲搜精秘訣	心一堂編	沈氏研易樓藏稀見易占秘鈔本
2	卜易拆字秘傳百日通	心一堂編	
3	易占陽宅六十四卦秘斷	心一堂編	火珠林占陽宅風水秘鈔本
星命類			
4	斗數宣微	【民國】王裁珊	民初最重要斗數著述之一；未刪改本
5	斗數觀測錄	【民國】王裁珊	失傳民初斗數重要著作
6	《地星會源》《斗數綱要》合刊	心一堂編	失傳的第三種飛星斗數
7	《斗數秘鈔》《紫微斗數之捷徑》合刊	心一堂編	珍稀「紫微斗數」舊鈔秘本
8	斗數演例	心一堂編	
9	紫微斗數全書（清初刻原本）	題【宋】陳希夷	斗數全書本來面目；有別於錯誤極多的坊本
10－12	鐵板神數（清刻足本）——附秘鈔密碼表	題【宋】邵雍	無錯漏原版　秘鈔密碼表　首次公開！
13－15	蠢子數纏度	題【宋】邵雍	蠢子數連密碼表　打破數百年秘傳　首次公開！
16－19	皇極數	題【宋】邵雍	清鈔孤本附起例及完整密碼表　研究神數必讀！
20－21	邵夫子先天神數	題【宋】邵雍	附手鈔密碼表　研究神數必讀！
22	八刻分經定數（密碼表）	題【宋】邵雍	皇極數另一版本；附手鈔密碼表
23	新命理探原	【民國】袁樹珊	子平命理必讀教科書！
24－25	袁氏命譜	【民國】袁樹珊	
26	韋氏命學講義	【民國】韋千里	民初二大命理家南袁北韋
27	千里命稿	【民國】韋千里	
28	精選命理約言	【民國】韋千里	北韋之命理經典
29	滴天髓闡微——附李雨田命理初學捷徑	【民國】袁樹珊、李雨田	命理經典未刪改足本
30	段氏白話命學綱要	【民國】段方	民初命理經典最淺白易懂
31	命理用神精華	【民國】王心田	學命理者之寶鏡

62	地理辨正補註　附 元空秘旨　天元五歌　玄空精髓　心法秘訣等數種合刊	【民國】胡仲言	貫通易理、巒頭、三元、三合、天星、中醫
63	地理辨正自解	【清】李思白	公開玄空家「分率尺、工部尺、量天尺」之秘
64	許氏地理辨正釋義	【民國】許錦灝	民國易學名家黃元炳力薦
65	地理辨正天玉經內傳要訣圖解	【清】程懷榮	秘訣一語道破，圖文并茂
66	謝氏地理書	【民國】謝復	玄空體用兼備、深入淺出
67	論山水元運易理斷驗、三元氣運說附紫白訣等五種合刊	【宋】吳景鸞等	失傳古本《玄空秘旨》《紫白訣》
68	星卦奧義圖訣	【清】施安仁	三元玄空門內秘笈　清鈔孤本 過去均為必須守秘不能公開秘密 與今天流行飛星法不同
69	三元地學秘傳	【清】何文源	
70	三元玄空挨星四十八局圖說	心一堂編	
71	三元挨星秘訣仙傳	心一堂編	
72	三元地理正傳	心一堂編	
73	三元天心正運	心一堂編	
74	元空紫白陽宅秘旨	心一堂編	
75	玄空挨星秘圖　附 堪輿指迷	心一堂編	
76	姚氏地理辨正圖說　附 地理九星并挨星真訣全圖　秘傳河圖精義等數種合刊	【清】姚文田等	蓮池心法　玄空六法 門內秘鈔本首次公開
77	元空法鑑批點本——附 法鑑口授訣要、秘傳玄空三鑑奧義匯鈔　合刊	【清】曾懷玉等	
78	元空法鑑心法	【清】曾懷玉等	
79	曾懷玉增批蔣徒傳天玉經補註【新修訂版原（彩）色本】	【清】項木林、曾懷玉	
80	地理學新義	【民國】俞仁宇撰	揭開連城派風水之秘
81	地理辨正揭隱（足本）　附連城派秘鈔口訣	【民國】王邈達	
82	趙連城傳地理秘訣附雪庵和尚字字金	【明】趙連城	
83	趙連城秘傳楊公地理真訣	【明】趙連城	
84	地理法門全書	仗溪子、芝罘子	巒頭風水，內容簡核、深入淺出
85	地理方外別傳	【清】熙齋上人	巒頭形勢、「望氣」「鑑神」
86	地理輯要	【清】余鵬	集地理經典之精要
87	地理秘珍	【清】錫九氏	巒頭、三合天星，圖文並茂
88	《羅經舉要》附《附三合天機秘訣》	【清】賈長吉	清鈔孤本羅經、三合訣法圖解
89－90	嚴陵張九儀增釋地理琢玉斧巒	【清】張九儀	清初三合風水名家張九儀經典清刻原本！

91	地學形勢摘要	心一堂編	形家秘鈔珍本
92	《平洋地理入門》《巒頭圖解》合刊	【清】盧崇台	平洋水法、形家秘本
93	《鑒水極玄經》《秘授水法》合刊	【唐】司馬頭陀、【清】鮑湘襟	千古之秘，不可妄傳匪人
94	平洋地理闡秘	心一堂編	雲間三元平洋形法秘鈔珍本
95	地經圖說	【清】余九皋	形勢理氣、精繪圖文
96	司馬頭陀地鉗	【唐】司馬頭陀	流傳極稀《地鉗》
97	欽天監地理醒世切要辨論	【清】欽天監	公開清代皇室御用風水真本
三式類			
98－99	大六壬尋源二種	【清】張純照	六壬入門、占課指南
100	六壬教科六壬鑰	【民國】蔣問天	由淺入深，首尾悉備
101	壬課總訣	心一堂編	過去術家不外傳的珍稀六壬術秘鈔本
102	六壬秘斷	心一堂編	
103	大六壬類闡	心一堂編	
104	六壬秘笈——韋千里占卜講義	【民國】韋千里	六壬入門必備
105	壬學述古	【民國】曹仁麟	依法占之，「無不神驗」
106	奇門揭要	心一堂編	集「法奇門」、「術奇門」精要
107	奇門行軍要略	【清】劉文瀾	條理清晰、簡明易用
108	奇門大宗直旨	劉毗	天下孤本　首次公開
109	奇門三奇干支神應	馮繼明	虛白廬藏本《秘藏遁甲天機》
110	奇門仙機	題【漢】張子房	奇門不傳之秘　應驗如神
111	奇門心法秘纂	題【漢】韓信（淮陰侯）	
112	奇門廬中闡秘	題【三國】諸葛武候註	
選擇類			
113－114	儀度六壬選日要訣	【清】張九儀	清初三合風水名家張九儀擇日秘傳
115	天元選擇辨正	【清】一園主人	釋蔣大鴻天元選擇法
其他類			
116	述卜筮星相學	【民國】袁樹珊	民初二大命理家南袁北韋
117－120	中國歷代卜人傳	【民國】袁樹珊	南袁之術數經典

占筮類			
121	卜易指南(二種)	【清】張孝宜	民國經典，補《增刪卜易》之不足
122	未來先知秘術——文王神課	【民國】張了凡	內容淺白、言簡意賅、條理分明
星命類			
123	人的運氣	汪季高(雙桐館主)	五六十年香港報章專欄結集！
124	命理尋源	【民國】徐樂吾	民國三大子平命理家徐樂吾必讀經典！
125	訂正滴天髓徵義		
126	滴天髓補註 附 子平一得		
127	窮通寶鑑評註 附 增補月談賦 四書子平		
128	古今名人命鑑		
129-130	紫微斗數捷覽(明刊孤本)[原(彩)色本] 附 點校本 (上)(下)	馮一、心一堂術數古籍整理編校小組 整理	明刊孤本 首次公開！
131	命學金聲	【民國】黃雲樵	民國名人八字、六壬奇門推命
132	命數叢譚	【民國】張雲溪	子平斗數共通、百多民國名人命例
133	定命錄	【民國】張一蟠	民國名人八十三命例詳細生平
134	《子平命術要訣》《知命篇》合刊	【民國】鄒文耀、【民國】胡仲言 撰	《子平命術要訣》科學命理；《知命篇》易理皇極、命理地理、奇門六壬互通
135	科學方式命理學	閻德潤博士	匯通八字、中醫、科學原理！
136	八字提要	韋千里	民國三大子平命理家韋千里必讀經典！
137	子平實驗錄	【民國】孟耐園	作者四十多年經驗 占卜奇靈 名震全國！
138	民國偉人星命錄	【民國】囂囂子	幾乎包括所民初總統及國務總理八字！
139	千里命鈔	韋千里	失傳民初三大命理家-韋千里 代表作
140	斗數命理新篇	張開卷	現代流行的「紫微斗數」內容及形式上深受本書影響
141	哲理電氣命數學——子平部	【民國】彭仕勛	命局按三等九級格局、不同術數互通借用
142	《人鑑——命理存驗·命理擷要》(原版足本)附《林庚白家傳》	【民國】林庚白	傳統子平學修正及革新、大量名人名例
143	《命學苑苑刊——新命》(第一集)附《名造評案》《名造類編》等	【民國】林庚白、張一蟠等撰	史上首個以「唯物史觀」來革新子平命學結集
相術類			
144	中西相人探原	【民國】袁樹珊	按人生百歲，所行部位，分類詳載
145	新相術	【美國】字拉克福原著、【民國】沈有乾編譯	通過觀察人的面相身形、色澤舉止等，得知性情、能力、習慣、優缺點等
146	骨相學	【民國】風萍生編著	結合醫學中生理及心理學，影響近代西、日、中相術深遠
147	人心觀破術 附運命與天稟	【日本】管原如庵、加藤孤雁原著，【民國】唐真如譯	觀破人心、運命與天稟的奧妙

148	《人相學之新研究》《看相偶述》合刊	盧毅安	集中外大成，無不奇驗；影響近代香港相術名著
149	冰鑑集	【民國】碧湖鷗客	各家相法精華、相術捷徑、圖文並茂附名人照片
150	《現代人相百面觀》《相人新法》合刊	【民國】吳道子輯	失傳民初相學經典二種 重現人間！
151	性相論	【民國】余晉龢	民初北平公安局專論相學與犯罪專著（犯罪學生物學派）
152	《相法講義》《相理秘旨》合刊	韋千里、孟瘦梅	命理學大家韋千里經典、傳統相術秘籍精華
153	《掌形哲學》附《世界名人掌形》《小傳》	【民國】余萍客	圖文并茂、附歐美名人掌形圖及生平簡介
154	觀察術	【民國】吳貴長	可補充傳統相術之不足
堪輿類			
155	羅經消納正宗	【明】沈昇撰、【明】史自成、丁孟章合纂	失傳四庫存目珍稀風水古籍
156	風水正原	【清】余天藻	●積德為求地之本，形家必讀！●純宗形家，與清代欽天監地理風水主張大致相同
157	安溪地話（風水正原二集）		
158	《蔣子挨星圖》附《玉鑰匙》	傳【清】蔣大鴻等	窺知無常派章仲山一脈真傳奧秘
159	樓宇寶鑑	吳師青	陽宅風水必讀、現代城市樓宇風水看法改革
160	《香港山脈形勢論》《如何應用日景羅經》合刊		香港風水山脈形勢專著
161	三元真諦稿本——讀地理辨正指南	【民國】王元極	被譽為蔣大鴻、章仲山後第一人內容直接了當，盡揭三元玄空家之秘
162	三元陽宅萃篇		
163	王元極增批地理冰海　附批點原本地理冰海	【清】高守中【民國】王元極	
164	地理辦正發微	【清】唐南雅	極之清楚明白，披肝露膽
165-167	增廣沈氏玄空學　附　仲山宅斷秘繪稿本三種、自得齋地理叢說稿鈔本（上）（中）（下）	【清】沈竹礽	玄空必讀經典！附《仲山宅斷》幾種鈔本及批點本，畫龍點晴、披肝露膽，道中刊印本未點破的秘訣
168-169	巒頭指迷（上）（下）	【清】尹貞夫原著、【民國】何廷珊增訂、批注	圖文并茂：龍、砂、穴、水、星辰九十九變 洩漏天機：蔣大鴻、賴布衣挨星秘訣及用法
170-171	三元地理真傳（兩種）（上）（下）	【清】趙文鳴	蔣大鴻嫡派真傳張仲馨一脈二十種家傳秘本、宅墓案例三十八圖，並附天星擇日
172	三元宅墓圖　附　家傳秘冊		
173	宅運撮要	【民國】尤惜陰（演本法師）、榮柏雲	撮三集《宅運新案》之精要
174	章仲山秘傳玄空斷驗筆記　附　章仲山斷宅圖註	【清】章仲山傳、【清】唐鷺亭纂	無常派玄空不外傳秘中秘！二宅實例有斷驗及改造內容
175	汪氏地理辨正發微　附　地理辨正真本	【清】蔣大鴻、姜垚原著、【清】汪云吾發微	蔣大鴻嫡派張仲馨一脈三元理、法、訣具體泄露 三百年來最佳《地理辦正》註解！石破天驚！
176	蔣大鴻家傳歸厚錄汪氏圖解	【清】蔣大鴻、【清】汪云吾圖解	
177	蔣大鴻嫡傳三元地理秘書十一種批注	【清】蔣大鴻原著、【清】汪云吾、【清】劉樂山註	

178	《星氣(卦)通義(蔣大鴻秘本四十八局圖并打劫法)》《天驚秘訣》合刊	題【清】蔣大鴻 著	江西興國真傳三元風水秘本
179	蔣大鴻嫡傳天心相宅秘訣全圖附陽宅指南等秘書五種	【清】蔣大鴻編訂、【清】汪云吾、劉樂山註	蔣大鴻徒張仲馨秘傳陽宅風水「教科書」！
180	家傳三元地理秘書十三種		真天宮之秘　千金不易之寶
181	章仲山門內秘傳《堪輿奇書》附《天心正運》	【清】章仲山傳、【清】華湛恩	直洩無常派章仲山玄空風水不傳之秘
182	《挨星金口訣》、《王元極增批補圖七十二葬法訂本》合刊	[民國]王元極	秘中秘——玄空挨星真訣公開！字字千金！
183-184	《家傳三元古今名墓圖集附謝氏水鉗》《蔣氏三元名墓圖集》合刊(上)(下)	(清)孫景堂，劉樂山，張稼夫	蔣大鴻嫡傳風水宅案、幕講師、蔣大鴻、姜垚等名家多個實例，破禁公開！
185-186	《山洋指迷》足本兩種　附《尋龍歌》(上)(下)	【明】周景一	風水巒頭形家必讀《山洋指迷》足本！
187-196	蔣大鴻嫡傳水龍經注解　附　虛白廬藏珍本水龍經四種(1-10)	【清】蔣大鴻編訂、【清】楊臥雲、汪云吾、劉樂山註	蔣大鴻嫡傳一脈授徒秘笈　希世之寶　千年以來，師師相授之秘旨，破禁公開！完整了解蔣氏嫡派真傳一脈三元理、法、訣！附已知最古《水龍經》鈔本等五種稀見《水龍經》
197	批注地理辨正直解	【清】章仲山	無常派玄空必讀經典未刪改本！
198	《天元五歌闡義》附《元空秘旨》(清刻原本)		
199	心眼指要(清刻原本)		
200	華氏天心正運	【清】華湛恩	
201-202	批注地理辨正再辨直解合編(上)(下)	【清】蔣大鴻原著、【清】姚銘三再註、【清】章仲山直解	失傳姚銘三玄空經典重現人間！名家：沈竹礽、王元極推薦！
203	章仲山注《玄機賦》《元空秘旨》附《口訣中秘訣》《因象求義》等九種合刊	【清】章仲山	近三百年來首次公開！章仲山無常派玄空秘密，和盤托出！章仲山注《玄機賦》及章仲山原傳之口訣及筆記
204	章仲山門內真傳《三元九運挨星篇》《運用篇》《挨星定局篇》《口訣篇》等合刊	【清】章仲山、柯遠峰等	
205	章仲山門內真傳《大玄空秘圖訣》《天驚訣》《飛星要訣》《九星斷略》《得益錄》等合刊	【清】章仲山、冬園子等	
206	撼龍經真義	吳師青註	近代香港名家吳師青必讀經典
207	章仲山嫡傳《翻卦挨星圖》《秘鈔元空秘旨》附《秘鈔天元五歌闡義》	【清】章仲山傳、【清】王介如輯撰	透露章仲山家傳玄空嫡傳學習次弟及關鍵不傳之秘
208	章仲山嫡傳秘鈔《秘圖》《節錄心眼指要》合刊		
209	《談氏三元地理大玄空實驗》附《談養吾秘稿奇門占驗》	【民國】談養吾撰	史上首次公開「無常派」下卦起星等挨星秘密之書
210	《談氏三元地理濟世淺言》附《打開一條生路》		了解談氏入世的易學卦德爻象思想
211-215	《地理辨正集註》附《六法金鎖秘》《巒頭指迷真詮》《作法雜綴》等(1-5)	【清】尋緣居士	集《地理辨正》一百零八家註解大成精華　匯巒頭及蔣氏、六法、無常、湘楚等秘本　史上最大篇幅的《地理辨正》註解
216	三元大玄空地理二宅實驗(足本修正版)	【民國】尤惜陰(演本法師)、榮柏雲撰	三元玄空無常派必讀經典足本修正版

217	蔣徒呂相烈傳《幕講度針》附《元空秘斷》《陰陽法竅》《挨星作用》	【清】呂相烈	蔣大鴻門人呂相烈三元秘本三百年來首次破禁公開！
218	挨星撮要（蔣徒呂相烈傳）		
219－221	《沈氏玄空挨星圖》《沈註章仲山宅斷未定稿》《沈氏玄空學（四卷原本）》合刊（上中下）	【清】沈竹礽 等	揭開沈氏玄空挨星五行吉凶斷的變化及不同用法 章仲山宅斷未刪本、沈氏玄空學原本佚文、玄空挨星圖稿鈔本 大公開！
222	地理穿透真傳（虛白廬藏清初刻原本）	【清】張九儀	三合天星家宗師張九儀畢生地學精華結集
223－224	地理元合會通二種（上）（下）	【清】姚炳奎	分發兩家（三元、三合）之秘，會通其用 詳解注羅盤（蔣盤、賴盤）；義理、斷驗俱精
其他類			
225	天運占星學 附 商業周期、股市粹言	吳師青	天星預測股市，神準經典
226	易元會運	馬翰如	《皇極經世》配卦以推演世運與國運
三式類			
227	大六壬指南（清初木刻五卷足本）		六壬學占驗課案必讀經典海內善本
228－229	甲遁真授秘集（批注本）（上）（下）	【清】薛鳳祚	明清皇家欽天監秘傳奇門遁甲 奇門、易經、皇極經世結合經典
230	奇門詮正	【民國】曹仁麟	簡易、明白、實用，無師自通！
231	大六壬探源	【民國】袁樹珊	民初三大命理家袁樹珊研究六壬四十餘年代表作
232	遁甲釋要	【民國】徐昂	推衍遁甲、易學、洛書九宮大義！
233	《六壬卦課》《河洛數釋》《演玄》合刊		疏理六壬、河洛數、太玄隱義！
234	六壬指南（【民國】黃企喬）	【民國】黃企喬	失傳經典 大量實例
選擇類			
235	王元極校補天元選擇辨正	原【清】謝少暉輯、【民國】王元極校補	三元地理天星選日必讀
236	王元極選擇辨真全書 附 秘鈔風水選擇訣	【民國】王元極	王元極天昌館選擇之要旨
237	蔣大鴻嫡傳天星選擇秘書注解三種	【清】蔣大鴻編訂、【清】楊臥雲、汪云吾、劉樂山註	蔣大鴻陰陽二宅天星擇日課案例！
238	增補選吉探源	【民國】袁樹珊	按表檢查，按圖索驥：簡易、實用！
其他類			
239	《八風考略》《九宮撰略》《九宮考辨》合刊	沈戣民	會通沈氏玄空飛星立極、配卦深義
240	《中國原子哲學》附《易世》《易命》	馬翰如	國運、世運的推演及預言

心一堂術數古籍整理叢刊

全本校註增刪卜易	【清】野鶴老人	李凡丁（鼎升）校註
紫微斗數捷覽（明刊孤本）附點校本	傳【宋】陳希夷	馮一、心一堂術數古籍整理小組點校
紫微斗數全書古訣辨正	傳【宋】陳希夷	潘國森辨正
應天歌（修訂版）附格物至言	【宋】郭程撰　傳	莊圓整理
壬竅	【清】無無野人小蘇郎逸	劉浩君校訂
奇門祕覈（臺藏本）	【元】佚名	李鏘濤、鄭同校訂
臨穴指南選註	【清】章仲山　原著	梁國誠選註
皇極經世真詮—國運與世運	【宋】邵雍　原著	李光浦

心一堂當代術數文庫

增刪卜易之六爻古今分析	愚人
命理學教材（第一級）	段子昱
命理學教材 之 五行論命口訣	段子昱
斗數詳批蔣介石	潘國森
潘國森斗數教程（一）：入門篇	潘國森
紫微斗數登堂心得：三星秘訣篇——潘國森斗數教程（二）	潘國森
紫微斗數不再玄	犁民
玄空風水心得（增訂版）（附流年催旺化煞秘訣）	李泗達
玄空風水心得（二）——沈氏玄空學研究心得（修訂版）附流年飛星佈局	李泗達
廖氏家傳玄命風水學（一）——基礎篇及玄關地命篇	廖民生
廖氏家傳玄命風水學（二）——玄空斗秘篇	廖民生
廖氏家傳玄命風水學（三）——楊公鎮山訣篇附 斷驗及調風水	廖民生
廖氏家傳玄命風水學（四）——秘訣篇：些子訣、兩元挨星、擇吉等	廖民生
《象數易——六爻透視：入門及推斷》修訂版	愚人
《象數易——六爻透視 財股兩望》	愚人
《象數易——六爻透視：病在何方》	愚人
《象數易——六爻透視：自身揭秘》	愚人
命卜隨筆	林子傑
香港特首命格臆解——斗數子平合參再探	潘國森
玄空風水心得（三）——玄空基礎探微	李泗達

心一堂易學經典文庫　已出版及即將出版書目

宋本焦氏易林（上）（下）	【漢】焦贛
周易易解（原版）（上）（下）	【清】沈竹礽
《周易示兒錄》附《周易說餘》	【清】沈竹礽
三易新論（上）（中）（下）	沈瓞民
《周易孟氏學》《周易孟氏學遺補》《孟氏易傳授考》	沈瓞民
京氏易八卷（清《木犀軒叢書》刊本）	【漢】京房
京氏易傳古本五種	【漢】京房
京氏易傳箋註	【民國】徐昂
推易始末	【清】毛奇齡
刪訂來氏象數圖說	【清】張恩霨
周易卦變解八宮說	【清】吳灌先
易觸	【清】賀子翼
易義淺述	何遯翁